中传学者文库编委会

主　任： 廖祥忠　张树庭
副主任： 蔺海波　李　众　刘守训　李新军　王　晖
　　　　　杨　懿　柴剑平

成　员（按姓氏笔画排序）：
　　　　王廷信　王栋晗　王晓红　王　雷　文春英
　　　　龙小农　付　龙　叶　龙　刘东建　刘剑波
　　　　任孟山　李怀亮　李　舒　张绍华　张　晶
　　　　张根兴　张毓强　林卫国　郑　月　金　炜
　　　　金雪涛　周建新　庞　亮　赵新利　徐红梅
　　　　贾秀清　高晓虹　隋　岩　喻　梅　熊澄宇

政治传播建构论

荆学民自选集

中传传学者文库

主编/柴剑平 执行主编/龙小农 副主编/张毓强 周建新

荆学民 著

中国传媒大学出版社
·北京·

图书在版编目（CIP）数据

政治传播建构论：荆学民自选集 / 荆学民著 . -- 北京：中国传媒大学出版社，2024.8.

（中传学者文库 / 柴剑平主编）.

ISBN 978-7-5657-3715-2

Ⅰ . D60-53

中国国家版本馆 CIP 数据核字第 2024Y3J436 号

政治传播建构论：荆学民自选集
ZHENGZHI CHUANBO JIANGOULUN: JING XUEMIN ZIXUANJI

著　　者	荆学民	
责任编辑	沈　悦	
封面设计	锋尚设计	
责任印制	李志鹏	
出版发行	中国传媒大学出版社	
社　　址	北京市朝阳区定福庄东街 1 号	邮　编　100024
电　　话	86-10-65450528　65450532	传　真　65779405
网　　址	http://cucp.cuc.edu.cn	
经　　销	全国新华书店	
印　　刷	北京中科印刷有限公司	
开　　本	710mm×1000mm　1/16	
印　　张	18	
字　　数	276 千字	
版　　次	2024 年 8 月第 1 版	
印　　次	2024 年 8 月第 1 次印刷	
书　　号	ISBN 978-7-5657-3715-2/D・3715	定　价　90.00 元

本社法律顾问：北京嘉润律师事务所　郭建平

总　序

　　媒介是人类社会交流和传播的基本工具。从口语时代到印刷时代，再经电子时代至今天的数智时代，媒介形态加速演变、融合程度深入发展，媒介已然成为现代社会运行的基础设施和操作系统。今天，人类已经迈入媒介社会，万物皆媒、人人皆媒，无媒介不社会、无传播不治理。今天，无论我们怎么用力于信息传播的研究、怎么重视信息传播人才的培养都不为过。

　　中国传媒大学（其前身为北京广播学院）作为新中国第一所信息传播类院校，自1954年创建伊始，即与媒介形态演变合律同拍、与国家发展同频共振，努力探索中国特色信息传播人才培养模式、构建中国信息传播类学科自主知识体系，执信息传播人才培养之牛耳、发信息传播研究之先声，被誉为"中国广播电视及传媒人才摇篮""信息传播领域知名学府"。

　　追溯中传肇始发轫之起源、瞩望中传砥砺跨越之未来，可谓创业维艰而其命维新。昔日中传因广播而起，因电视而兴，因网络而盛，今天和未来必乘风破浪、蓄势而上，因人工智能而强。在这期间，每一种媒介兴起，中传均吸引一批志于学、问于道、勤于术的

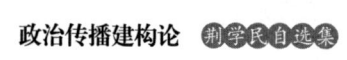

学者汇聚于此，切磋学术、传道授业，立时代之潮头，回应社会需求，成为学界翘楚、行业中坚，遂有今日中传学术研究之森然气象，已历七秩而弦歌不断，将传百世亦风华正茂。

自新时代以来，中传坚守为党育人、为国育才初心，励精图治、勠力前行，秉承"系统治理、创新图强、交叉融合、特色发展"的办学理念，牢牢把握高等教育发展大势、传媒业态发展趋势，瞄准"智能传媒"和"国际一流"两大主攻方向，以世界为坐标、以未来为向度，完成了全面布局和系统升级，正在蹄疾步稳、高质量推动学校从传统高等教育向未来高等教育跨越、从传统传媒教育向智能传媒教育跨越、从国内一流向世界一流跨越，全力建设中国特色、世界一流传媒大学。

中国特色、世界一流，在于有大先生扎根中国大地，汇聚古今、融通中外；在于有大先生执教黉门，学高为师、身正为范；在于有大先生躬耕杏坛，敦品积学、启智润心。习近平总书记更强调，高校教师要立志成为大先生，在教书育人和科研创新上不断创造新业绩。中传广大教师素来以做大先生为毕生职志，努力成为新时代"经师"与"人师"的统一者，做真学问、立高品行，践履"立德树人"使命。

2024岁在甲辰，欣逢中传建校70华诞，学校特邀约部分学者钩玄勒要、增删批阅，遴选已公开刊发的论文汇编成集，出版"中传学者文库"，意在呈现学校在学科建设、科学研究、服务行业实践等方面的最新成果，赓续中传文脉，谱写时代新声。

文库汇聚老中青三代学者，资深学者渊渟岳峙、阐幽抉微；中年学者沉潜蓄势、厚积薄发；青年学者踌躇满志、未来可期。文库与五十周年校庆所出版的"北广学者文库"相承接，大致可勾勒中传知识生产薪火相传、三代辉映之概貌，反映中传在构建中国特色新闻传播类、传媒艺术类、传媒技术类学科体系、学术体系和话语体系方面的耕耘与收获，窥见中国特色信息传播类学科知识体系构建的发展脉络与轨迹。

这一构建过程，虽筚路蓝缕，却步履铿锵；虽垦荒拓野，亦四方辐辏。一批肇始于中传，交叉融合、具有中国特色的学科，如播音主持艺术学、广播电视艺术学、传媒艺术学、数字媒体艺术学、政治传播学等，从涓涓细流汇入滔滔江河，从中传走向全国，展现了中传学者构建中国自主知识体系的学术想象力和创新力。文库展示的虽然是历史，实则是呈现今天；看似是总结过去，实则是召唤未来。与其说这套文库的出版，是对既有学术成果的展示，毋宁说是对未来学术创新的邀约。

回首过往，七秩芳华。我们深知，唯有将马克思主义基本原理与中华优秀传统文化相结合，才能推动中华学术创造性转化和创新性发展，推动中国自主知识体系的构建。我们深知，唯有准确把握媒介形态演变的脉动、深刻认知媒介形态变革所产生的影响，才能推动中国信息传播类学科自主知识体系的构建与时俱进。

展望未来，星辰大海。我们深知，以人工智能为代表的产业和科技革命正迅疾而来，媒介生态正在加速重构，教育形态正在全面重塑，大学之使命与价值正在被重新定义；我们深知，唯有"胸怀国之大者"、面向世界科技前沿、面向经济主战场、面向国家重大需求，才能确保中传始终屹立于中国乃至世界传媒教育发展之潮头。

如何应对人工智能带来的深刻变革，对中传而言是一场要么"冲顶"、要么"灭顶"的"兴亡之战"。我们坚信，不管前方是雄关漫道，还是荆棘满途，唯有勇敢直面"教育强国，中传何为？"这一核

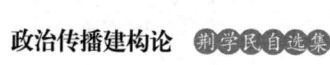

心命题，奋力书写"智能传媒教育，中传师生有为！"的精彩答卷，才能化危为机，奋力开创人工智能时代中传智能传媒教育新纪元。

功不唐捐，芳华七秩；风帆正举，赓续创新。

是为序。

第十四届全国政协委员，中国传媒大学党委书记、教授、博士生导师

自序：政治传播的"体"与"用"

2024年是中国传媒大学喜逢建校70周年的"龙舞"之年。我有幸受到学校"中传学者文库"的青睐，受邀撰写出版这部《政治传播建构论》。我在这里，十分感谢学校的信任和支持，在自己即将退休之际能把所思所想、所言所论，选编择菁贡献于亲爱的读者。

这部著作，之所以命名为"政治传播建构论"，是我着意从2008年入职中国传媒大学从事政治传播研究以来所公开发表的关于政治传播的300多篇学术论文中，精心筛选具有学理性的可谓之"理论建构"的18篇（限于文库每部著作20万字的规定）。

从事政治传播研究以来，我所念兹在兹或孜孜以求的目标，是建构一种相对区别于和超越于过去的诸多以西方学术为标准的政治传播理论。这种区别，无论从理论理念、行进逻辑，还是从政治实践和传播实务上，均有本质的不同和表现形态的巨大差异。中国的政治传播着实应该有独立的理论体系。

政治传播有"体""用"之分。一直以来，中外政治传播研究均秉行"媒介中心主义"。但，"媒介之于人乃为工具"，因而，长期以来的中外政治传播研究，功夫均下在政治传播的"用"之上。殊不知，"用"附之于"体"，若"体"不相同，"用"则谬以千里。所以，在我看来，还是应该首先着力于"体"之建构。这就是我从事政治传播以来的原始初心、行进路线和追求目标。

I

当然，本书所选论文，核心标准是"理论建构"，这些文章从不同角度和维度，或多或少表达了我自己对政治传播理论建构的一些思考，但毕竟无法全貌呈现政治传播的理论面貌，更何况，每篇论文发表时坎坎坷坷，有可能屈就时势而伤筋动骨。所以，读者若有兴趣，可进一步交织阅读我其他的更新的文章和著作。

读者阅读愚见是一种大爱！感谢！

荆学民

2024年8月于北京望京樾寓所

目 录

政治与传播的视界融合：政治传播研究几大基本理论问题辨析 …………… 001
政治传播研究中的几个核心命题辨正 ………………………………………… 014
关于政治传播内容的理论思考 ………………………………………………… 025
政治传播的基本形态及运行模式 ……………………………………………… 035
探索中国政治传播的新境界 …………………………………………………… 051
自媒体时代的政治传播秩序及中国调适 ……………………………………… 067
关于民主传播的理论探索 ……………………………………………………… 090
论政治传播的公共性 …………………………………………………………… 107
政治传播中政治、媒介、资本的三种逻辑及其博弈 ………………………… 116
走向政治传播深处："后真相时代"思潮的哲学检讨 ………………………… 129
论中国政治传播在国家治理体系现代化中的战略地位和作用 ……………… 145
国家治理与政治传播的同频共振 ……………………………………………… 162
论政治传播对制度权威的建构 ………………………………………………… 173
论中国政治传播研究向纵深拓展的三大进路 ………………………………… 192
国际政治传播中政治文明的共振机制及中国战略 …………………………… 205
论新时期国际传播的政治维度 ………………………………………………… 219
微观政治传播论纲 ……………………………………………………………… 229
人工智能与政治传播：让"人是目的"成为伟大政治信仰 …………………… 260

政治与传播的视界融合：政治传播研究几大基本理论问题辨析[*]

阅读提示：本文是作者2008年入职中国传媒大学从事"政治传播"研究的第一篇学术论文。当时，中外政治传播研究可谓"杂乱无章"，基石性概念没有共识，基本理论各行其道。本文试图廓清政治传播的基础概念，捋清其相关的基本理论和基本学科边界。原计划写"十大问题"，可惜只写了五个问题。

全球化的今天，政治传播已经成为重要的政治战略问题。毫无疑问，传统的政治传播方略、方式，以及相应的政治传播的理论研究也正面临新的挑战。2008年北京奥运会成功举办向全世界展示中国形象、证明中国特色政治体制优越性的雄辩事实，要求我们必须高度重视政治传播的价值，强化研究政治传播的信念。但是，就我国目前政治传播理论研究的现状来看，已然无法应对这种挑战。政治传播理论多从西方沿袭而来，无论西方政治传播理论本身，还是传到中国之后，许多基本而重要的问题还没有研究透彻，所以，约束了政治传播理论的进一步发展。本文试图就几个基本理论问题做一辨析，以期得到学界批评。

---

[*] 此文原载于《现代传播（中国传媒大学学报）》2009年第4期，与施惠玲合作；《新华文摘》2009年第21期全文转载。

一、"政治传播"范畴的界定

"政治传播"这一范畴自身包含着双重的学科要素——政治与传播,而这两个重要的要素又各自具有理解甚为不同的学科界定,使得"政治传播"范畴本身的界定十分困难:是从政治学的角度定义政治传播?还是从传播学的角度定义政治传播?现在是相争不下,各自为战的状况。此外,随着政治学与传播学本身研究领域的不断拓宽,新的元素不断被引进到政治传播研究中来,使原本就没有形成共识的"政治传播"范畴受到冲击。

目前,西方学者在政治传播范畴的界定上有两种趋向,即政治学本位和传播学本位。从政治学角度来界定政治传播范畴的学者,往往将政治传播视为一种政治现象与政治行为。在政治学本位的队伍中,有学者更深入一步,从政治发展的观点来界定政治传播,如费根认为,政治传播是"政治系统内及政治系统与其环境间的任何传播行为,因而建议研究传播网络(组织、团体、大众媒介、特殊管道等)及传播形态的经济、社会决定因素"。① 他主张用传播的观点来研究比较政治。

从传播学角度来界定政治传播的最简练并受到普遍接受的政治传播定义来自查菲。他认为政治传播就是"传播在政治过程中所扮演的角色"②。再如阿尔蒙和波尔认为"政治传播是一基本的系统功能,其许多结果将可维持或改变政治文化及政治结构"。③ 美国学者布赖恩·麦克奈尔综合了上述观点,他将西方所有传播本位的关于政治传播范畴的观点概括为三个层面:第一,一切党派人士与政治活动家为了达到特定的目的而进行的各种传播活动。第二,一切非党派人士针对党派人士展开的传播活动。第三,一切涉及以上三

---

① 参见:FAGEN R R. Politics and communication [M]. Boston: Little Brown, 1966.
② 参见:KAID L L. Handbook of political communication research [M]. Mahwah, NJ: Lawrence Erlbaum Associates, Inc, 2004: xiii.
③ 参见:ALMOND G A, POWELL C B. Comparative politics: systems processes and policy [M]. Boston: Little Brown, 1978: 152.

类人群政治行动的新闻报道,时事评论文章或通过其他媒介形式展开的政治讨论。①

上述政治学本位和传播学本位各自对"政治传播"范畴的界定可以说是一种"学科本能",即从各自的学科角度对"政治传播"范畴介入了必要的合理的本质要素,但是问题恰恰出在未能从政治学与传播学的"视界融合"的高度上来界定和把握"政治传播"这一范畴。这正是目前理论界对"政治传播"的"短视"界定的局限性所在,而且,这种"短视"所带来的和"学科壁垒"相应的"学科偏狭"已经贯穿于我们研究过程始终。

因此,对于"政治传播"范畴的准确界定和规范,首先要克服上述"短视"界定的局限性,突破那种只是具有独立而完整规定性的"政治"与"传播"的"关系"上做文章的思考理路,分别解构"政治"与"传播"两个范畴,从"政治"的本质中探求其传播的要素,从"传播"的内容中探求政治的要素,二者有机结合构成"元态"的、完整的、独立的"政治传播"范畴。

从这样一个视角来看,我们认为,所谓"政治传播"是指特定政治共同体中政治信息扩散和被接受的过程。这个貌似简单的规定中,"政治信息"意味着是从"政治"中解构出来的本质因素,即这种信息只能是"政治"的;"扩散和被接受"意味着是从"传播"中解构出来的本质要素,即政治信息是在"扩散和接受"状态中的。二者的融合,形成新的"政治传播"的范畴。

对于"政治传播"这一新内涵的理解,需要从哲学的维度来把握:一方面,政治本身的规定性中就内在地包含着"传播",可以简单理解为"政治本身就是传播",没有传播的"政治"是不存在的,这就好像没有被统治者的"统治"是不存在的一样;不能仅仅理解成"政治需要传播",因为这种理解预设了一个前提,即不需传播的"政治"同样存在。另一方面,"传播"本身的规定性中也内在地包含着"政治",没有政治的"传播"同样难以存在,抽取了传播的"政治"内容,传播就成了空壳,也就不存在了。这就好像没有统治者的"统治"同样不存在一样。

---

① 麦克奈尔.政治传播学概论[M].林文益,译.台北:风云论坛出版有限公司,2002:1-5.

进一步深入探究，该如何解释所谓"政治信息"。第一，"政治信息"的要旨是政治文明中能够传播和需要传播的东西，不包括政治全部；第二，政治文明和政治形态各有不同，因而其需要传播和能够传播的信息也各有不同，这就深入到了政治文明和政治形态的内部，是我们需要深入研究的内容。

需要说明的是，在我们对"政治传播"的这种界说中，即便存在"政治"与"传播"二者的关系问题，也不是讲某种既成"政治"中的既成"传播"，也不是讲某种既成"传播"中的既成"政治"，更不是讲二者的平行关系，也不是将二者直接机械合一，而是从"生成"的角度，既强调"政治"形成中的传播因素或层面，又强调"传播"形成中的政治对象或内容，政治与传播作为一种要素内在融合，形成一个具有完整内涵的独立范畴，即政治传播。当然，若从理论逻辑的"种属"关系上论，作为范畴的政治传播，其中的"政治"与"传播"要素所占的地位是不相等的。它首先强调的是"政治"的传播问题，因而"政治"是其基础；它同时强调政治的"传播"问题，因而"传播"是其着力点。单独的政治和单独的传播也许能够存在，但是，离开"政治是基础"与"传播是着力点"这种独特的关系，"政治传播"这个范畴无从生成，也无法解释。

二、究竟有没有一个政治传播学

现在，诸多所谓政治传播理论的研究与著述，并未达到"政治传播学"的"学"的层次和境界。因而，有必要对政治传播学本身的存在与否进行探究。

在我们看来，政治传播研究的繁荣，并不能表明政治传播学的繁荣，更不能成为确定政治传播学的形成标志。这是因为，第一，政治传播内涵的特殊性，使得对它的研究，要么被规限于"政治学"，要么被规限于"传播学"，而作为具有完整独立内涵的"政治传播学"始终被"湮灭"；第二，通过政治传播本身的研究要形成成熟的研究对象、理论基础、研究范式、基本原理、基本规律、普遍结论等。据此，中西方学者至今未能认为，一个具有经典意义的"政治传播学"得到了应有的认可。

现在,关于所谓政治传播学的研究,似乎已经"剑走偏锋",不是深入探讨政治传播学的形成所应具备的条件,然后对照检查我们的政治传播理论研究的"差距"在哪里,而是热衷于探讨所谓政治传播学何时形成。如所谓的"50年代说"和"60年代说"之争,我们没有看到这种争论对所谓政治传播学有多大的意义。

政治传播学的形成并不在于任何人在任何时间用"政治传播学"来标称自己的学说。有史以来的对政治传播的研究在不断促进和积淀着"政治传播学"的形成。从一个学科形成的必备基本要素来看,按照历史与逻辑的顺序,首先应是这个学科的研究对象的独立性及其确定。德国古典哲学家康德当年就"学科的标准"指出,"如果想要把一种知识建立成为科学,那就必须首先能够准确地规定出没有任何一种别的科学与之有共同之处的、它所特有的不同之点;否则各种科学之间的界线就分不清楚,各种科学的任何一种就不能彻底地按其性质来对待了。这些特点可以是对象的不同,或者是知识源泉的不同,或者是知识种类的不同,或者是不止一种,甚至是全部的不同兼而有之。一种可能的科学和它的领域的概念,首先就根据这些特点"①。对于"政治传播学"来说,20世纪60年代,突破仅从传播学或政治学的"学科壁垒",从"政治与传播的互动"来确立政治传播研究的独立对象,才有可能创立独立于政治学和传播学的"政治传播学"。这是这个时代政治传播研究对于所谓政治传播学的贡献。但是,这并不代表政治传播学已经完全形成。事实上,一个学科所具备的必要要素,是有待于其研究对象首先确立之后才慢慢形成和完善的。所以,到了20世纪90年代,著名政治传播理论研究者丹·尼谋和戴维·斯旺森在其合著的《政治传播新动向》(他就没有使用"政治传播学"一词)一书中,还在苦苦研究政治传播的"研究方式""基本模式"等学科基本问题。看一看他们提出的"问题"有多么基本:第一,在使分散的研究活动、研究主题和理论获得尊重的同时,使政治传播研究朝向有组织的框

---

① 康德.未来形而上学:导论[M].庞景仁,译.北京:商务印书馆,1978:3-4.

架发展，这一框架建立在传播与政治是如何相互交叉的基本问题上。第二，克服选举中心论，扩展政治传播研究的领域。他们认为，克服选举中心论，不等于不研究选举问题，也不是弱化选举问题研究，而是把它看成政治传播研究领域的一部分进行研究，而不是当成唯一的领域进行研究。第三，通过跨学科的研究，寻求共同的主题和概念，形成独立的研究对象。他们要求政治传播学的研究者要像研究母领域那样研究政治传播，构建政治传播研究的概念，以区别于其他领域，使政治传播学形成独立的学科。第四，提倡主流理论与批判理论的相互交流。①

他们的这种呼吁得到了一些研究政治传播学者的响应。比如，美国政治传播学者玛丽·E. 斯塔基在1996年出版的《政治传播的理论与实践》一书中就"回归基本"，重点研究了政治传播学的最基本的问题，试图在总体上构建更系统的、精确的"政治传播学"。然而，效果并不理想。时至今日，"政治传播学"研究的基本问题仍没有真正解决，共同的研究对象和领域没有形成，概念体系和理论框架没有建立起来，没有自己特有的方法和方法论。国内的研究相距就更远了。

三、政治传播的本质与政治社会化

政治社会化本是一个纯政治学的理论命题，但正是由于上述我们所批评的不能从政治与传播视界融合的高度来理解和把握"政治传播"，导致了政治社会化这一纯政治学理论命题在政治传播理论领域的无限制"发酵"。这正是偏狭的"政治学本位"思维运用到政治传播理论研究中带来的局限性和片面性。

政治社会化作为一个基础性的、重要的理论命题，在政治学理论研究中得到了极度的重视，取得了丰硕的研究成果。奇怪的是，至今却还没有形成

---

① STUCKEY M E. The theory and practice of political communication research [M]. Albany: University of New York Press, 1996.

对政治社会化的本质、内涵等相对权威和稳定的"共识",更没有对"政治社会化"这个概念进行必要的"前提批判"和反思。这就使"政治社会化"这一理论命题引入政治传播理论研究之后产生了诸多问题。

国内有学者把政治社会化的基本理论内涵的研究归纳为四种观点:第一,社会教化论;第二,个体学习论;第三,文化传承论;第四,社会环境论。而他把政治社会化理解为"社会个体在社会政治互动中接受社会政治文化教化,学习政治知识、掌握政治技能、内化政治规范、形成政治态度、完善政治人格的辩证过程;是社会政治体系的自我延续机制和功能运行机制"。[①]

本文在此不展开对这些观点的评论,仅对"政治社会化"做一宏观的反思和批判。首先,对"政治社会化"范畴的反思。"政治社会化"主要涉及"社会""政治""化"几个关键词。政治与社会的关系应从"社会结构"讲起。关于社会结构的理论,近年来理论形态纷繁多样,但是,理论和实践的检验说明,还是马克思关于社会结构的理论富有生命力。马克思对此的典型表述是:"人们在自己生活的社会生产中发生一定的、必然的、不以他们的意志为转移的关系。这些生产关系的总和构成社会的经济结构,即有法律的和政治的上层建筑竖立其上并有一定的社会意识形式与之相适应的现实基础。"[②]应该承认,自从马克思主义创立并在全世界流行以来,这种"经济—政治—文化"三元结构学说被广泛地接受和采用,已经成为一种"约定俗成"的经典学说,之后的各种结构说都不足以取代马克思的三元结构说。

经济、政治、文化构成了一个完整的"社会"。具体言之,经济满足社会成员的物质资料需要,政治满足社会成员的公平秩序需要,文化满足社会成员的精神意义需要。与此相应,经济、政治、文化三大领域既有"张力"又有"合力"相辅相成的良性互动,构成了"社会"发展的健康运行机制。三大领域"各司其职",互不"代替""挤压""侵犯"是"社会"稳定和发展的基本保证。从人类社会发展的历史来看,人类是通过政治文明和社会治理的

---

① 参见:李元书.政治社会化:涵义、特征、功能[J].政治学研究,1998(2):18-26.
② 马克思恩格斯选集:第2卷[M].中共中央马克思恩格斯列宁斯大林著作编译局,编.北京:人民出版社,1972:82.

不断进步，逐步处理好这个问题的。

如果我们人类社会发展阶段简单地划分为前市场经济社会和市场经济社会，那么，在前市场经济社会里，由于分工不明确，人们以分散的方式从事生产，自给自足，缺乏一种由分工造成的经济上的相互依赖性，个体之间也就缺少一种将他们联结在一起的经济纽带。在这样一种历史条件下，一定的社会秩序的形成，便不能依靠经济的力量，而要依靠超经济的力量去整合分散的个体，于是，社会结构便形成了以政治为中心而直接地把三大领域统合为一体的社会结构及运行方式。在市场经济社会，分工高度发达，每个人的生活资料都必须通过与他人的交换活动而获取，就是说，分工与交换本身就形成了一种把各个个体结合起来的力量，经济活动有了自身的独立性，不必像过去那样完全从属于政治。文化则给人们提供一种生活的意义，也从过去那种完全从属于政治的状态中独立出来。社会结构和运行方式发生了根本性的变化——从"领域合一"到"领域分离"。当然，各个领域的相互分离，并不意味着各个领域的互不相干或"脱离"，而是保持一种与社会发展的具体历史条件相适应的适度的"张力"。但是，以政治为中心的"社会政治化"已经不复存在。中国曾经发生的人为的"社会政治化"带来了灾难，是谁也不想再看到的。

而上述关于政治社会化研究，使得政治社会化的深刻本质，已经不仅仅是"社会成员接受和内化政治信息"的问题，而恰恰试图通过"化"使整个社会"政治化"，就是说，政治社会化的"恶果"恰恰可能超出它原本的"限度"，使"社会""政治化"。因此，从理论上讲，应是经济、政治、文化回归自身：政治"政治化"，经济"经济化"，文化"文化化"。何来"政治社会化"？甚至可以说，"政治社会化"这个概念本身就逻辑不通，难以成立。因为所谓"社会成员接受和内化政治信息"的过程是政治运行本身的过程，也是政治团体中的个体化到群体化的过程，并不是、因而也不能被称为"政治社会化"过程。如此类推，能说"经济社会化""文化社会化"这些概念都不能成立。从实践上讲，政治最应该"回归政治"！已经对人类社会造成伤害的"社会政治化"的历史不能重演。

进一步说到政治传播与政治社会化的关系，从上述我们对政治传播的理解上看，政治运行本身就是一个"传播"的过程，政治共同体内政治成员对政治信息的接受和内化并不能理解成一种所谓"社会化"的过程。因而，政治传播与所谓政治社会化完全不是一回事。然而，国内外关于政治传播理论的研究，在很大的程度上是把政治传播作为一种政治社会化来理解和论证的。美国学者弗雷德·雷格斯蒂在《政治社会化》一文中，把政治传播直接理解为政治社会化，把政治社会化直接理解为政治传播，并用拉斯维尔的信息传播"五W"模式来解释政治传播过程和所谓政治社会化过程，[①] 这种观点至今仍是关于政治传播的主流学派，在中国也很有影响，这是一个理论上的误区。

四、富媒体，穷民主：政治传播与新闻媒体的关系

我们把上述那种视政治传播本质为政治社会化的现象理解为一种政治传播研究中的"政治学偏好"。值得注意的是，在政治传播理论的研究中，也同样存在着另一种"传播学偏好"。"传播学偏好"对政治传播的研究一开始就把政治传播的重心"堆放"在新闻媒体的作用上了。学者们似乎已忘记了自己研究政治传播的职责，而将目光转向新闻媒体，由此出现了现实政治生活与政治传播理论研究中的所谓"富媒体，穷民主"的现象，这也可以说是理论研究中"政治"与"媒体"本末倒置产生的结果。

这种倾向的发端，要追溯到人们对李普曼 1922 年出版的经典著作《公众舆论》在政治传播理论中的地位的不恰当推崇上。李普曼在《公众舆论》等著作中阐发的"拟态环境"理论、"刻板成见"理论和"议程设置"思想，在传播学界产生了极大的影响，不乏思想的追随者。加拿大当代思想家哈罗德·伊尼斯把媒介的作用推到了"人类文明传播"的高度，开创了传播学的"媒介决定论"学派，[②] 为我们提供了一种新的政治视野——以全新的方式把斯

[①] 参见：雷格斯蒂.政治社会化[J].国外政治学，1987（5）：8–11.
[②] 参阅：伊尼斯.传播的偏向[M].何道宽，译.北京：中国人民大学出版社，2003；伊尼斯.帝国与传播[M].何道宽，译.北京：中国人民大学出版社，2003.

宾格勒和汤因比的文明比较论带到当代人面前。无论其后还有多少人追随和推崇李普曼的理论，其实不难看出，李普曼的贡献主要在"新闻媒体的社会作用"上。这种作用当然包括它的政治作用，在此意义上，任何政治传播都绝对不可忽略"新闻媒体"在其中的重要价值，但不能据此认为，政治传播就是新闻媒体的创造！新闻媒体在政治传播方面无论何等重要，始终改变不了政治与新闻媒体是"目的与手段"的根本关系。改变了这种关系，就会把人们对政治传播研究的关注点"聚焦"在"新闻媒体"上，这是一种本末倒置。把李普曼作为"政治传播学"的奠基人，把李普曼的《公众舆论》作为政治传播学的奠基之作，坦率地说，都难逃把李普曼在"新闻媒体的社会作用"上的贡献无限地放大为对政治传播的贡献之嫌。

李普曼之后的拉斯韦尔在其《社会传播的结构与功能》一文中所提出的"五W"学说，在某种意义上，既是对李普曼理论的发展，也是对李普曼理论的"修正"。在他的"谁在说、说什么、对谁说、通过什么渠道说、取得什么效果"的著名"五W"理论体系中，我们看到，新闻媒体的作用主要在"通过什么渠道说"这一环节上。如果政治传播（拉斯韦尔讲的不仅仅是政治传播）是一个"五W"的整体过程，那么，政治传播的"功夫"应下在每一个环节上，而不应仅仅在"通过什么渠道说"这一个环节上。然而，人们只注意了拉斯韦尔对李普曼理论的"发展"，却忽略了拉斯韦尔对李普曼理论的"修正"。

正因如此，20世纪以来，学者们对新闻媒体在政治传播中的"负面作用"进行了猛烈的批判。代表性的人物是美国学者兰斯·班尼特和罗伯特·麦克切斯尼。1983年，兰斯·班尼特出版了他的《新闻：政治的幻想》一书。仅从著作的题目我们就可以看出，新闻媒体对政治而言的"作用"：新闻媒体所提供的东西已经是远离政治真相本身的虚假的"幻想"。在这部著作中，班尼特从崭新的角度对新闻在政治传播中的本质和作用进行了剖析。他批评当今商业化的媒体是一个饥肠辘辘的大怪兽，大量的新闻正在脱离政治，他警告未来的公民最好要摆脱媒体的束缚。1999年，罗伯特·麦克切斯尼教授出版了他的《富媒体，穷民主：不确定时代的政治传播》。他在班尼特视新闻媒体为政治幻想的基础上,进一步确证了在现如今这个"不确定的时代"里,新闻媒体从政治思想的"幻想"俨然变成了经济上的"富翁";它宣传的未必是政治上的民主,但汲取的是民主身上的鲜血。麦克切斯尼毫不客气地把媒体推到了"反民主"的位置上,并疾呼:人们对新闻媒体在政治传播中的负面作用批评已经至少一个世纪了,现在这种"警世之言"必须比过去任何时候都要来得响亮和清澈。

从拉斯韦尔的"五W"说,到兰斯·班尼特的"幻想"说,再到麦克切斯尼的"富媒体,穷民主"说,对当今的政治传播研究而言至少彰显了三重的意义。第一,它们从一个特定的侧面揭示了新闻媒体在政治传播中的作用。不管是所谓"正面作用"还是"反面作用",都提醒我们在政治传播研究中新闻媒体至关重要、不可忽略。第二,从现实状态和发展趋势看,新闻媒体在政治传播中的作用是越来越远离政治,甚至是反面化,这既是对新闻媒体的强烈谴责,也是对政治本身敲响警钟。第三,反观政治传播的研究,则是严重夸大了新闻媒体的作用,是政治"献媚"于新闻媒体。甚至可以说,拉斯韦尔等人对"新闻媒体"的"细致入微"的研究,也正是政治传播研究中"新闻媒体偏好"之使然。

我们更常研究的问题是根本无视了上述第三重意义,对政治传播的研究,没有在"政治"本身的许多方面下足功夫,而是一说到"政治传播",就归之于新闻媒体问题。同样,在政治本身的"说什么",即政治内容、政治文明等环节和方面更没有出现如拉斯韦尔等的"警世之作"。所以,现在我们更需要的是对"基础"的研究即政治的研究,应从"着力点"的传播反推到基础的政治本身。在探索什么样的"政治"需要更为广泛的真实的传播,什么样的"政治"更能广泛地真实地传播等——这些政治传播研究中更为根本的方面下足功夫。

五、构建具有中国气派政治传播理论的基本理路

从整体上看,我国政治传播理论的研究还处于初级阶段。因此,如何深

入推进政治传播理论的研究，构建一种满足中国政治实践需要、体现中国政治特色、具有中国气派的政治传播理论显得尤为重要。要构建中国气派的政治传播理论，有太多的问题需要今后深入研究，这里只能就基本理路谈些粗略的看法。

第一，中国气派与全球视野的内在一致。"中国气派"的政治传播理论，不是要关起门来研究中国的政治传播，而是要放眼世界，着眼于全球化进程对政治传播的特殊影响来思考中国的政治传播。很多人认为，唯有政治是不可能"全球化"的。事实上，政治本身的"全球化意图"是最强烈、最明显的，这正是政治传播研究所必须予以特别关注的。政治传播往往被裹挟在"文化传播"之中，政治的"全球化意图"往往穿着文化传播与交流的外衣，让人不识庐山真面目。因此，我们有必要在混沌与朦胧的文化传播中清醒地把政治传播"剥离"出来，以准确地判断其对中国政治传播理论的价值。当然，对于政治传播的主体来说，政治传播有其"内传播"与"外传播"之分，我们这里所强调的"全球视野"也有内与外的双重意义，既强调构建中国气派政治传播理论"外传播"的全球视野，也强调"内传播"的全球视野。

第二，西方化与本土化的有机融合。这是就政治传播理论研究如何处理引进吸收西方发达国家政治传播先进理论和构建中国本土化政治传播理论的关系而言的。目前，对于这个问题的认识还存在着尖锐对立的观点。一种观点主张"本土化"，另一方则反对"本土化"。我们认为，不能把上述两种思维完全对立起来。一方面，西方先进的政治传播理论我们一定要汲取，但绝不是生搬硬套所谓"普世真理"。像牛顿万有引力定律一样的具有"普世真理"的政治传播理论很难让人理解。与此相应，西方的政治传播理论不可能已到"极限"，更不是不可逾越的"雷池"。另一方面，中国的政治生态的确有自己的特质，因而具有中国气派的政治传播理论首先要对中国政治实践和政治生活具备"有效性"，甚至可以把这一点理解成中国气派政治传播理论的本质属性，但是，这种政治传播理论决然不是盲目的、落后的、个体性的。政治实践的普遍性和人类性，决定了在经济、信息、技术、文化等全球化的时代，构建中国政治传播理论必须具有世界性的博大胸怀。

第三，工具理性与价值理性的良性互动。这一点是就中国气派政治传播理论要汲取历史的教训而言。政治传播在其功能实现上有两个层面：一个是强烈的意识形态管控的工具性；一个是社会政治生活意义的引导性。前者可简称为政治传播的工具理性，后者可简称为政治传播的价值理性。就中国气派的政治传播理论研究而言，一方面仍然要坚持以党和国家的宣传为本位，另一方面，则迫切需要把政治传播放到社会历史进程中去加以考察，研究政治传播对社会总体的意义。我国政治传播实践的发展，已经大大推进了社会主义的政治民主化进程，实现了工具理性和价值理性的统一，因而要求政治传播理论的研究必须注意其工具理性和价值理性的良性互动。

第四，"引进来"与"走出去"的适度张力。从纯理论上讲，政治传播，在政治共同体内是政治信息和政治价值观的扩散、接收、认同、内化等有机系统的运行过程，更多的时候则是不同政治共同体之间的冲撞和较量。较量的"输与赢"虽然相关于诸多的因素，但归根结底，取决于较量的底线——政治文明本身。改革开放后的中国，在中国共产党的领导下，以谁也无法否认的事实展示了其政治文明的巨大进步和社会治理的卓越成就。这是中国共产党以宽阔的政治胸怀和高远的政治境界汲取包括资本主义在内的人类政治文明所获得的成果，可以说是"引进来"的结果。然而，在当代的国际政治形势的背景下，对于政治主体来说，政治传播的"国际国家形象塑造""世界政党政治平台""营造全球政治公共空间""制造政治价值观认同"等功能则日益突出。政治形势本身对政治传播理论研究提出了严峻的挑战。面对这种挑战，中国的政治传播理论研究在"走出去"的战略上责任更为重大。我们的政治传播研究不能还仅停留在对我们的政治民主理论"迷思"的层面上，而是要拿出实际行动，加紧构建中国气派的政治传播理论，以此向世界展示我们的政治文明成果。

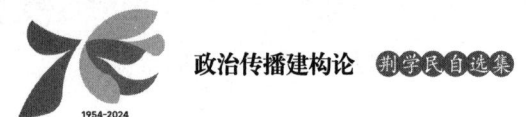

政治传播研究中的几个核心命题辨正*

阅读提示：按照理论研究行进的逻辑，在前一篇文章《政治与传播的视界融合：政治传播研究几大基本理论问题辨析》廓清"政治传播"轮廓的基础上，本文深度辨析了此前政治传播研究最为常用但又纠缠不清的几个"核心命题"。其中，首次提出"政治统摄传播"命题，并把其置于所有重要命题的"前提"的位置。这个命题，贯穿之后我的关于政治传播的所有研究，成为我对政治传播研究的标志性的"符号"和旗帜。

目前，我国的政治传播理论研究，已经逐步摆脱西方那种以政治竞选为核心的思考路径。我们的研究，试图结合我国的政治实践和政治生活，探索构建一种适应于我国实际的、能为我国政治传播实践提供一定理论支撑的理论框架和基本命题。但是，在这种思考中，我们却发现理论界、业界、社会民众对政治传播几个重要的核心命题界定不清、理解混乱，影响政治传播理论研究的进一步深入。有鉴于此，本文就几个相关的核心命题作深度辨析，以期大家在相同的理解下使用清晰的命题讨论问题。

一、一个前提性的命题：政治何以统摄传播

在人们讨论政治传播的时候，如果不仅仅停留在概念的表面而深入思考，

---

* 本文原载于《现代传播（中国传媒大学学报）》2013年第7期，与刘胜君合作。

首先遇到的困惑可能就是政治、传播、社会及其之间的关系。下面简而述之。

（一）政治的生成与传播

政治貌似为人熟知，其实无法定义，因为政治到目前为止并没有固定在哪种含义上。美国著名政治学家达尔曾说："确切地说，任何人都能懂一些政治，但政治是格外复杂的事物，很可能还是人类所遇到的最复杂的事物之一。如果不具备处理政治复杂性的技能，人们就会草率或过分地简化政治，这就是危险。公正地说，我们认为，大多数人确实都把政治简单化了。"[①] 所以，认知人类的政治，需要从历史和逻辑两个角度展开。从人类政治历史演变的"历时态"看，政治与国家、经济、社会关联。与国家关联的政治，按照马克思的理解，政治现象是人类从野蛮进入文明以后即进入阶级社会以后的产物，因而，各种复杂纷繁的政治现象所体现的一个核心问题就是社会中各阶级围绕着"国家"的统治权力而展开的激烈斗争。因此，从与国家关联的角度来认识、把握、研究政治，是贯穿人类几千年政治思想史的主线，直至当代仍然如此。与经济关联的政治，在人类社会发展的早期，人们的经济社会与政治生活还没有什么独立性，在很大的意义上，政治生活就是他们相对于私人家庭生活的社会生活。当人们的维持生活与生产资料的经济生活逐步凸显，越来越具有独立意义的时候，人们便从与"经济"相对应的意义上认识、把握和对待政治了。应该说，在当下社会里，人们对于政治的认识更多的是从与经济对应的意义上，或者说是从与经济关联的维度来把握和认识政治的。与社会关联的政治，从社会维度对政治的认知和把握有两种截然不同的境界，是人类社会发展不同阶段的产物。在人类社会诸多领域混沌不分的早期，人们的政治生活就是"社会"生活，这种政治、社会生活可能仅仅相对于私人家庭生活而言。如果说，这可以视为从社会关联或意义上的"政治"，那么毫无疑义，这种界分是完全不自觉的。随着经济在社会生活中地位的突出及其

---

① 达尔，斯泰思布里克纳.现代政治分析[M] 6版.吴勇，译.北京：中国人民大学出版社，2012：3.

对政治产生制约，人们从与经济对应的意义上认知和把握政治，而当人们能够自觉地从高于经济和政治本身的境界来把握政治的时候，实际上，这又是从"社会"的境界和意义上对政治的把握。这正是一个"否定之否定"的螺旋式的上升过程。

从国家、经济、社会三个维度所规限的政治，即政治的"历时态"生成过程，可以归纳为政治的国家化、经济化、社会化过程。这种过程既是一种时间意义上的历时展开过程，又是空间意义上的横向扩展过程。这种过程正是政治从无到有、从己到人、从私到公、从内到外、从一到多地通过"传播"这一根基性路径生成的过程。在这个意义上，传播在被理解为"人类社会的特质"的基础上与政治的本质取得同一性，可以将这通俗地表述为：没有不通过传播而形成的政治，正像不存在没有被统治者的统治者一样，即所谓"政治即传播"。

这种看法的深度与视角，可能不同于现在人们对政治传播的理解与解释，尤其是传播学学者对于政治传播本质的看法。我们没有具体展示所谓政治传播的历史形成过程。比如，中国历史上，尧、舜、禹及上古时期《尚书》《左传》等所记载的"口传"政治，先秦诸子百家的"说服"政治，秦汉时期的"书刊"政治，唐宋时期的"进奏"政治，元明清时期的"特务"政治；西方历史上，古希腊、古罗马乃至中世纪的辩论修辞政治，近代资本主义时期英法德的报业新闻政治，美国的宣导性政治，以及传播学创建后在传播技术与新媒体引擎下的说服政治、修辞政治、沟通政治等。

在我们看来，展示这样具体的对政治的传播过程，在理论上并不能揭示传播的政治本质和属性，而只能展示政治是怎样运用传播来实现自己的。毫无疑问，展示政治是如何运用传播手段，还是在政治范畴中讨论政治，无法说明我们上述的政治在"国家化、经济化、社会化"的过程中逐步生成自己的规定性这一理论见解。所以，这种理路，看来看去，还是一种传播学，而不是政治传播学。

（二）政治统摄传播

传播是一种交流，交流是一种过程，是一种信息流动的过程。在这里，实际上"信息"是传播的核心，比"流动的过程"更为重要，至少说二者同等重要。但传播学的研究在很大程度上预设了这种信息，即把这种信息当作一种既定的东西，认为传播的变化就是传播过程的发展，认为传播学就是研究这种过程之规律的学问。

毫无疑问，传播的"过程"本身随着人类社会的发展，确实越来越复杂，但是，研究者把这种过程研究得更加复杂。打开现在任何一本传播学著作，浓墨描写的是过程。诸如线性的、非线性的、单向的、双向的、立体的、直接的、反馈的、系统的；还有所谓拉斯韦尔模式、香农—韦弗数学模式、奥斯古德模式、韦斯特利—麦克莱恩模式、德弗勒反馈模式、赖利夫妇模式、马莱茨克模式、鲍尔—罗克希依赖模式，等等，纷繁复杂，使人眼花缭乱！说实在的，不仅仅是非传播学研究者很难理解和消化，甚至连有些研究传播的学者也未必能完全理解和消化。

为了使问题回归简单朴素，我们也就不古今中外地往前追索了，就让我们回到"传播学之父"施拉姆当年对传播的认识和研究上来。施拉姆确认传播的"人类社会特质"的基本思想后，认为传播是一种信息流动的过程，虽然之后他对"传播关系""传播行为""传播契约""传播过程"等展开不断深入的研究，但是，这种研究，与他对"信息"的认知是同一的。就是说，传播过程的展开与被传播之"信息"的生成扩展相互依托，是同一个过程。这一点，被后来的传播学研究者忽略了，这些研究者把注意力都放在了对传播过程的研究上。这就是我们现在看传播学只看到传播形式而看不到传播内容的原因。

事实上，施拉姆当年创建"传播学"时，首先研究了传播的内容——"信息"。在他的《传播学概论》里专门有一节是谈"信息的性质"。他指出"信息是传播的材料"，那么，"信息究竟指什么呢"？他借用了香农和韦纳的思想，认为"凡是在一种情况下能减少不确定性的任何事物都叫作信息"。问题的重要性在于，施拉姆接着所讲的大量的通过信息流动"减少不确定性"而形成"确定性"的过程，正是信息的"社会性内涵"的生成与展示过程。换句话说，我们是要通过人的社会性本质的生成与展示过程，才能知悉"传播"

究竟在传什么！这也是"传播"必须由哲学、政治学、社会学、历史学等诸多学科来说明的原因。

施拉姆当年的这种研究思路清晰易懂："社会是各种关系的总和，在这些关系中，某些信息是共享的。我们要明确了解的一点是：人类传播是人做的某种事。它本身是没有生命的。它本身没有什么不可思议的，除非是传播关系中的人使之成为不可思议。讯息本身并无含义，除非是人使之有含义。因此，我们研究传播时，我们也研究人——研究人与人的关系以及与他们所属的集团、组织和社会的关系；研究他们怎样相互影响、受影响，告知他人和被他人告知，教别人和受别人教；娱乐别人和受到娱乐。要了解人类传播，我们必须了解人是怎样相互建立起联系的。"① 当我们认为，传播过程受制于所传播的内容，而传播的内容即"信息"的内涵是人类社会性本质的具体生成与展开的时候，传播本质中的政治要素便凸显出来。也就是说，传播的"使不确定性不断地走向确定性"的过程，正是一个传播的内容不断地社会化的过程，也是一个传播在社会化的过程中不断地政治化的过程。

传播的社会化过程，一定意义上也可以被理解为一种政治化过程，这是我们观察与探究"传播究竟在传播什么"的一种理论视角。其实，现实发生着的传播历史也从一个侧面说明了这一点。2003 年，法国学者埃里克·麦格雷出版了他的著作《传播理论史：一种社会学的视角》，这部优秀的著作，从社会学的视角对西方传播理论史进行了系统的研究。麦格雷提出了研究传播的"三个维度"："要更准确地定义传播这个词，必须选取不同于空想家和诡辩论的角度，接受社会科学奠基人和继承者以不同方式发出的邀请，把传播看成一个我们永久居住的三维空间。……我个人赞同的表述是：传播现象是一个'自然的'、'文化的'和'创造性的'现象，三层意思的重要性逐层递增，分别对应的是与客观世界的关系、人与人的关系和社会政治秩序。"② 关于三个维度的关系，麦格雷突出了他的"政治统摄传播"的学术思想："把握上述三

---

① 施拉姆，波特.传播学概论[M].陈亮，李启，周立方，译.北京：新华出版社，1984：4.
② 麦格雷.传播理论史：一种社会学的视角[M].刘芳，译.北京：中国传媒大学出版社，2009：3.

个层面、三个世界的关系，是传播研究面临的一大挑战。……传播首先是文化事实和政治事实，其次是技术事实。"① "客体、社会关系和政治秩序，是传播的题中应有之义。任何一种传播学理论都是由几个不可分割的部分组成的：人与人交流的功能化模型、对权力/文化关系的判断、统领全局的政治秩序观。……任何理论都是由科研预设以及意识形态、伦理观念和政治判断组成的。无视理论某个部分或多个部分事先已经纳入的观点，就可能冒倒退的风险。学术研究思潮的发展史已经充分证明了这一点。"② 可以看出，麦格雷在这里已经突破了社会学的视角，讲的是研究传播所应坚持的哲学和政治学立场，是从传播的社会本性出发超越了社会学本身。他据此非常推崇马克思侧重于意识形态的关于社会关系本质的理论，推崇涂尔干关于社会共识与社会整合的理论，推崇韦伯关于社会行动的理论。麦格雷尖锐批评20世纪末21世纪初互联网、新技术和新经济飞速发展所带来的传播学研究的"技术决定论"的死灰复燃。认为这种对传播的研究，偏离社会与政治的轨道，是传播研究的"回归客体"式的"不可能的倒退"。

二、政治传播与传媒政治

在理解政治传播的内涵与廓清政治传播的边界时，还应该说清楚政治传播与"传媒政治"的关系。现在，很多的研究自命为"政治传播研究"，而其实质，是一种传媒的政治研究。现在的研究状貌，与其说是政治传播研究如火如荼，不如说是"传媒政治"研究如火如荼。

有学者认为："传媒政治是从传媒的视角研究政治和从政治的视角研究传媒的一门政治学的分支学科。就它的内涵和外延的界定来说，它指传媒与政治关系及其一般规律，是政治的一种手段和形式，是关于传媒的权力构成和

---

① 麦格雷.传播理论史：一种社会学的视角[M].刘芳，译.北京：中国传媒大学出版社，2009：4.
② 麦格雷.传播理论史：一种社会学的视角[M].刘芳，译.北京：中国传媒大学出版社，2009：4.

权利分配。"① 很明显，这种界说似是：传媒政治是从政治的视角研究传媒，而无法达到从传媒的视角研究政治。从传媒是无法深入政治的。这种情况下，人们根本无法探求"传媒与政治关系及其一般规律"。在我看来，所谓传媒政治，已经是下沉到政治传播很低层面——以媒介作为传播工具——的一种具体的媒介研究，正像我们同样可以从社会、文化、经济、技术等角度研究媒介一样。如果非要给传媒政治寻找一个"归宿"，勉强可以将它归为"传播政治学"（如果能构成一种"学"）。

当年，麦克奈尔在《政治传播学引论》中已经非常明确地把"政治传播"与"传播政治"做了区别：政治传播讲的是"关于政治的有目的的传播"②，而传播政治指的是以政党等为主体的通过政治广告、政治公关等形式为自己的竞选而做的具体行为。媒介，只是其中一个角色而已。若再深究一下，在我们看来，政治传播，着力的是人类社会中政治与传播的本质性融合，它立足于与社会"同一"的人类政治生活。这种理解中，政治与传播在人类的社会生活中均居"本体"地位；而所谓传媒政治，或传播政治学，是立足于被工具化的传播，以单纯的传播为"本位"，研究传播与政治的关系，研究传播在政治生活中的角色与功能。因此，这种研究的着力点是"政治的媒介化"与"媒介的政治化"。

最近出版的美国学者米兰·本奈特和罗伯特·恩特曼主编的《媒介化政治：政治传播新论》，虽然以"政治传播新论"作为副标题（这种标题误导了很多读者），其实，正是一本研究"传播政治学"的著作。在我看来，作者在书中恰恰把"传播政治学"说得很清楚："本书旨在探求媒介是如何通过影响信息交换，从而影响人们在政治活动中的思想和行为的。"③ 这个"宗旨"准确地说明了传媒政治或传播政治学的研究对象和内容。那么，为什么会把政治生活中的"媒介"看得如此重要，作者声明道："媒介化的政治传播已经在当

---

① 李宏.传媒政治［M］.北京：中国传媒大学出版社，2006：9.
② 麦克奈尔.政治传播学引论［M］.殷琪，译.北京：新华出版社，2005：4.
③ 本奈特，恩特曼.媒介化政治：政治传播新论［M］.董关鹏，译.北京：清华大学出版社，2011：2.

今民主政治和公共生活之中占据了核心地位。尽管传统政治的诸多形式,诸如挨家挨户式的游说、政党活动及其他社会活动的开展等仍然没有消失,人们也依然可以在没有媒体参与的情况下直接进行政治讨论。但是很多的政治组织已经认识到,如果没有多方面的运用,政治统治以及一系列相关的步骤(诸如形成舆论等)是不可能以其现有的方式顺利实现的。"① 政治传播与传媒政治或传播政治学的差别在于,如何理解人类社会生活中政治与传播的地位及其关系。那么,这里的传媒政治或传播政治学是如何认识政治与传播的,作者在书中的观点是颇具代表性的:"在此,我们将'政治'宽泛地定义为社会中'对价值的权威分配'。这里的'权威'指的是公众与政府之间的关系。决策者借由其权威地位,依靠公民自愿分配或强制行使权力,以控制、管理社会内物质、服务、卫生福利、人身安全和其他价值的流动。毋庸置疑的是,在任何民主社会,从统治权的角度来看,个人的权力并不平等。因此在现代民主之中,传播顺畅与否是衡量权力大小与平等程度高低的重要指标。通过传播,人们不仅能够使自身的价值观念和利益(或'偏好')为人所知,而且还能够了解政府的活动在何种程度上影响了人们这些偏好。传播可能会掩盖政治决策者背后的动机和利益瓜葛,从而对社会中的权力和政治参与产生负面影响。但传播也能够通过促进公众参与政治决策,在这些方面起到积极的作用。"②

将政治传播与传媒政治或传播政治学区别开来,有利于回归政治传播的本原,沿着正确的方向深入研究政治传播。

三、政治传播与传播政治经济学

在研究中,还有一个核心命题,就是"传播政治经济学",它也往往与政

---

① 本奈特,恩特曼. 媒介化政治:政治传播新论[M]. 董关鹏,译. 北京:清华大学出版社,2011:1.
② 本奈特,恩特曼. 媒介化政治:政治传播新论[M]. 董关鹏,译. 北京:清华大学出版社,2011:2.

治传播纠结在一起。

从外部形态看,传播政治经济学比前面所说的"传媒政治"的研究对象要规范、系统,因此,说到传播政治经济学,人们似乎容易接受,而把"传媒政治"当作传播政治学,人们可能还不以为然。

传播政治经济学是传播学研究中一个独特的流派。"这个流派完全有别于美国的实证学派,它着重分析传播体制的经济结构与市场经济体制的运行过程,从而揭示传播与文化工业的复杂性,以及通过资本实现的传播与文化活动对社会过程的影响。通过对传播的所有权、生产、流通和受众消费等层面的分析,传播政治经济学试图展现传播的社会权力关系。"① 一般来说,传播政治经济学是政治经济学范式在传播学中的具体应用,或者说,支持传播政治经济学的核心和基础性理论是政治经济学。

政治经济学范式是从政治、经济即权力和资本关系的角度来看待社会现象的世界观及其研究方法。它被定义为并聚焦于对社会关系尤其是权力关系的研究。众所周知,这一理论的奠基人和集大成者是马克思。19世纪的马克思对资本主义进行政治经济学批判,其核心的理论是唯物史观。具体到传播学领域,传播的政治经济学范式认定媒介及其信息传播是社会控制的一部分,把媒介的整个传播过程看作一种包括传播资源生产、分配、流通、交换、消费各环节以及宏观决策的经济活动,把所有的媒介产品当商品,从而揭示出资本主义社会大众传媒支配和控制的权力关系。归根结底,传播的政治经济学关注大众媒介的所有权结构、所有制关系及其控制。到21世纪,跨国传媒集团对发达国家尤其是发展中国家和地区的信息垄断或渗透,成为传播政治经济学的重点批评指向。

传播政治经济学貌似对传播的一种"经济机制"的分析,然而这种分析却是从"政治视角"出发,或者说,这种经济分析是建立在特定的政治立场上的。正像马克思的政治经济学是看到经济的政治意义,传播政治经济学的研究所每每得出的结论总是政治的。据此,它被命名为"传播政治经济学",

---

① 赵月枝.传播与社会:政治经济与文化分析[M].北京:中国传媒大学出版社,2011:3.

与传播政治学便难解难分。对于传播的研究，当从"政治经济"的宽泛视角"浓缩"到独有的政治视角时，它就成为一种传播政治学。无论是传播政治经济学，还是所谓研究传媒政治的传播政治学，其着力点都是对"传播"的分析，因而自然地被划归到纯传播学的"流派"。而政治传播，既不能说是着力于单纯的"政治"，也不能说是着力于单纯的"传播"，它着力的是"政治传播"。这就是三者之间的联系与区别。

四、政治传播与政治社会化

在研究中，还有两个命题纠缠在一起，这就是政治传播与政治社会化。

几年前，我们曾撰文评论过"政治社会化"，不过主要是检讨"政治社会化"这个命题本身。[1] 研究中所暴露的问题是很多人对两者不加区别，或者区别不开。美国学者弗雷德·雷格斯蒂在《政治社会化》一文中，就把政治传播直接解释为政治社会化，把政治社会化直接理解为政治传播，并用拉斯韦尔的传播"五W"模式来解释政治传播过程和所谓政治社会化过程。但实际上，深究其理，二者还是不尽相同的。

最早撰写了《政治传播学》的台湾学者祝基滢认为："政治社会化是指社会分子如何纳入政治文化，以及社会分子改变政治文化之能力。政治社会化也是指一个社会分子接受政治任务，和遵守政治规则之过程。如果用一个惯用的名词，政治社会化也可说是政治学习的过程。"[2] 她借用美国学者道森和普勒威的观点，认为"政治社会化产生政治自我"。可惜，祝基滢以"政治传播与政治社会化"为题立论，理论上讲，这种立论本身就是以"政治传播"与"政治社会化"相区别为思想基础的，却没有把二者的关系说明白。

毫无疑问，政治社会化属于政治传播范畴，政治传播内在地包含着政治社会化。但是，政治传播不仅限于政治社会化，因而也不等于政治社会化。

---

[1] 荆学民，施惠玲.政治与传播的视界融合：政治传播研究五个基本理论问题辨析[J].现代传播（中国传媒大学学报），2009（4）：18–22.
[2] 祝基滢.政治传播学[M].台北：台湾三民书局，1982：123.

政治社会化是一个纯政治学的传统理论范畴，这个范畴的本质是在政治范围内讨论政治的机理。它与政治传播最主要的区别有以下几点。

第一，政治社会化范畴的视角是侧重于政治传播中的"客体"，这种视角，前提性地预设了一个可以让人学习或者接受的政治思想、政治任务、政治规范、政治理想、政治信仰等。而政治传播是以传播主体与传播受众互相依赖、互为前提为基础和出发点的。第二，政治社会化范畴的着力点是政治共同体中的个体，强调社会个体如何通过学习而形成特定的政治人格。而政治传播，无论是传播主体，还是传播受众，不仅仅限于个体。第三，政治社会化范畴比较强调经过社会化后的效果，即个体"政治自我"的形成。而政治传播虽然也强调传播效果，但是，同时也注重或者说更注重传播过程的研究。第四，政治社会化范畴强调的"社会"本质上是指特定的"政治环境"，它还在政治本身范畴之内。而政治传播中的社会，如前所述，指政治通过国家化、社会化、经济化而超越狭义的政治本身的"社会化"过程，这里的两个"社会"，在内涵与外延上都有不同。

关于政治传播内容的理论思考[*]

阅读提示："政治传播"主要传播什么？它与一般的传播怎么区别？这恐怕是人们思考政治传播的逻辑起点，因此非常重要。这篇文章要回答的问题就是"政治传播的内容"究竟该怎样来表达。文章把政治传播内容设想为一个圆，其表层结构是意识形态，中层结构是政治价值，深层结构是政治文明。在传播的过程中，其三层结构的"可传播性"程度也不一样，区别其可传播性对于政治传播实践具有现实意义。这些"理论"在之前的中外政治传播理论中是没有的。

最近几年，政治传播研究在我国越来越热。但是，总体来看，更多的研究聚焦于互联网与新兴媒体迅猛发展条件下政治传播的策略性层面，而相对忽略基础理论问题的研究。事实上，政治传播许多重要的基础理论问题在中国还没有形成共识，这种情况下，基础理论很难给策略技巧层面的研究以有力的支持。所以，我们认为，还是需要把一些重要的基础理论问题置放于学术场域中进行思考，以夯实政治传播研究的理论基础。本文尝试对政治传播内容这个基础理论问题进行探索。

一、政治信息：政治传播内容的统称

政治信息是政治传播中最为重要的核心要素，因此，要想把握政治传播

---

[*] 本文原载于《南京社会科学》2016 年第 3 期。

的内容，就需要深度解析政治信息。政治信息首先是"信息"，信息在传播学中的地位举足轻重。传播学的集大成者美国学者施拉姆当年对传播中的信息的"性质"曾有明确的规定和解释，他说："信息是传播的材料。……凡是能减少情况不确定性的东西都叫信息。……人们在大多数传播活动中寻求的信息（倘若他们寻求的是信息而不是斯蒂芬森所谓的游戏）就是传播活动的内容，其功能是有助于他们构造或组织环境，即与传播活动有关的环境。因而可以说，信息使决策容易进行。"① 政治信息是指以中介形式对各种政治关系相互作用以及运动过程的表征，它反映了人类社会生活中政治活动的内容、形式、特点和规律，以及人们对以国家政权为核心的政治制度、政治实践的要求和态度。② 正像施拉姆认为传播中的信息给决策以"确定性"一样，政治信息的表现形态虽然各异，但对政治组织的决策、政治系统的控制、政治问题的解决等都具有决定性的意义。在现代信息社会里，充分利用政治信息对保证国家机器的正常、高效运转至关重要。

政治信息是非常抽象、宽泛、带有指称性的范畴，也没有一个共识的标准可以对其进行分类。依据学者现有的研究，政治信息可划分为观念形态（如政治理论、政治学说等）、实体形态（如国家机器、政治组织等）、潜在形态（政治情感、政治态度等）、流动形态（政治斗争、政治变革等）四种。可以看出，在政治传播中，"实体形态"与"流动形态"的政治信息，比如政治象征、政治仪式、政治场景、政治建筑等，不太容易从"传播"的角度进行真切的描述和研究，因而，政治传播的内容也就主要是"观念形态"和"潜在形态"的政治信息。在我们看来，观念形态的政治信息主要是意识形态；潜在形态的政治信息主要是政治价值和政治文明。这样，从另一个角度看，把政治传播内容设想为一个圆，那么其表层结构就是意识形态，中层结构就是政治价值，深层结构就是政治文明，而且，在传播的过程中，这三种内容的"可传播性"也是不一样的。把握这种分类及它们的可传播程度，对于在

---

① 施拉姆.传播学概论[M].何道宽,译.北京：中国人民大学出版社，2010：40-41.
② 参阅：景跃进.政治学原理[M].北京：中国人民大学出版社，2011：268.

理论上理解政治传播以及在实践中有效地进行政治传播具有重要的意义。

二、意识形态：政治传播内容的表层

关于意识形态一直众说纷纭，乃至于有学者称当代世界仍然是一个"意识形态的时代"，并认为："意识形态的时代，既是一个充满希望的时代，也是一个困惑失望的时代。乌托邦式的幻想接踵而来，然后暗淡无光地接踵而去。正像许多其他方面所证明的，我们的现代世界又被意识形态证明，确是一个不断变化的世界。"① 在此，我们不陷入意识形态的争论中，而是回归马克思主义的意识形态观。在《〈政治经济学批判〉序言》一文中，马克思主要以与经济基础的关系为根据来界定意识形态的本质。他从是否反映经济、是否受经济基础决定的角度，把社会意识区分为意识形态（属于上层建筑）和非意识形态（不属于上层建筑）。② 在研究方法上，马克思使用了哲学意义上的"本质与属性""体与用"思维范畴，准确而深刻地揭示出了意识形态的本质③。可以说，由此展示的对意识形态的界定与理解，统领和指导着马克思整个政治思想的历史进程。

从政治传播的视野看，或者从被传播的政治信息的角度看，马克思对于意识形态"政治性"本质的揭示具有重要的意义：一方面，马克思赋予"意识形态"以"政治"的本质属性，从而使意识形态由于这种"政治性"成为不易传播的包裹在政治信息上的"坚硬的外壳"；另一方面，又恰恰因为意识形态具有一种"政治"的天然使命，这决定了它时刻都在突破"坚硬的外壳"，通过传播而发挥自己强大的作用。

纵观人类政治的历史，在任何形态的政治系统中，意识形态都具有强大

---

① 克拉莫尼克，华特金斯.意识形态的时代：近代政治思想简史[M].章必功，译.上海：同济大学出版社，1991：8.
② 参阅：马克思恩格斯选集：第2卷[M].2版.中共中央马克思恩格斯列宁斯大林著作编译局，编.北京：人民出版社，1995：32-33.
③ 荆学民，王玉柱.体与用：艺术的审美特质与意识形态性——兼评目前讨论中的种种观点[J].山西师大学报（社会科学版），1992（3）：30-38.

的功能。现在学术界对意识形态的探究,其思考理路实际上还沿着马克思开辟的"功能论"路径前进。无论是从政治学角度的,还是从社会学角度的;无论是论说意识形态的真与假、教化与蒙骗,还是论说意识形态的政治动员、政治价值凝聚、政治信仰塑造、政治理想认同等功能,都是在静态地认知和思考意识形态。然而,一个重要的前提是:离开动态的传播过程,意识形态的这些功能将飘落为空。所以,我们需要把意识形态置放于现实的政治传播中予以深入研究。

可以说,自从人类社会有了意识形态,人类社会的政治就被绑在这架"战车"上滚动、传播、砥砺。由于人类政治的相容性,意识形态形成并传播了人类的政治文明;又由于人类政治的民族国家的差异性,意识形态越来越形成坚硬的政治外壳。意识形态的滚动、传播、砥砺的历史,大体上可以以"国家与社会""国家与个人"的关系为轴线划出"自由主义"与"保守主义"两大阵营。种种"主义"形态的"意识形态",无一不是这两大阵营的延伸和变种。"自由主义"与"保守主义"支配并伴随着人类政治走过了"热战""冷战""博弈""亲和"的历史。在这种历史的过程中,人们在特定意识形态的支配下的一个共同的愿望是"终结"意识形态——一种意识形态"消灭"另一种意识形态。"意识形态终结论"不只是一种思想和理论领域的斗争,也是现实的政治斗争。在这一点上,无论国内不同政治派别间的意识形态,还是不同国家间的意识形态都是一样的。从曾经沸沸扬扬的关于"意识形态终结"的激烈争论可以看出:"所谓意识形态终结、历史终结以及现代性终结的论断本身也可看成一种意识形态,它们不仅没有带来意识形态的最终消亡,反而显示出意识形态争论仍然存在且很激烈;意识形态的演化还在继续,或许这是个永无休止的进程。"①

"无休止的进程"意味着意识形态会被无休止地传播。与一般事物均有产生、发展、灭亡一样,意识形态不会终结是指意识形态的斗争不会终结。对于任何一种具体的意识形态而言,虽然政治统治者即意识形态的创立者极力

---

① 海伍德.政治学[M].张立鹏,译.北京:中国人民大学出版社,2006:79.

维系既有的意识形态，但是终究也避免不了特定意识形态的灭亡。其中，意识形态的传播具有举足轻重的作用。正像我们过去十分不理解当年的法西斯意识形态，明明很荒谬却依赖"宣传"而那样地"深入心灵"，使人"弯曲了脊梁"。当然，文明最终会战胜野蛮，意识形态的生命依赖于传播与"宣传"，但不取决于传播与"宣传"。当年，美国学者拉斯韦尔教授在他的《政治学》中说到意识形态，曾无比感慨地写下这段精辟的文字："一种公认的意识形态是能够自己长期存在下去的，不需要那些受益最多的人去进行什么有计划的宣传。当有人为了寻求传播某种信念的方法而煞费苦心的时候，就表明该信念早已奄奄一息了，社会的基本前景已经衰败了，要不就是一种新的胜利的前景还没有获得男女老少各色人等的自发的忠诚。一个对自己毫无忧虑的国家多么幸福啊！至少少数几个从普遍默认中得到主要好处的人多么幸福啊！在群众受着信心的驱使，而精英又满怀自信的情况下，那些将特殊利益给予他人的生活制度是没有必要去搞什么阴谋诡计之类的活动的。"①

三、政治价值：政治传播内容的中层

人们长期以来对意识形态与政治价值②不加区分，认为政治价值就是意识形态，其实不然。意识形态蕴含着政治价值，但并不等同于政治价值。政治价值是一种政治规范，或者说是从规范角度对政治生活的规定，其要旨是建立在现实政治生活基础上面向理想政治生活的诉求。而意识形态虽然也包含着面向未来的政治理想和政治信仰，但是，其要旨是用于指导、约束现实政治生活的经验性诉求。在政治传播中，二者均属于可传播的"政治信息"范畴。但是，如前所述，意识形态由于其特定政治经验所裹挟的坚硬的"政治

---

① 拉斯韦尔.政治学：谁得到什么？何时和如何得到？[M].杨昌裕，译.北京：商务印书馆，1992：19.
② 这里我们无法展开对政治价值本身的论证，我们曾提出过价值"三个级态"理论，即经验价值、规范价值和终极价值的分类，适应于在此解释政治价值的传播问题。参见：荆学民.人类信仰论[M].上海：上海文化出版社，1992：160.

性"外壳,在被传播中往往充满着拒斥和斗争,而政治价值由于具有面向未来的超经验的"理想性",虽然在传播中也有一定程度的"歧见",但总体上相容性更强。

我们把政治价值视为政治传播内容的时候,遇到的第一个问题是政治价值能不能被传播。一种事物的"可传播性",取决于这种事物的"有用性"的可扩展程度。有些事物十分有用,但是可能仅适应于其原发环境和系统,而不适宜扩展。产生于特定政治系统中的政治价值,除了在本系统"内传播"之外能不能在本系统之外传播,取决于对别的系统是否有用、多大程度上有用。这是在意识形态纷争基础上,政治价值传播首先遇到的一个问题。美国政治学家达尔在分析现代政治时曾指出,对一个问题的研究中存在着四种"取向":规范、经验、政策和意义,每一种关于"政治"的理论或以这种或那种方式同时包含了它们,只是构成的比例不同而已。他是这样说的:"每一个问题代表着对世界的一个不同的取向,提出第一个问题,人们的取向是要发现一项政策。提出第二个问题,人们的取向是要寻求规范,亦即价值或标准,去判断可供选择的政策。提出第三个问题,人们力图找出现实世界中各种因素之间的经验的关系。提出第四个问题,人们力图澄清意义。因此,我们可以说政策取向、规范取向、经验取向以及语义取向。根据政治分析在特定时间里注重于哪一个问题,人们分别可以说政策分析、规范分析、经验分析和意义分析(有时称为概念或语义分析)。"①

达尔的这种理论适合于我们对政治价值的可传播性的分析。四个取向中,"政策"属于具体的行政范畴,"语义"属于语言规范范畴,我们暂且不论,这里仅就"经验"和"规范"两个层面对政治价值的可传播性加以分析。所谓政治价值规范层面的可传播性,是指首先在西方或东方社会形成的政治价值是否具有普遍性。比如,首先产生于西方社会的"民主、自由、平等、人

---

① 达尔.现代政治分析[M].王沪宁,陈峰,译.上海:上海译文出版社,1987:10.我们之所以在这里引用了达尔《现代政治分析》的旧版本,即"第四版",是因为达尔在此后的新版本中删去了分析政治"四种取向"的理论。但我们认为,这个理论很有价值。达尔虽然不再提了,也不等于说就否定了这个观点。

权"等术语所体现的基本政治价值，许多东方国家也已经吸纳或逐步吸纳，已经努力使之成为自身文化的组成部分。在这一意义上，这些政治价值是全人类的财富，是政治文明的结晶，可称之为政治价值的普遍性。政治价值的普遍性具有相对的独立性和超越性，不依赖于经验政治的实证。即使政治经验生活中不存在承载这些价值的制度安排和经验事实，它们也依然是有效的，因为这种有效性建立在超越具体政治经验的政治信念的基础之上。但是，经验层面政治价值的可传播性与此不同，它受到产生这种政治价值的实证政治条件的严格检验。其可传播程度直接受制于"传者"和"受者"两种政治现实之间的相似程度。这样一来，由于各国历史传统、宗教信仰和政治制度的差异等原因，可能经验层面的西方政治价值很难直接转移到非西方国家中去，反之亦然。在这一意义，我们可以将经验层面的西方或非西方的政治价值视为一种地方性知识。当然，地方性知识并不意味着它不能提供关于经验事实的规律性认识，只是这种规律具有适用边界的限制。①

经验层面政治价值的可传播性（特殊有效性）建立在现实政治的实证基础上，而规范层面政治价值的可传播性（普遍有效性）建立在超越特定政治现实的政治信仰基础上，而这两者却不是割裂的。由特殊有效性（适应于地区政治）到普遍有效性（适应于所有政治）的传播和扩展，体现了人类的政治由具有巨大分歧的现实状态不断走向没有分歧的理想状态的历史过程。得出这样的结论，根源于我们从研究分析方法上对政治价值的经验分析和规范分析是相辅相成的。因为"没有明显的理由表明，为什么在政治研究中科学方法与规范取向是根本不相容的。每种方法都可以丰富别的方法。如果没有经验导向的分析所提供的对现实的测绘，规范分析就容易变得缺乏说服力或干脆分文不值。如果对政治哲学家（即我们通常对那些从事规范政治分析的人的称呼）特意提到的某些根本性问题失去关切，不论是古代的还是当代的，

---

① 景跃进先生在他主编的《政治学原理》中，借鉴了达尔的分析方法，我们这里的分析进一步借鉴了景跃进先生的分析。不过，他是用"知识的可转移性"来分析的。我们是直接分析政治价值的"可传播性"问题。景跃进先生在分析完政治"知识的可转移性"之后，针对中国，创新性地提出了"政治学国别风格"问题，很值得深入探讨。

经验分析就有沦落为浅薄之谈的危险"。① 既然如此，正像达尔所说："其一，关于政治的陈述通常包含着规范的和经验的双重成分；其二，即使是纯经验的研究或纯经验的陈述也无一例外地具有其规范的关切，从而把人们的注意力引向正在加以述说的经验世界的那个特定的部分。"②

当我们把政治价值视为政治传播内容的时候，遇到的第二个问题是政治价值要不要传播。上述分析说明，政治价值是可以传播的。但是，应该注意的是，政治价值规范层面与经验层面的"可传播性"或"可转移性"的适应度是不同的。

四、政治文明：政治传播内容的深层

当我们剥开意识形态坚硬的外壳，区分出政治价值的分层次可传播性，政治传播内容的深层内核——政治文明就显现在我们面前。从传播的角度看，没有人会否认政治文明的传播的可能性和必要性，相反，人们渴望政治文明的交融，渴望各种形态的政治文明通过最广最深最精确的传播与覆盖给人类带来的福祉。政治文明作为深层的政治传播内容，需要从以下几个大的方面来把握。

第一，政治文明没有政治冲突性。

政治文明是一种文明，对于"文明"，人们往往从三个角度来理解。一是从人类社会发展的历史阶段这个角度来理解。这种意义上的文明与包括蒙昧的野蛮相对应。马克思就曾使用过"蒙昧、野蛮、文明"来划分人类社会的发展阶段。二是从人类改造自然和改造社会的积极成果这个角度来理解。这种文明，仅指有史以来人类精神创造和物质实践活动所传承下来的有利于人类自身的积极成果。三是从一个民族、国家、地域或具有共同精神信仰的群体的文化遗产、精神财富和物质财富的总和这个角度来理解，比如像古希腊

---

① 达尔.现代政治分析[M].吴勇，译.北京：中国人民大学出版社，2012：172，10.
② 达尔.现代政治分析[M].吴勇，译.北京：中国人民大学出版社，2012：172，10.

文明、两河流域文明、中华文明、伊斯兰文明、西方文明等表述。

在关于政治文明的认识上，很多人不愿意把政治文明与政治文化区别开来。文明与文化的关系本来已经是在哲学上解决了的问题，这就是，文明是文化中的积极的、进步的精华部分，文化中包含着文明却不等于文明，文化不能代替文明，文化"大"，文明"小"。按照这种逻辑，理应先有文化，后有文明。但是，近年来有一种思潮，把文化与文明的关系颠倒过来了，认为先有文明，后有文化，文明与文化并无"精华"与"积极"之分。国内外学术界都存在着这样的看法。这样一来，把本来就十分复杂的"文化"与文明交织在一起搞得更加复杂。因此，在关于政治文明的认识上，还是要坚持一个基本的要点，即"政治文明是一个褒义的概念。政治文明是人类政治生活包括政治文化的进步状态，野蛮的、落后的、颓废的政治生活、政治文化不能划入政治文明之列"。① 可以看出，因为政治文明是进步的、民主的、法治的、正义的、和平的政治生活，是人类在政治理性和政治理想的支配下，在长期的历史中积淀的、适应于各种政治环境的政治价值。所以，政治文明没有政治冲突性，这是其作为一种政治传播内容区别于意识形态和政治价值的特质。

第二，政治文明唯有通过传播而融合。

人类的政治传播，传播的内容归根结底是一种政治文明。若姑且把人类的政治文明用"西方"和"东方"做最简单的形态划分（当然不是最科学的，这里的"西方"与"东方"具有空间的、地域的、文化形态的、意识形态的等综合性的意义），那么，西方的政治文明发展至今，可以归纳为一些基本的理念或原则，比如，保障人的基本权利原理、人民主权原理、代议制民主原理、分权与制衡原理、法治原理、政府职能有限原理、政党政治原理、政治监督原理、正当法律程序原理、违宪审查原理等。比如，我们在党的十八大以后所着力推行的社会主义协商式民主等。

从政治传播的特有角度看，作为没有"政治性"的政治文明是特殊性和

---

① 虞崇胜.政治文明概念辨析［J］.理论前沿，2002（4）：20–21.

普遍性的统一，也是经验与规范的统一。但是，无论是其特殊性还是其普遍性都离不开政治传播。特殊性意味着其在特定的经验政治中生成，这种生成的过程也是一个传播的过程；普遍性意味着其规范价值意蕴在其生成的政治系统以外被接纳、认同，这更是一个传播的过程。这就是说，无论在特定的政治系统中，还是不同的政治系统间，政治文明与政治传播都是共生共荣的。

第三，政治文明有国别无国界。

正如我们前面关于政治价值中关于其"国别风格"的论述中所指出的那样，政治文明的特殊性与经验性说明其有"国别"之分（假设"国家"代表特定政治系统是不同政治文明的载体）。这样，经济发展水平、历史和文化传统等政治经验的差异，在尚存在"国家"的条件下，令政治文明是有国别的。既然有"国别"，就不应在政治文明的形态上总是企图"抹杀"这种国别。政治文明的特殊性决定政治文明有国别，同时，政治文明的普遍性决定政治文明无国界。政治文化有差别、有壁垒，但是政治文明顽强传播，生生不息。

从历史的角度看，政治文明属于人类的共有财富，无论是产生于哪个民族、哪个地域、哪个国度，只要是有利于人类政治进步的政治举措都最终超越国界、地界成为人类可以共享的政治文明。马克思当年曾以1648年的英国和1789年的法国革命为例深刻论述过这个问题，他认为，这两次革命不仅反映了它们发生的地区即英法两国的要求，而且在更大的程度上反映了当时整个世界的要求。[1] 在当今随着传播技术的迅猛发展人类的政治文明不断走向深度融合的时代中，当我们把来自某地区某国度的政治治理成果总结升华政治文明的时候，所着力诉求的是它对于人类政治所具有的普遍的指导意义，这种意义的实现所依赖的正是政治传播。进而言之，支撑中国社会改革开放迅猛发展几十年的中国特色的政治文明，当通过有效的政治传播惠及全世界，造福全人类。

---

[1] 参阅：马克思恩格斯选集：第1卷[M].2版.中共中央马克思恩格斯列宁斯大林著作编译局，编.北京：人民出版社，1995：318.

政治传播的基本形态及运行模式[*]

阅读提示：本文是作者在政治传播研究中，关于政治传播基本学理最具"原创性"的一篇文章，建构了区别于传统西方政治传播理论具有"原理"意义和学理普遍性的政治传播理论基本框架。这一思考，通过"基本形态"和"运行模式"两个逻辑维度徐徐展开。

进入互联网时代的中国特色政治文明在全球化过程中魅力的绽放和影响力的提升，催生了现在中国理论和学术界对政治传播的前所未有的关注。但是，学术界必须淡定和冷静的是，政治传播在中国是一个实践要求远远超出理论指导供给的特殊领域。来自西方竞选性政治的政治传播理论，是无法复制性移植到中国的政治传播实践中的。就此而言，现在适应于中国政治传播的基础理论构建十分薄弱。一方面，我们要从既有的西方政治传播理论中进行剥离和重建，另一方面，我们更需要基于中国经验的理论创新。我们始终认为，没有清晰而有效的基础理论作为支撑的表面的"策略和技巧"难以持久。据此，本文拟对政治传播的基本形态及运行模式予以理论探索，以期夯实构建中国特色政治传播的理论基础。

一、从政治与传播"同一"的深度把握政治传播

从哲学上讲，"同一"不是"统一"。"统一"意味着两种不同事物之间的

---

[*] 此文原载于《现代传播（中国传媒大学学报）》2016年第11期，与段锐合作。

既有各自规定性又有不可分割关系的状态；而"同一"则意味着两种事物因具有相同的结构功能、属性特征而合二为一，这个"一"意味着一种新的事物。这个哲学道理非常适合用来解释我们对政治传播的理解。

现在，对于政治传播范畴的理解，人们多从"政治"与"传播"两大核心要素的平行关系来理解。这种理解预设了充足自洽的"政治"与"传播"这两种事物，因此，无论怎么构架与规制，政治传播的框架似乎总是一种机械的"合成物"，其中始终横亘着"政治"与"传播"这两个轴心。但实际上，政治传播是一种政治与传播"同一"的事物。由此所形成的政治传播的理论与学科，也不是政治学与传播学简单机械的"交叉"。

何谓政治？在古希腊时期，赫拉克利特将其界定为"城邦"——相对于私人家庭的"社会"；资产阶级革命时期，卢梭将其设想为"公意"；德国古典哲学家康德将其表达为"绝对命令"；之后，黑格尔将其改造为"伦理理念的现实"[①]；最后到马克思这里，政治重新被视为经由国家而又消灭国家之后的"没有国家"的"新社会"。当然，要进一步说明的是，马克思是在现实性与理想性双重意义上理解和界定政治的。在他看来，作为"经济的集中表现"，政治以国家政权为核心，是包括经济、文化等整个社会的"统帅和灵魂"。因此，在政治的现实性上，他着意的是源生于经济的作为国家权力的政治，而不是此前各种抽象意义上的政治。但是，在马克思的灵魂深处，这种现实的政治却只是实现其政治理想的手段。这种政治理想，就是马克思终生信仰并为之奋斗终生的没有政治的"新社会"。没有政治是指旧的国家政治形式的消失，却不是人类政治本身的消亡。马克思的"新社会"的生成过程也是他的没有国家形式的"新政治"的诞生过程——政治只是在更高的境界中回归于"社会"，重新以社会的形式而存在。

人们对于政治认知和把握的思想演变过程，反映的是现实政治的蜕变和升华过程。这种过程既是一种时间意义上的历时展开过程，又是空间意义上的横向扩散过程。可以看出，这个过程是政治的国家化、经济化、社会化的过程，是政治的从无到有、从己到人、从私到公的铺展蜕变的生成过程。这种过程正是一个传

---

① 黑格尔.法哲学原理[M].范扬，等译.北京：商务印书馆，1982：253.

播的过程，是一个政治通过"传播化"而生成的过程，可谓"政治即传播"。

何谓传播？在一般的意义上，人们把传播理解为信息流动的过程，传播学据此对这种流动的过程构建了庞杂的学科体系。但是，传播的本质却不在于这种"流动的过程"，而在于施拉姆所说的"传播生成社会"。

"传播生成社会"是施拉姆对社会学家查尔斯"传播是人类关系赖以存在和发展的机制"思想的继承和提升。① 纵观传播研究的思想史，从"四大奠基人"的拉斯韦尔、卢因、霍夫兰、拉扎斯菲尔德，途经达尔文、弗洛伊德、芝加哥学派、李普曼等，到马克思的政治经济学、欧洲批判学派、英国文化学派、美国实用主义学派等，一条清晰的思想渊源和理论轴心，正是"传播生成社会"。

"传播生成社会"的关键，在于理解传播的"信息"的社会性本质。"凡是在一种情况下能减少不确定性的任何事物都叫作信息"，信息的流动，是社会成员"从不确定性中不断形成确定性的过程"②。当我们理解了传播通过信息流动而生成人类社会的时候，传播的政治化本质便凸显出来：由于社会与政治的生成过程的同一性，传播亦成为一种政治化过程。由此可见，施拉姆当年在解释传播的"社会"功能时所设想的场景被命名为"政治传播"并不是偶然的。③

传播的政治化过程，不只是一种理论的逻辑推理，传播的历史也用事实证明了这一论断。法国学者埃里克·麦格雷对传播史的研究，展示了传播何以是社会的、政治的。④ 美国学者弗雷德·雷格斯蒂直接把传播解释为政治社

---

① 施拉姆指出："传播是社会得以形成的工具。传播（communication）一词与社区（communication）一词有共同的词根，这绝非偶然。没有传播，就不会有社区；同样，没有社区，也不会有传播。使人类有别于其他动物社会的主要区别是人类传播的特定特性。"（施拉姆，波特.传播学概论[M].陈亮，周立方，李启，译.北京：新华出版社，1984：2-3.）
② 施拉姆，波特.传播学概论[M].陈亮，周立方，李启，译.北京：新华出版社，1984：4.这也正是"传播"必须由哲学、政治学、社会学、历史学等诸多学科来说明的原因。
③ 参见：施拉姆，波特.传播学概论[M].陈亮，周立方，李启，译.北京：新华出版社，1984：32.
④ 在这部著作中，麦格雷指出："客体、社会关系和政治秩序，是传播的题中应有之义"，"传播首先是文化事实和政治事实，其次是技术事实"。他尖锐地批评了20世纪末21世纪初，互联网、新技术和新经济飞速发展所带来的传播学研究的"技术决定论"的死灰复燃，认为这种对传播的研究，偏离社会与政治的轨道，是传播研究的"回归客体"式的"不可能的倒退"。（参见：麦格雷，传播理论史：一种社会学的视角[M].刘芳，译.北京：中国传媒大学出版社，2009：4.）

会化，把政治社会化解释为政治传播，并用拉斯韦尔的传播"五W"模式解释政治社会化过程。

至此，"政治即传播"与"传播即政治"，要求我们从政治与传播"同一"的深度来界定政治传播范畴、建构政治传播框架、规制政治传播研究。

但是，现在的情况是，人们更多地从传播学视野把"政治传播"理解为"依赖媒介的专业化政治操作"。一些西方学者强烈呼吁"政治传播的范畴必须被缩小"，应"集中关注通过大众传媒，尤其是通过它们的新闻内容进行的符号与讯息的交换"①。在这种情况下，政治传播已经成为完全为竞选性政治服务的工具。难怪麦克奈尔借力李普曼有感而发："当代意义最为重大的革命不是经济革命或是政治革命，而是一场在被统治者中制造同意的艺术的革命。"②

但是，人类的政治并不从一开始就是这种竞选性政治，至今为止也不都是竞选性政治。所以，对于政治传播的这种"媒介化的"狭窄理解，并不能覆盖现实的全部政治传播活动。比如，中国的政治体制、机制和生态有着区别于西方竞选性政治的特殊性，媒体媒介的性质、地位、机制、作用等与西方国家也有很大的区别，西方的基于政治竞选和媒介中心的政治传播理论，很难解释现实的中国政治，更难以解释和引导中国的政治传播实践。因此，我们需要从更高的境界来研究政治传播。

二、政治传播的基本形态

政治传播的构成要素包括主体、对象、内容、途径、效果等。"形态"一词，既是对政治传播内部要素融合机理的概括，也是对这种内部机理所展现

---

① 参见：布莱恩特，兹尔曼.媒介效果：理论与研究前沿[M].石义彬，彭彪，译.北京：华夏出版社，2009：161.现在，西方一大批学者基本上是以"媒介"为核心来理解和界定政治传播的。英国政治传播研究著名专家布赖恩·麦克奈尔对诸多学者的观点进行一番梳理后，把政治传播简洁地归纳为"关于政治的有目的的传播"，他在对这种理解的进一步诠释中，特别突出了"竞选"与"媒介"的地位。（参见：麦克奈尔.政治传播学引论[M].2版.殷琪，译.北京：新华出版社，2005：4.）

② 转引自：麦克奈尔.政治传播学引论[M].2版.殷琪，译.北京：新华出版社，2005：扉页.

的外部状貌的抽象。从历史与逻辑统一的角度看，形态的演化，既是对政治传播历史发展的反映，也是认识政治传播的一种理论分析框架。

（一）政治宣传：推展政治理想的政治传播形态

现在，人们已经习惯于从现实出发理解和研究政治，而实质上政治却始于理想，古今中外任何"性质"的政治概莫能外。政治始于理想，理想要变成现实，即政治的传播化，选择的传播形态是宣传，可谓政治宣传。就此而言，作为推展政治理想的政治宣传有其正当性和合理性，在实际的政治活动中也成为任何性质的政治的必要和首要的选择。

从学理上讲，应该说，政治宣传最直接担当着政治的传播化和传播的政治化，因为它承载着政治与传播的双重机制。一方面，前述我们已经指出，政治具有现实性与理想性的双重属性，政治宣传就是用政治的未确定的理想性来引领、感召、鼓动受众，通过行动使政治的理想性不断地转化为现实。何为理想？理想就是基于现实但又超越现实的对未来的憧憬和设想，所以理想总是尽善尽美至高至义的。正因如此，对于理想并不能像对现实那样"客观呈现"和"真实描述"，所以，政治宣传用理想来感召和牵引现实，就难免存在幻想和空想的成分，难免存在无法证实的"不实之辞"和难以成真的"幻想之景"。另一方面，从传播学角度看，政治宣传对政治理想鼓动作用的实现，同时又承载传播的"使不确定性不断地走向确定性"的"简化选择"[①]的本质。面对茫茫未来，人们总是也必须有所选择，面对"主义"丛生的政治理想的感召，人们总是也必须择善而从。正是通过政治宣传，人们才可能实现可选可择可弃可从。就此而言，政治宣传的过程，正是一个传播内容不断"社会化"

---

① 伯内斯在为宣传正当性的辩护中认为："宣传的价值正在于尽其所能达成组织与个体、群体之间的相互理解。"（参见：伯内斯. 宣传［M］. 胡百精，董晨宇，译. 北京：中国传媒大学出版社，2014：150.）据此，他提出宣传的机制在于简化民众的选择："如果人们必须卷入艰深复杂的经济、政治和道德方面的数据资料，对所有问题进行考量，他们就会发现自己什么结论也得不出来。我们已自发达成共识，允许一种隐蔽的治理为我们筛选数据、凸显重点，最终让我们的选择被缩小到可操作的程度。"（参见：伯内斯. 宣传［M］. 胡百精，董晨宇，译. 北京：中国传媒大学出版社，2014：36）。

的过程,也是一个传播在社会化的过程中又不断"政治化"的过程。也正是在这个意义上,政治宣传已然是政治传播任何时候都不能弃用的基本形态。

当然,我们仍然在正面的意义上使用政治宣传这个概念的时候,无法躲避现在人们基于对"宣传"的诟病,而对政治宣传产生的反感。"政治宣传"从语义角度源于"宣传"。由于在西方的政治和传播理论中,"宣传"一直被视为"操纵和欺骗"而遭"妖魔化",导致了人们似乎在任何领域都忌讳"宣传",在政治领域就更为突出。平心而论,这当然是由于以偏概全而导致的对宣传和政治宣传的不公平待遇。所以,就是在西方自己的政治和传播理论阵营中,也有很强的正面肯定宣传的呼声。早在1928年,伯内斯就在《宣传》一书中指出:"宣传遍在我们生活的所有领域,它切实地改变了我们对于这个世界的心理图景。纵然宣传的崛起的确在有些方面令人极其悲观——这尚待证实,而这一判断所昭显的大势却毋庸置疑。事实上,随着宣传在赢得公众支持上的有效性得到认可,对于宣传的使用也越来越频繁。"① 到了当代,法国哲学家埃吕尔就强烈呼吁,要研究宣传,首先要去除宣传是罪恶、宣传是谎言的陈见,先不要把宣传与特定国家或某种意识形态联系在一起。在他看来,宣传是与现代化相伴而生的必然现象。② 至于在我国的理论语境中,宣传与政治宣传都是正面的术语。这种理论上的肯定,基于国际共产主义运动及社会主义革命和建设中,政治宣传所发挥的积极而巨大的历史作用。③

从结构上讲,政治宣传由如下要素构成。第一,明确的宣传主体。在现实中,由于对政治资源的占有和有效配置的权力不同,政党、政府和其他的政治组织是政治宣传的主体。第二,自觉的政治意图。这种自觉性在于:其一,政治宣传主体在政治宣传活动之前就根据自身的政治利益形成了自觉的

---

① 伯内斯.宣传[M].胡百精,董晨宇,译.北京:中国传媒大学出版社,2014:52.
② 埃吕尔在1962年出版的《宣传:塑造态度》一书中提出该观点。鉴于国内尚无该书的中译本,可参考刘海龙的相关研究。(参见:刘海龙.宣传:观念、话语及其正当化[M].北京:中国大百科全书出版社,2013.)
③ 当然,无论在资本主义政治的发展中,还是在社会主义政治的发展中,政治宣传既发挥了积极的正面的作用,也产生了严重的负面作用。但是,从实践角度分析批判其负面作用与在学理上肯定其正当性并不矛盾。

政治思想、观念和理论；其二，设想了通过政治宣传而达到符合这种自觉要求的政治目的；其三，这种政治意图的产生只是从政治宣传主体自身的立场和利益考虑，还无法达到同时从被宣传对象的立场和利益考虑。第三，系统的组织机构。政治宣传由于其主体对政治权力资源的拥有，一般都有系统的组织机构。第四，受管制的媒体。政治宣传中，由于政治权力本身的控制性，承担信息传播的媒体均程度不同地受到管控。第五，特定的政治宣传受众。一般来说，政治宣传的对象总是具有某种政治性质的群体，比如政党对其党员、政府对其国民。

从运行机理上看，政治宣传具有突出的特点。第一，突出的政治议题。政治议题来源于特定的意识形态，是政治宣传中的灵魂和旗帜。政治议题的设置过程，是为整个社会设置政治认知的方式和政治叙事的框架。因此，政治议题在政治宣传过程中往往被抽象、浓缩和隐喻为一种具有信仰高度且易于传播的政治象征和政治符号。第二，自上而下的通达机制。有学者将其描述为：第一阶段是"运动开始，发出文件"；第二阶段是"层层传达，普遍宣传"；第三阶段是"认真学习，深刻领会"；第四阶段是"抓住典型、以点带面"；最后，"统一思想，形成共识"。[①] 政治宣传中的传播渠道，主要依赖组织传播、人际传播以及管控之下的大众媒介传播。所以，无论从广度还是深度看，具有突出政治议题和有力动员机制的政治宣传，很多的时候几近于一种声势浩大的政治运动。第三，政治信息流动的单向性。一般来说，政治理想乃至于政治议题，虽然有可能本身就是政治成员或民众的愿望和向往，但是，进入政治宣传过程中的定型的政治理想和政治议题，却是需要通过特定的组织、人际和大众媒介，使政治成员或民众知晓、认同、内化进而转化为行动的政治信息。这种政治信息流动的过程和轨迹，还只能是一种同一时空中自上而下的单向流动。[②]

[①] 参见：王绍光.中国公共政策议程设置的模式[J].中国社会科学，2006（5）：86-99.
[②] 学者林之达曾把政治宣传概括为"意志性过程"，比较准确地说明了政治宣传的单向性、主观性和灌输性的特点。（林之达.宣传科学研究纲要[M].成都：四川省社会科学院出版社，1988：46-47.）

置放于政治传播的大视野和大框架中，政治宣传最深刻的本质，是通过意识形态不断地建构和维护特定政治的合法性，它不断地、强力地构建和传播着政治共同体所赖以存在的核心政治价值观。其机制是：通过把一种有选择的政治信息输送给受众，从而使其在一种政治的不确定性中获得确定性，在一种复杂的政治环境中简化选择。

（二）政治沟通：着力政治运行的政治传播形态

当政治理想转变为政治现实的时候，政治的性质和形态就发生了根本性的变革。基于特定政治理想通过政治行动转化为现实政治的时候，政治的运行，就既需要不断发展着的新的理想的精神层面的感召，更需要维护现实政治运行的实实在在的制度安排。在政治学理论中，这种现象被解释为政治与行政的相对分离。然而，分离不是脱离，特定政治共同体中的政治与行政是车之两轮、鸟之两翼。也就是说，政治的运行，既需要一如既往的政治宣传，更需要切实可行的政治沟通。政治沟通在此被我们视为与政治宣传密不可分的着力于现实政治运行层面的政治传播形态。

在现有政治学的语境中，政治沟通在广义和狭义两种维度上被理解和解释。广义维度上，把政治沟通直接等同于政治传播，或者把政治传播直接理解为政治沟通。从拉斯韦尔的"5W模式"到香农—韦弗的"线性模式"，从申农—韦弗的"线性模式"到奥斯古德—施拉姆的"循环模式"，从奥斯古德—施拉姆的"循环模式"到丹斯的"螺旋形模式"，从丹斯的"螺旋形模式"到纽曼的"沉默的螺旋模式"，传播学把政治沟通置放于传播的视野之下，展示了关于政治沟通研究一代超越一代的演进轨迹。[1] 狭义维度上，政治沟通被理解为"赋予政治过程以结构和意义之信息和情报的流动过程"[2]。也就

---

[1] 我国学者俞可平甚至认为，政治沟通涵盖着政治传播："我更愿意把 Political Communication 译成'政治沟通'，只在特定场合下才译为'政治传播'。"［俞可平. 政治传播、政治沟通与民主治理［J］. 现代传播（中国传媒大学学报），2015，37（9）：73-74.］

[2] 米勒. 布莱克维尔政治学百科全书［M］. 邓正来，译. 北京：中国政法大学出版社，1987：547.

是说，政治系统中的政治沟通仅关联于政治信息和情报的流动。①

由于深受当时新兴的信息论、系统论和控制论龙卷风靡的影响，广义维度的政治沟通理论，几近于对整个政治运行系统的涵盖，所以，用其来代替或指称政治传播，自然难免随意扩展政治传播内涵和外延之嫌。基于此的所谓政治沟通理论，似乎也难以聚焦于现实政治中真实的政治沟通。其实，从现实的政治生活出发，政治沟通并没有那么复杂和神秘。简单地勾勒政治沟通的图景，可分为"外沟通"与"内沟通"两个层面。所谓"外沟通"，一是指执政党（政府）与其他党之间的政治沟通，二是指执政党（政府）代表的"官方"与"社会"之间的政治沟通；所谓"内沟通"主要是指执政党（政府）内部的政治沟通。一般来说，竞选政治体制的政治沟通比较侧重于"外沟通"。除了注重执政党与其他党之间的政治沟通，执政党代表的"官方"与社会之间的政治沟通也比较发达畅通。相对来说，在缺乏政治竞选的国家，政治沟通还没有完全脱离政治宣传的理念和轨道，主要通过领导方式和监督过程来完成，即执政党（政府）通过领导整个政治过程从而推动政治沟通，而民主党派通过协商基础上的监督推动政治沟通。

现实政治运行中的政治沟通，着力于具体政治运行（行政）中的决策过程，所以要从政治理想层面下沉到政治制度安排层面，其目标是通过特定政治信息的双向甚至多向的一次乃至多次的流动过程，谋求各种决策的政治共识。

（三）政治营销：扩散政治影响的政治传播形态

"政治营销"在中国的政治学话语中是个舶来品，但在现实的政治传播中，政治营销占有一席之地。政治营销多在竞选性政治国家，特别是经济发

---

① 若再细细划分，目前关于政治沟通的理解主要有三种观点：第一，把政治过程本身就看作一个政治沟通过程，亦即把政治沟通视为一个完整的政治运行过程；第二，把政治沟通理解为宏观的政治过程中的一个领域、层面，或者具体运行方式，仅指政治生活中"政治信息"的流动、流通、传播方式；第三，直接把政治沟通视为大众传媒的信息传递过程，认为大众传媒是政治沟通的主要方式和沟通管道。显然，第二、第三种理解都突显了"大众媒介"在政治沟通中的重要地位和作用，可以说是"以大众媒介为中心"的政治沟通观。

达的竞选性政治国家的国内政治竞选和国际政治影响力构建中担当着重要的角色、发挥着重要的作用，已然成为借力于现代市场经济理念扩散政治影响的政治传播形态。

从学理上讲，政治营销需要具备四个要件：第一，人类政治进入完全依赖民主选举的成熟的竞选政治阶段；第二，传播进入大众传播时代，大众媒介相对独立地成为制衡政治权力的力量；第三，资本作为一种特殊的变量在政治竞选中具有十分重要的地位和作用；第四，传媒包装政治的专业化程度较高。四个要件的聚合，使政治营销以融合市场化新理念、借助资本化新力量、依赖传媒发展新优势，超越政治传播的传统形态而备受关注。

政治营销是政治民主发展吸纳市场经济理念精髓的产物，从政治传播发展角度看，自然有其正当性。尽管西方的政治营销，已经程度不同地显现出背离民主、政治作秀、利益算计、资本控制、政治失诺等负面效果[①]，但是在学理上，政治营销借用价值交换先进理念，采用新的姿态着力扩散特定政治影响力的品质却不容抹杀和忽略。政治营销改变了传统的"酒香不怕巷子深"的政治传播理念，在新的层面上丰富了政治传播的内涵，某种意义上提升了政治传播的境界和品质，在特定的政治共同体中，与政治宣传和政治沟通一道，形成了现代政治传播的新势能。

三、三种形态的逻辑关系

政治宣传、政治沟通与政治营销，终归是政治传播的基本形态，政治传

[①] 就深而入，政治营销内锲着与"民主"和"市场"关系的两个"二律背反"。第一，政治营销是现代政治民主化的产物，它有力地推进了政治民主化。但与此同时，政治营销却使"政治"越来越专业化、精英化、商业化。伴随着这"三化"，民主越来越"窄化"，走向了"不民主"甚至"反民主"；第二，一方面，政治营销的存在前提在于政治的"市场化"没有市场化、商品化，就没有政治营销；但与此同时的另一方面，政治的"公共"本性是拒斥市场化、商品化。若政治与经济完全"合二为一"，反过来会扭曲甚至摧毁政治本身。当把"政治"完全视为"商品"的时候，政治营销就有可能误入歧途，成为一种在充满各种利益算计和交易中玩弄政治的伎俩。

播的基本要素及运作机理是贯穿于其中的轴心。它们的传承、衍化、叠加既一定程度地反映了政治传播的历史发展,更在政治发展的新时代中,合力呈现出政治传播的现代景观。

(一)政治宣传与政治沟通

如前所述,政治宣传具有议题突出且抽象宏大、政治信息自上而下单向流动、政治动员机制强化等特质,这种活动之中隐含着"政治宣传主体"[①]在政治系统中对政治信息的管控,意味着在政治生活中,政治宣传主体与宣传对象有着界限分明的"主—客"之分。而政治沟通则超越或者淡化了这种"主—客"之分,弱化了政治宣传中主体向对象的"意志推展"强度。政治沟通着力于政治运行和行政决策中的"沟"与"通"。"沟"作为一个动词,意味着沟通者的主动,"通"作为一个状词,意味着接受者的反应状态,因此,政治沟通展现的是沟通主体与沟通对象之间的政治信息流动的"反馈互动"机制。政治沟通通过"输出—反馈"机制实现整个政治场域政治信息的良性循环。

在逻辑演进上,"反馈互动机制"是政治沟通在政治运行及相应的行政决策中对政治宣传的具体化,是政治宣传在空间层级上,由政治向相应的行政的延伸和拓展。在这种延伸和拓展的过程中,比之于政治宣传,政治沟通改变了政治信息在政治运行中的地位——政治信息褪去了在政治宣传中政治理想的可能的某种主观、抽象、宏大甚至"虚假"的形式,更加具体和直接地承载着政治现实。因此,政治沟通具有"量"和"质"的可检测性。"量"是指应该进入沟通过程的政治信息是否真实而完满;"质"是指政治信息是否畅通无阻,是否得到了及时而无遗漏的"反馈",以及这种反馈是否对政治决策产生了积极的影响。可以看出,比之于政治宣传,政治沟通更加注重政治运行中政治信息输出后的结果,注重于传者与受者通过政治信息"解码"后所

---

① 关于"政治传播主体"的界定与分类,参见:荆学民.政治传播活动论[M].北京:中国社会科学出版社,2014:34-92。

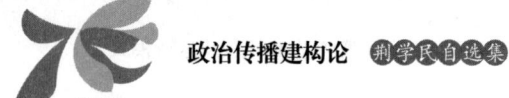

达成的共识。

政治沟通的这种品质，是人类政治民主化的政治文明进步之使然，也是各种政治体制共同努力和追求的结果。正是在这种意义上，政治沟通成为描述和解释政治传播行为的一种新范式和新能力，也可以被看作政治传播由"单项推送"向"良性互动"的形态转变。这种新的形态，反过来使我们又可以从不同的视角来审视现代政治生活及相应的政治传播，即贯穿政治生活的核心概念——"权力"的实现基础和表现形式发生了实质性的变化：它不再以命令甚至强行灌输等强制形式出现，而是在某些范围内和某种程度上被建立在信息接收和处理基础上的民主决策所替代。

政治沟通对政治宣传的升华，并不意味着政治沟通与政治宣传是一种前后替代的线性关系。在现实的政治传播的框架内和过程中，政治沟通与政治宣传相互渗透、相互补充，从不同层面以不同议题担当着"政治的神经"职责，共同推动着人类政治文明的进步。

（二）政治沟通与政治营销

相比于政治宣传，政治沟通放低了政治传播中传播主体的"身段"，褪去了政治宣传中政治信息的主观性和可能的虚幻性色彩，从而使政治传播过程更加客观化、科学化和扁平化。但是，政治沟通预设的是非常民主而文明的现代政治运行过程，预设的是沟通主体与沟通对象在政治活动和政治生活中平等地位的获得。然而，现实政治并不都是民主的，即便在所谓民主政治中，也不都是民主的政治生活。"谁"能成为政治传播的主导者，"谁"是政治沟通的主体，"谁"是政治信息的"元产生者"和"元发出者"，在民主政治中，恰恰首先需要"民主"来决定。民主首先意味着政治生态中多元政治主体的存在，意味着多元政治诉求的存在。多元政治主体对政治权力和政治资源的争夺，可能意味着残酷的政治竞争或政治竞选。随着信息时代的到来、随着现代传播技术的迅猛发展、随着资本在政治传播中独立作用的发挥、随着现代市场营销手段的日新月异和花样翻新，与政治沟通过程相伴的政治营销便会出现。

政治营销的特质在于把政治系统和政治生态在理论上预设为"市场",然后遵循等价原则在这种市场上通过交换谋求政治价值。由于可以获得等价利益的愿望驱动,这种由"营销主体"所精心设计的种种政治信息便很容易被接纳和认同,所以,从传播角度看,政治营销事先把受众的愿望和期许"价值化",通过把受众的地位提高到与己相等的程度,大大强化了传播的效果。如果说,在前述政治宣传中,传播关系是"主—客"从属性的,在政治沟通中,传播关系是"主—主"平等性的,那么,在政治营销中,政治传播主体通过对"政治产品"的精心设计已经把主体的愿望和受众的需求融为一体。如果说,在政治沟通中,沟通主体对沟通对象愿望和需求还是模糊的,那么,在政治营销中,融合了主客体愿望和利益的"政治产品"则是清晰具体的。

当然,政治营销与政治沟通的关系,同样不是一种前后替代的线性关系。因为,现代政治中,沟通通过营销而沟通,营销通过沟通而营销,甚至或者说,沟通本身就是营销,营销本身就是沟通。比之于政治宣传,政治营销与政治沟通更多地在基于一定政治理想的行政过程中发挥着自己的作用。

(三) 政治营销与政治宣传

政治营销诞生的环境更为复杂。面临政治、经济、文化交织的,竞争更为激烈的环境,政治营销采取了更为主动的"进攻性姿态"来展示现代政治中的政治传播。在传播技术迅猛发展和政治文明快速进步的背景下,借助于政治传播对过去所依赖的人际传播和组织传播途径的突破,所有被"扬弃"的政治宣传的优势,都可能在政治营销中"复活"。从外部形态看,政治营销几乎就是政治宣传在现代政治运作中的翻版。从内在逻辑关系看,政治营销是对政治宣传在否定之否定后的螺旋式回归。

伯内斯在他的《宣传》一书中指出,宣传虽起源于政治,但由商业宣传发扬光大。他提出,国家的真正权力掌握在"隐形政府"的手中,宣传是他们的权力,政治家要学习商业宣传术,才能强化自己对社会秩序的控制。他说:"如果政治家学会了如何形塑选民的思想,并将自己的公共福利和公共服务方面的观点与观众需求融为一体,那么他就不必成为公众偏见的奴隶。对于我们这个时代的政治家来说,重要之事不是如何取悦公众,而是要知道如何影响公众。"①

从表面上看,与政治宣传相比,政治营销不再把公民视为被动的政治信息受众,而是视为具有主动性的政治信息消费者,政治组织、媒介机构成为政治信息的生产者或销售者。政治营销形式灵活、目的隐蔽、注重受众等优势,使受众更加自觉地接受所传播的政治理念和政治思想。但从实质上看,"螺旋式"上升后的政治营销与政治宣传血脉相通。这种相通之处在于:如果说,政治沟通中政治信息的流动,是一种强调沟通主体与沟通对象的"双向交流",而政治宣传中的政治信息流动是只强调"宣传者"政治目的、从宣传主体流向宣传对象的"单向流动",那么,政治营销中的政治信息流动也是一种"单向流动"——回归到政治营销主体向营销对象的单向流动。比之于政治宣传,这种"单向流动",其传播主体事先更加了解和掌握营销对象的政治需求——在细分政治市场、调研营销对象政治需求的基础上"制造"某种政治产品,这种产品已经将对象的需求融入自身——因而,我们视其为在更复杂的现代政治环境中对政治宣传的螺旋式上升和回归。这非常类似于现代政治中的公关、广告,虽然提倡"双向沟通",但最终目的仍然是实现营销者的意图和利益,最后的结果是通过满足对象的需求而最大限度地满足了自身的利益,达到自身的目的。正因如此,政治传播的发展,通过政治沟通,"回归"于其本质形态政治宣传的政治营销,被学术界命名为"新宣传"②。

---

① 伯内斯.宣传[M].胡百精,董晨宇,译.北京:中国传媒大学出版社,2014:53.
② "新宣传"一词最早在伯内斯的理论中主要指宣传的"新手段"(参见:伯内斯.宣传[M].胡百精,董晨宇,译.北京:中国传媒大学出版社,2014:53),后来被法国哲学家埃吕尔继承并全面扩展为"整体宣传"的新宣传理论。受埃吕尔影响,美国学者阿什德和约翰逊把"新宣传"的思想从国际政治领域进一步扩展到"社会"层面,认为"旧宣传"由国家来操作,而"新宣传"则由组织通过现代公共关系来操作(参见:ALTHEIDE D, JOHSON J M. Bureaucratic propaganda [M]. Boston:Allyn and Bacon,1980)。

新宣传，不仅意味着反对过去那种对宣传完全而简单的否定，不仅意味着反对过去那种从特定的意识形态立场来看待和研究宣传，还更为深刻地意味着宣传在人类政治文明进步和政治传播发展中的积极蜕变。从政治传播形态的角度看，新宣传，也不是对过去政治宣传的简单肯定，更不是现代政治营销的代名词。新宣传的理念和理论将更加深刻地影响政治传播的革新和发展，感召政治传播形态的日渐焕新。

四、三种形态耦合的运行模式

应该说，任何性质的政治中的政治传播，都同时存在政治宣传、政治沟通和政治营销。但是，不同的政治体制，不同的政治生态，不同的政治发展阶段，三者之间的关系模式以及由这种模式决定的政治传播整体的姿态和势能是不尽相同的。三种模型图示如下：

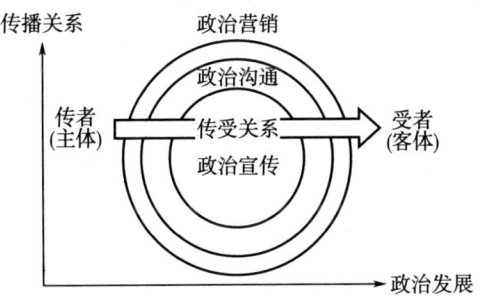

图1　以政治宣传为核心的模式

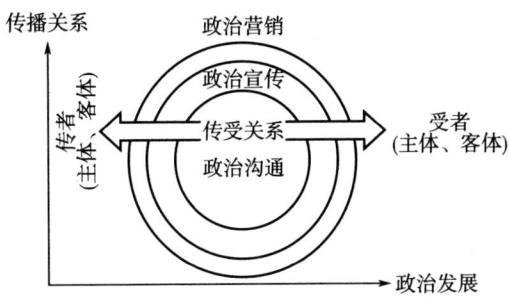

图2　以政治沟通为核心的模式

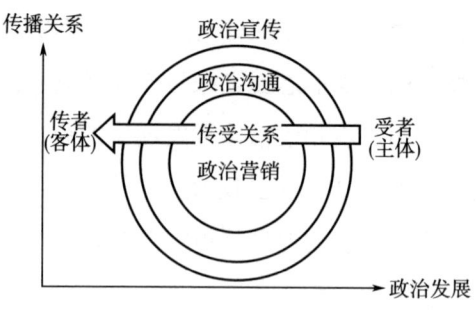

图 3　以政治营销为核心的模式

图 1 所示的以政治宣传为核心的政治传播，政治基于威权，传播关系基于"主—客"二分。这种政治传播对于政治共同体合法性的建构和维系，天然性地依赖基于其根基性政治理想的意识形态，以及这种意识形态的历史穿透力。意识形态通过持续而强大的政治传播过程成为政治场域乃至整个社会的政治思维方式、话语路径和叙事框架。这种模式中，也有政治沟通，但是政治沟通相对处于辅助地位。若有政治营销，大体也只是一种理念。

图 2 所示的以政治沟通为核心的政治传播，政治基于民主，传播关系基于主体间性。这种政治传播立足于现实政治中的民主运行理念和多元政治诉求，其对于政治共同体合法性的建构和维系，所依赖的核心资源更多的是可操作的政治制度安排和业已取得的政治绩效。它也并不能完全脱离必要的政治宣传，全球化浪潮中也难免存在政治营销的因子和因素。

图 3 所示的以政治营销为核心的政治传播，政治基于竞争，传播关系基于"主—客"二分。这种政治传播对于政治共同体合法性的建构和维系，依赖于现有政治价值的交换和交易，以及对未来政治和社会治理的承诺。其运行过程中，资本和媒介越来越成为权重最大的变量。

政治传播的基本形态与基本运行模型，仅限于是我们思考现实的政治传播所需要的一种理论范式和思维理路，当用它分析现实的政治传播实践时，还须将它还原于具体的历史情境之中予以具体的切实的分析，切忌机械而生硬地乱扣帽子、妄下结论。

探索中国政治传播的新境界*

阅读提示：进入新时代，中国特色的政治传播在中国特色政治文明的形成中发挥着巨大的作用，也为构建人类文明新形态作出突出的贡献。也正因如此，更需要在时代传播技术日新月异和人类政治处于不确定状态的情境下，把中国政治传播推进更有传播力的新境界。

在人类政治文明的进程中，政治传播发挥着十分重要的作用。在以"民族国家"为基本政治共同体的不同政治文明中，政治传播有着不同的形态和模式。随着全球化进程的加剧及互联网时代传播技术发生革命性变革，人类的政治文明经过交流碰撞和砥砺，不断地走向融合。在这种融合过程中，不同形态的政治传播也日渐焕新，彰显特色。对于中国来说，改革开放以来，中国特色社会主义的政治实践创造了中国特有的政治文明，它成为人类政治文明的有机组成部分，其中，中国特色的政治宣传发挥了积极的作用。但是，时代的进步，传播技术的迅猛发展，互联网对社会经济、政治、文化的深刻变革，也前所未有地显现了我们既有政治传播的缺陷和不足，促使我们面对挑战而积极应对挑战，通过改进我们政治传播的方式，努力把中国特色的政治传播提升到与中国特色政治文明相匹配、与人类政治文明相融合的新境界。

---

* 此文原载于《中国人民大学学报》2016年第4期

一、改进中国政治传播的动力

客观地说,中国政治传播的整体姿态和势能是以政治宣传为核心的。这是因为,政治宣传始终担负着中国共产党革命、建设、改革、治理等合法性构建的重大使命。进入改革开放后的新时期以来,全球政治风云激荡,中国特色社会主义政治文明在全世界绽放异彩。随着传播技术迅猛发展和媒介地位的突出变化,互联网时代所要求的传统媒体与新兴媒体的融合,使中国的政治传播也焕发出一定的新的活力,对扩大中国政治文明的国际影响力作出了不可磨灭的贡献。

但是,不能据此就无视和忽略我们以政治宣传为核心的政治传播模式所遇到的前所未有的压力和挑战。相反,在实现中华民族伟大复兴的历史进程中,在"推进国家治理体系和治理能力现代化"的时代使命中,我们应以勇于革新的态度,在总结"来之不易、弥足珍贵"的历史实践经验的基础上,改革和完善我们的政治传播。

(一)在人类新的政治秩序中宣示和交流中国特色政治文明

全球化不仅仅是"经济全球化",在经济全球化的基础上出现的是十分剧烈的文化冲撞和政治生态的动变。这种文化冲撞和政治生态的动变,经过激荡锤炼不断地创造出新的政治文明。这种政治文明突出的特点是,不断地突破原有以民族国家为基质的边界,贡献的是超越国家政治的具有最大普遍性的核心政治价值观共享的平台。这个共享平台,就政治价值的传播和交流而言,不再是一种主观的价值观单向强行输出,而是一种平等互动式交流式的差异性融合。任何传播于其中的政治价值观均须经过实践检验,方可得到受众的认同。就此而言,过去的基于国家政治的以政治宣传为核心的政治传播模式,受到了前所未有的挑战。现有以国家为边界的政治模式,要想在全球政治生态中占有一席之地,要想展示自己所创造的政治价值对人类政治文明的贡献,就势必要改革现有政治传播模式,以不断地刷新自己的"存在感",

不断地输送自己所创造的政治文明并合理地"宣示"自己的贡献。

中国当然也不例外，中国近几十年所创造的政治文明，虽不能笼统地像经济一样被"一花独秀"来形容，但着实体现了对人类政治文明的伟大贡献。但是，不像我们的经济被广为称赞，我们的政治总是遭受不同立场和不同角度的各种各样的非议。这固然与其中的各种政治偏见不无关系，但是也不可否认，我们过去以政治宣传为核心的国际政治传播过于宏大、抽象而模糊，对我们几十年来所创造的政治文明仍然停留在传统的"空心化"的话语层面，缺乏创新价值的精准解析，进而陷入弱势，倍显乏力。现在，新的国际政治的形势，新的人类政治价值的共享，新的人类政治文明的呈现，均要求我们提升政治传播到新的境界。

（二）保障与经济社会发展内在契合的国内政治体制的运行

当中国的社会主义经济发展进入"以市场为支配性地位"阶段的时候，经济基础的变革必然带来整个社会结构的变革。经济本身由单一的所有制转变为成熟的以公有制为主体的多种所有制并存，逐步实现了从内容到形式、从结构到功能的有机统一。经济基础变革所释放出的强大势能，为政治领域及思想文化领域的变革提供了坚实的基础和强大的动力，要求政治领域及思想文化领域以内在契合、深度匹配的方式有效运行。现在，观察中国社会的整体面貌就会发现，经济与政治、政治与文化、国家与社会的关系呈现出前所未有的新格局。经济的多主体、政治的多元共识、文化的多态共存、思想价值观的多元共享，成为一种深刻的时代性诉求。

现在的中国，在理论上已然明晰了社会主义协商民主的内涵属性、基本原则与渠道程序，并逐步付诸政治实践。这是社会经济发展要求政治运行内在契合之使然。从政治学角度讲，这也是中国政治发展的最先进最文明的成果，是"人民民主"扬弃竞选性选举民主，从较为抽象的"人民民主"下沉到协商民主的制度性安排。这是实现"国家治理能力现代化"的必要条件和有力保证。"治理和善治理论的产生是突破民主两难困境的一种尝试，也是对传统代议制民主的一种纠正，即在现有代议制民主框架内增加直接民主的含量。"① 因而,"协商民主一定会推动我国社会主义民主政治以独特而有效的形态屹立于现代人类政治文明体系"②。

中国的协商民主,作为一种与经济社会发展相契合相匹配的常态政治运行机制,对我们现有的以政治宣传为核心的政治传播模式提出了时代性的变革要求。从社会的结构来看,长久以来,中国社会是政治统合经济、文化的"领域合一",是以政治为"统帅和灵魂"而运行的。改革开放后,经济—政治—文化逐渐"领域分离",形成了"国家—社会"的新格局,但是,根本上还是国家主导着社会。"领域合一"与国家主导着社会,一直决定着政治传播中的"主—客"二分的传受关系,以政治宣传为核心的政治传播模式一直担当着政治传播的使命。但是现在,进入互联网时代后,传播主体的多元性,传播过程的交互性,传播空间的脱域性,传播中心的分散性,传播价值的生成性等,呼唤基于协商民主基础的政治宣传新形态。

(三)改变现有政治传播覆盖面漏缺和势能弱化的情势

美国学者托夫勒1983年就曾预言:"信息是和权力并进而和政治息息相关的,随着我们进入信息政治的时代,这种关系会越来越深。"③ 托夫勒的预言变成了现实。毫无疑问,传播技术的发展进入互联网时代,给人类的生产方式、生活方式、交往方式乃至于思维方式,都带来了深刻的变革。其中,这种变革对政治的作用尤为彰显,诚如詹姆斯·卡伦在《媒体与权力》中所言:"新媒体会导致新的权力中心的出现,从而在现存的主导型维权结构内部引发日趋激化的紧张状态;另一方面,新媒体有时候会绕开已经建立起来的媒体传输机构,发布遭到禁止或限制的信息,通过这种方式来破坏控制社会知识的等级制度。"④

---

① FRISSEN P H A. Politics, governance and technology: a postmodern narrative on the virtual state [M]. Cheltenhan: Edward Elgar Publishing Limited, 1999: 122.
② 林尚立. 协商民主是对人类政治文明的重大贡献[N]. 人民日报, 2015-08-21 (1).
③ 托夫勒. 托夫勒著作选[M]. 辽宁社会科学院新技术革命课题组, 译. 沈阳: 辽宁科学技术出版社, 1984: 9.
④ 卡伦. 媒体与权力[M]. 史安斌, 董关鹏, 译. 北京: 清华大学出版社, 2006: 74.

这种情形一定程度地折射在目前中国的政治传播现实中。从理论上讲，政治传播具有构建政治合法性、形成公共舆论、推进政治民主三大功能。[①] 三大功能的实现依赖的是与特定政治生态相适应的政治传播模式，不同的政治发展阶段和不同的政治生态对于三大功能的倚重程度有所不同。比如，以政治宣传为核心的政治传播模式更着力于政治合法性的构建与维系，而以政治沟通为核心的和以政治营销为核心的政治传播模式，更着力于形成公共舆论、推进政治民主。当政治的发展一定程度超越了对合法性构建和维系的倚重，就会要求政治传播模式发生变革。

新中国以理想性的政治"主义"建国，基于此的意识形态的构建以及进而基于这种意识形态的对于新中国政治合法性的构建，是由政治宣传担当主体的，贯穿中国革命、建设、改革乃至治理的过程之中。现在的政治宣传也在一定程度上依赖着意识形态的历史穿透力和巨大的历史惯性。但是，历史车轮滚滚向前，中国的政治也阔步前进，在构建政治合法性、形成公共舆论、推进政治民主三大功能的逐层深入和逐步推进的情势之下，意识形态所提供的资源渐显稀薄，依赖于意识形态资源的政治宣传也势能弱化，以政治宣传为核心的政治传播对于意识形态的渴求，已经远不是"话语""说辞"的短缺，而是建立在新的政治需求基础上意识形态内容的陈旧和空洞。在这种意义上，学者们曾呼吁的"重建社会主义意识形态"也不无道理。

进一步而言，目前的中国，政治合法性仍然是难以回避的"阿喀琉斯之踵"，政治传播的使命仍然不能偏离和放松对政治合法性的构建和维系。但是，合法性的来源却逐步地从"历史选择"向"绩效支撑"，进而向"法理认同"倾斜和转移，加之"公共舆论"和"政治民主"诉求的反转上升，现有的政治传播就难免出现覆盖面漏缺和势能弱化的情势，因此，政治传播的改革势在必行。

[①] 荆学民.政治传播活动论［M］.北京：中国社会科学出版社，2014：205.

二、推动中国政治传播进入新境界的着力点

中国的政治传播具有悠久的历史传统和厚重的历史惯性,因而,推动中国政治传播进入新的境界,尚须全方位着力。

(一)传播主体:从单一的政党主体到政党主体主导、社会主体补充

这是中国政治传播现在遇到的重要问题,也是存在较大认识分歧的问题。毫无疑问,在中国政治传播实践中,政党、国家、政府是中国共产党领导下"三位一体"的政治宣传主体。① 对此,有研究认为中国政治传播主体"亟待变革",主张由社会组织来实现政治传播,并认为在网络时代人人都可以是政治传播的主体,因而再坚持政党(国家、政府)主体已经没有意义。这种极端观点固不可取,但中国政治传播单一政党主体的转型势在必行,实现政党主体(国家、政府)主导、社会主体互补是趋势所在。

一方面,中国共产党的主体地位不能动摇。任何社会组织和个人都无法在与党和国家等同的地位和意义上成为政治传播的主体,政治传播中党和国家的权威性和影响力无以取代。在目前的国际政治传播中,中国共产党和国家也是中国国家利益的保护者和捍卫者。② 另一方面,我们要重视人类政治文明和传播技术发展对中国政治传播"主体"带来的变革要求。这种要求根基于这样一种深刻的思想观念:矫正我们长期以来在政治传播主体问题上的"国家偏向"——用国家代替和覆盖社会,转向国家主体与社会主体的平等及良性互动。这是一个实际可为的现实问题。正如习近平总书记所强调的:"党性和人民性从来都是一致的、统一的。坚持党性,核心就是坚持正确政治

---

① 这里的"主体"一词相对区别于一般宣传中的"宣传者"。"政治"的本质属性决定了政治传播的主体应该是作为政治组织的政治共同体,这种共同体的现实形态就是国家(政党、政府)。
② 荆学民.论中国特色政治传播中的"主体"问题[J].哈尔滨工业大学学报(社会科学版),2013,15(2):24-28,143.

方向，站稳政治立场，坚定宣传党的理论和路线方针政策……坚持人民性，就是要把实现好、维护好、发展好最广大人民根本利益作为出发点和落脚点。"① 因此，亟须努力培育和积极发挥"社会"乃至个体作为主体的政治传播功能，努力使其成为与政党（国家、政府）互补且良性互动的政治传播主体。

（二）传播内容：从高远的抽象政治议题到具体的民生政治话题

理论上讲，任何形态政治传播中的内容都是政治信息。但是，政治信息在政治传播中是"议题"，在政治沟通中是"话题"，在政治营销中是"选题"。如果说中国的政治传播应该吸纳政治沟通及政治营销的积极因素，那么这种转型在传播"内容"上的要求，就是从高远的抽象政治议题面向具体的民生政治话题转变，至少要比过去更加自觉地注重民生政治话题的传播。

"议题"与"话题"在政治传播中具有不同的意义。政治传播中很讲究"议题"设置，一般来说，议题设置追求宏大的历史目标或高远的政治战略，并将其在政治上神圣化、在道德上至善化，进而使其转化为一种在政治运行中无所不在的抽象的政治象征。政治传播中的"议题"来源于特定的意识形态。通过政治传播，特定的意识形态既成为政治控制的常态手段，又成为整个社会的"叙事框架"。与"议题"不同，"话题"不一定是宏大的历史目标或高远的政治战略，因而没有必要将其政治神圣化和道德至善化。政治传播中的"话题"并不是完全失去政治属性的街谈巷议甚至新闻八卦，"话题"仍然是政治的，这种"政治"更多来自老百姓的日常生活，是民生政治。

不可否认，在政治传播中，议题设置中宏大的历史目标或高远的政治战略具有重要地位和作用。中国共产党领导中国人民从革命战争年代到社会主义建设时期，再到改革开放年代，再到国家治理新时期，正是经历了在宏大的历史目标或高远的政治战略引领下的伟大复兴过程。但是，历史的变迁，

---

① 习近平在全国宣传思想工作会议上的讲话 [EB/OL]. (2013-08-20) [2016-01-10]. http://news.xinhuanet.com/politics/2013-08/20/c_117021464_z.htm.

社会的转型，经济的发展，政治的文明，文化的融合，仅仅依赖这样的政治传播显然已经远远不够了。更何况，在过去这种政治传播中，也暴露出某种程度的"假、大、空"弊端。正因如此，习近平总书记才强调，政治宣传"要树立以人民为中心的工作导向，把服务群众同教育引导群众结合起来，把满足需求同提高素养结合起来"①。特别是习总书记所要求的四个"讲清楚"，其中折射出从抽象政治的"议题"到民生政治的"话题"转变。

这一转变，要求我们正确认识和把握意识形态在政治传播中的作用。在过去，社会的叙事结构和框架往往是通过政治意识形态来实现的，意识形态不仅是政治统治的工具，也因其对民众思想的全面渗透，几近成为人们认识世界的框架和工具。但是，进入互联网时代，社会叙事框架并不完全由政治意识形态决定，而是一种更广泛的社会思想互动博弈的结果。意识形态与诸多社会思想的互动博弈过程，构成了社会叙事结构及政治宣传的丰富的内容。现在，政治传播理论的议程设置理论、沉默螺旋理论、框架理论都逐渐认同并证明了这种观点。这提醒我们，政治传播内容着眼于更为宽广的社会民生性话题，也是对政治合法性更为有效的构建，是对社会政治稳定更为有效的维护。当年，美国政治学家伊斯顿坚持将"通过约束性政策才能得以实现的行动纲领"纳入意识形态的范畴，他甚至极端地强调"意识形态也是一系列要求"②。这个观点对于我们认识政治传播中的意识形态仍然具有很大的启发意义。

政治传播内容从抽象"议题"到民生"话题"转变，不仅是一种质的要求，而且有其量的要求，即政治传播内容从"等量输出"到"增量扩散"转型。政治信息的"等量输出"是我们过去政治传播的弊端，所谓"农村支部书记与中央领导讲的一模一样"。对宏大历史目标和高远政治战略议题的传播过程，不能只是同一政治信息自上而下的传播过程，而应是"从一到多"的

---

① 习近平在全国宣传思想工作会议上的讲话［EB/OL］.（2013-08-20）［2016-01-10］. http://news.xinhuanet.com/politics/2013-08/20/c_117021464_z.htm.
② 伊斯顿.政治生活的系统分析［M］.王浦劬，等译.北京：华夏出版社，1999：44.

政治信息不断生成的"蝶变"过程。① 这里的"蝶变"包括两层意涵：一是指社会民众需要将"宏大历史目标和高远政治战略"内化为个体的政治思想，内化后的个体政治思想，应当是饱含个性色彩的个体认识；二是指具体的国计民生话题本身就来源于普通社会民众，社会民众也是对其发表"政治议论"的主体。只有这样激活社会政治信息的"再生产"、实现政治信息从"等量输出"到"增量扩散"的转型，政治宣传才会更具活力、更有效力。

（三）传播机制：从强化的政治动员到常态的沟通反馈

我们过去的政治传播一般比较注重和依赖于政治动员。政治动员在中国共产党领导中华民族伟大复兴的历史进程中发挥了不可替代的重要作用，彰显了中国共产党的伟大政治智慧和极强的政治凝聚力。但是，单一的政治动员不能完全实现政治传播，政治动员不能也不应成为政治传播的常态机制。这是因为，第一，政治动员把政治传播设想为政党或国家意志向整个社会的强力推行过程，但人类政治文明进步到今天，任何政治体制都不可能再是没有社会民众主动政治参与的政治过程。第二，政治动员往往预设被动员的社会民众是群氓式的"乌合之众"，然而，政治文明与传播技术的发展意味着政治愚昧的"乌合之众"不再存在。第三，政治动员往往借助于政治组织及组织内的人际关系，但在如今的互联网时代，这种渠道已经很难达及个人，无法有效完成政治信息对个体的送达。第四，政治动员一般采取"群众运动"，在运动中，社会民众为躲避政治身份边缘化和异质化，可能不甚情愿甚至违心地参与政治，这将导致"消极政治"的出现。同时，"运动"所造成的政治信息的过度冲击，也使民众容易产生精神紧张。第五，政治动员下社会民众的政治认同往往是"高压"之下的附和，由此带来的"政治认同"及"政

---

① 有学者研究认为，中国的政治体制是"同心圆轴心系统"的驱动机制，这种同心圆轴心驱动结构具有显著的执政优势，但是也同时存在弊端：使政治传播"宣传化"，固化和切割着政治共同体，束缚了政治传播的价值，限制了政治传播的空间，使政治传播格局僵化等。参见：谢志平.公共政策营销的体制性约束及其调适[J].政治学研究，2015（3）：101-109.

忠诚"往往是外在的、短暂的、不稳固的。①

和平时期甚至社会繁荣时期，在政治传播中，政治动员不是不可用，而是要慎用。著名政策科学家叶海卡·德罗尔将政治政策制定分为三种情境：繁荣时期、困境下和严重危机下。他认为，最好在严重危机的"逆境"下再使用动员机制。因为逆境中政府治理危机的动员易于达成行动一致性，不仅可以超越常规程序，而且直接缩短执行动员的距离。② 当前，中国的经济社会发展虽然面临深化改革的攻坚战，但其政治生态远不是"逆境"。因此，中国政治传播机制要逐步从强化的政治动员向常态的政治沟通转型。转型后的政治传播，当从过去只是自上而下的单向灌输过渡到政治沟通的双向交流。党的十六大之后，党中央逐步强调社会舆情的作用，并在实践中把收集和反映社情民意制度化、常规化。这种"从宣传信息工作向舆情信息工作的转变，是新的历史条件下宣传思想领域的一大创新"。③

（四）传播途径：从单一的组织、人际到组织、人际与新兴媒介的结合

中国共产党的政治传播从诞生之日起，就有十分完善、传播有力的组织系统。与组织系统紧密契合的是等级鲜明的人际链接。组织传播和人际传播保证了中国共产党政治传播的基本效力，是中国共产党政治传播的优势所在。进入网络化社会以来，曾经的优势暴露了诸多问题。第一，政治组织部门的条块分割化、职务岗位本位化、科层结构官僚化等结构性特点，致使组织传播纵向多于横向、下行多于上行、组织内多于组织间。这种格局造成了政治

---

① 马克思曾描绘过法国大革命依靠动员的短暂激情："18世纪的革命，总是突飞猛进，接连不断地取得胜利；革命的戏剧效果一个胜似一个；人和事物好像是被五色缤纷的火光所照耀；每天都充满极乐狂欢。然而这种革命为时短暂，很快就达到自己的顶点，而社会在清醒地领略它青春时代的奔放的激情造成的成果之前，长期处于冷漠状态。"参见：马克思，恩格斯. 马克思恩格斯选集：第2卷［M］. 中共中央马克思恩格斯列宁斯大林著作编译局，编. 北京：人民出版社，1995：588.
② 德罗尔. 逆境中的政策制定［M］. 王满船，尹宝虎，张萍，译. 上海：上海远东出版社，1995：4.
③ 中共中央宣传部舆情信息局. 舆情信息工作概论［M］. 北京：学习出版社，2006：144.

信息不对称及损耗失真变形。第二，由于政治信仰、政治素养、政治品性等诸多复杂因素，人际传播陷入"报喜不报忧"的政治偏好，程度不同地出现了内容同质化、选择谗言化、链条关系化、范围圈子化、效果感情化的现象。第三，倚重于组织和人际的政治宣传只是政治体系的"自转"，无法获得组织外的动力补给，难免因动力不足而无力带动整个社会的良性政治沟通。

进入大众传播和互联网传播时代，"媒介不仅仅是其他消息来源的传输渠道，媒介的生产过程也是其建构讯息的过程"，因此，当"媒介取代政党成为政治传播过程的中心，人们对媒介表现的期望值越来越高。同时，社会的变革趋向和多样化趋向、政治的不稳定性以及权力的分散化，都促使媒介在更困难的环境下达成事半功倍的效果"。① 在这种时代背景下，政治传播途径需要努力从过去的组织和人际向组织、人际与互联网等新兴媒介的结合转型。这就需要进一步解放思想，从顶层设计上将大众传播和互联网传播纳入政治传播的制度化渠道中来。从传播学理论上讲，组织、人际与大众媒介三种渠道中，任何一个渠道都无法单独完成基于沟通的政治传播。人际传播满足于个人微观层面的信息传播需要，大众媒介传播满足社会宏观层面的信息传播需要，组织传播介于两者之间满足中观层面的信息传播需求。从微观到宏观相互关联，满足整个社会的政治信息需求。三个传播系统的耦合程度，决定着政治领导层政治信息的生产和输出的合理化程度，决定着整个社会对政治信息的接受和认同程度。所以，目前中国的政治传播亟须将更多的政治信息投放于大众媒介和互联网媒介渠道，并且赋予大众媒介和互联网媒介在政治传达基础上的政治解释和政治评论权力，以更好地实现政治信息在政治传播中的"蝶化"效应。

（五）传播话语：从单纯的官方形态到官方形态与民间形态融合

话语是语言的动态组合，政治话语是政治传播内容通达受众的重要中介。

---

① 布莱恩特，兹尔曼.媒介效果：理论与研究前沿[M].2版.石义彬，彭彪，译.北京：华夏出版社，2009：160.

政治传播中话语的"形态"包括其立场、语境、语气、语词和语态等。有研究认为,进入新时期后,中国存在着政府、精英、平民三大政治话语体系,且三大话语体系的"不交融"将导致"撕裂社会"。①事实上,中国目前并没有真正的"政治精英话语体系",所谓政治精英一般都在体制内——共同的政治立场与利益使所谓政治精英话语体系往往就是政府话语体系,或者说政府话语体系往往通过政治精英话语体系来表达与传播。进入新时期以来,中国的国家与社会关系发生了深刻变化,社会利益主体越来越多元化和复杂化,互联网新媒体的发展又为这种多元主体利益诉求提供了便利的传播场域,在这种情况下,与官方政治话语相对应的"民间政治话语体系"逐步形成和显现。

从理论上讲,"话语"本身就有"辨识路径"的意思。在现代话语理论中,"辨识"与"秩序"相关,"路径"与"权力"相连。政治宣传呈现的官方话语体系是国家政治权力的表达,具备鲜明的政治目的性和严谨的规范性。而民间话语体系是长期积聚的各种民间思潮的舆论表达。话语"博弈"的背后可能存在着一定的政治资源与政治权力的争夺。对此,我们要深刻认识到,随着人类政治文明的发展,任何社会和国家的"政治诉求"和"政治共识"不可能越来越"一元化",而是越来越"多元化"。与此相应,表达政治诉求的话语体系也一定是多种多样的。因而,从对外传播角度看,"中国特色、中国风格、中国气派"的政治话语体系,应该是一种包容并反映世界各种政治文明的现代政治话语体系。从对内传播角度看,国家与社会关系的变化所导致的官方话语与民间话语在权力上的再分配,并不意味着双方必然尖锐对立、互不相容。两种话语体系交错、互动、博弈,"主导性言论"在官方话语和民间话语之间流动,正是国家与社会所需要的政治沟通,恰恰有助于提高党和国家政治传播的"正能量"。

其实,任何时代都存在官方与民间的政治话语沟通问题。改革开放前,沟通的基本方式是官方自上而下的纵向"贯通",由于尚未形成民间话语体

---

① 公方彬.新政治观:创新点与突破口[J].人民论坛,2012(28):34-37.

系,缺乏民间话语的"过滤",所以传播效果甚好。改革开放后,政治生态与传播媒介发生变化,政治话语不再是简单的纵向"贯通",而是一个去中心化的、横向的话语冲突和调和过程。① 无疑,全新的传播机制和舆论环境,已经对政治传播的话语形态提出挑战,要求我们认真总结多年来在政治传播话语上的问题与不足。毋庸讳言,过去的政治传播话语,一定程度地存在着"霸权""独白""自我指涉""无责漫谈"等问题。② 即便进入新时期,一些主流媒体所使用的政治话语,仍然有程式化的"假大空"之嫌。相较而言,民间政治话语体系来源于老百姓的日常生活,凝聚了民间的政治智慧,似乎更接地气、更具说服力。所以,实现政官方形态与民间形态融合的转型,规范引导民间话语固然重要,更重要而迫切的是官方话语要"放下身段",真正打造出"融通中外的新概念新范畴",对内真实地表达社会民间各种政治心声,对外着力"讲好中国故事,传播好中国声音"。

(六)传播方法:从理性灌输到感性感染

意识形态无疑是政治传播最重要的内容。为此,习近平总书记反复强调:"意识形态工作是党的一项极端重要的工作","宣传思想工作就是要巩固马克思主义在意识形态领域的指导地位,巩固全党全国人民团结奋斗的共同思想基础"。③ 意识形态本质上是一种思想观念体系,对于意识形态的接受与认同,当然需要诉诸接受者的理性认识和理性思考,需要一定的观念、判断、推理。正因如此,我们过去的政治传播非常重视通过各种渠道和方法的理性灌输,积累了相关的宝贵经验。

---

① 美国学者卡尔·多伊奇就曾把公共舆论的形成比喻为"瀑布模型":一条政治信息的传播犹如一条澎湃下流的瀑布,要历经经济、政治、社会精英、传播媒介乃至社会普通民众等在每一个层面上的打断、改造、演化、诠释、反馈,才能形成最后的舆论(参见:萨托利.民主新论[M].冯克利,阎克文,译.上海:东方出版社,1998:105)。这给我们认识官方与民间政治话语的融合问题提供了有益的思想启迪。
② 荆学民,李海涛.论中国特色政治传播中的政治话语[J].青海社会科学,2014(1):1-7,206.
③ 习近平在全国宣传思想工作会议上的讲话[EB/OL].(2013-08-20)[2016-01-10].http://news.xinhuanet.com/politics/2013-08/20/c_117021464_z.htm.

但是，网络化时代的到来，正在对理性灌输的传播方式提出尖锐挑战。传播技术从语音到文字，从文字到图片，从图片到影像，从影像到"活动"的变革，要求意识形态的传播更加影像化、符号化、故事化、活动化。这一点，英国学者汤普森进行了非常深入的研究。他认为，思想观念的变化改变了意识形态的内容，传播技术的发展改变了意识形态的展开形式和传播方式，因而研究意识形态的发展变化，不应仅仅专注于其思想内容的变化，同时也应考察其展开形式和传播方式的变化，这样才能具体把握处于动态传播中且与现实生活紧密结合在一起的意识形态现象。[1] 按照美国社会学家丹尼尔·贝尔的观点，"意识形态之所以具有力量也就在于它的激情"，他甚至说："意识形态最重要的、潜在的作用就在于诱发情感。"[2]

显然，意识形态传播仅仅依靠传达文件、宣读报刊社论或学习政治材料等已经远远不够。从理性灌输到感性感染甚至到场景体验是政治传播方法转型的必然方向。虽然我们过去也一直强调政治宣传的形式和方法要使群众"喜闻乐见"，但那只是倚重于组织传播和人际传播的形式与方法。而现在，大众传播尤其是网络传播中的"受众"已经远远不是组织传播和人际传播中的"群众"了，知识结构、政治修养、价值取向、技术水平、识别能力等的变化，使受众"喜闻乐见"的形式与方法已经发生了根本性的变革。

（七）传播对象：从普通大众到特殊分众

中国的政治传播一路走来，在传播对象上还没有特别的区分，设定的对象一般是不加区别的普通大众，最多是把党员与群众做一区别。这种情况，在中国共产党领导中国人民从革命到建设、从建设到改革的历史进程中，有其历史必然性和合理性，也与前面所讲的政治传播主体单一、内容抽象、渠道狭窄是适应的、匹配的。但是，随着政治文明的发展，传播技术的革命，尤其是互联网所带来的社会环境和传播效果的改变，要求政治传播努力吸取

---

[1] 汤普森.意识形态与现代文化[M].高铦，等译.南京：译林出版社，2005：20-21.
[2] 贝尔.意识形态的终结：五十年代政治观念衰微之考察[M].张国清，译.上海：上海人民出版社，2001：459.

政治营销的积极因素——像在市场上营销产品一样，对政治受众做出分类，并制定适当的传播战略和策略。

从"接受者"角度讲，"互联网提供了极为广泛的信息内容。使用者在选择信息时能扮演更为重要的角色，他们的信息接触行为变得更加专门化和个人化"，"受众的分众化会减少人们对多样化观点的接触"，同时"会促使媒介集团提供多样化的产品以重新获取分散的受众"。[①] 从"传播者"角度看，政治传播的动机和目的，就是要改变受众认知和心理的"定式"，因为"人就是依照定式而进入同现实的相互关系中的"[②]。但是，不同的人群具有不同的定式——中立定式、异同定式、相同定式。政治宣传要想达到有效改变受众认知和心理的"定式"，就应该针对不同"定式"的人群采取不同的"规则"：对"中立定式"者要采用"定式形成律"，对"异同定式"者要采用"定式改变律"，对"相同定式"者要采用"定式强化律"。"三律"作为规则，在传播的起点、过程、结论、方法等方面都有相关的策略。其实，互联网的普及差不多已经使传播进入了"一对一"的时代。我们的政治传播虽不能说一步就到针对不同个体设置议题、建立规则的地步，至少也要注意改变过去那种"普遍灌输"和"普遍号召"的状态。

（八）传播效果：从关注宏观获知到关注微观认同

西方政治传播理论十分重视竞选政治中以媒介为中心的政治传播，其"媒介效果"研究经历了从"微观"到"宏观"再到"综合"的过程。20 世纪70 年代之前，西方基本上是着力于"微观"效果的研究，即相对稳定政治制度下媒体内容与个体选民行为之间关系的研究。依赖于强大实证数据的微观效果研究理论，大大提高了其政治传播的效力。到 20 世纪 70 年代之后，对政治传播效果的研究从微观转向了宏观。宏观研究强调以媒体为核心的政治传播在民主政治体系中的地位和作用，着力研究作为一种权力主体的媒体与

[①] 布莱恩特，兹尔曼.媒介效果：理论与研究前沿［M］.2 版.石义彬，彭彪，译.北京：华夏出版社，2009：164–165.

[②] 纳奇拉什维里.宣传心理学［M］.金初高，译.北京：新华出版社，1984：56.

其他权力主体之间的关系及其对民主政治制度的影响。应该说，无论是微观层面的研究，还是宏观层面的研究，西方政治传播的效果研究理论有效地指导了其政治传播的实践。

在中国的政治传播中，媒介虽然也扮演着十分重要的角色，但是始终没有成为政治信息流动的主要渠道，更不是独立的政治权力主体。媒介既无法阻断政治传播主体与对象的直接关联而形成像西方政治传播理论中所说的"媒介政治"，也没有资格以权力主体的身份对政治民主产生影响。正因如此，中国政治传播所追求的"宏观"效果，主要是指没有经过媒介"过滤分化"和"重新诠释"的"整体性获知"。"整体性获知"以政治信息的"到达"为特征，所谓"传达到了""家喻户晓了"，"宣传"的任务就完成了。相对于这种宏观效果，中国政治传播的"微观"效果，是指政治信息送达后，受众个体经"入脑入心"后态度的改变和思想的认同。对于后者，我们可以借鉴西方政治传播理论关于微观效果研究的积极成果，比如十分强调"受众倾向性"，认为"效果依赖于受众的倾向性"。①有研究者甚至提出"O-S-O-R"的效果模型，其中特别强调受众个体已有的政治成熟度、世界观、价值观、党派性、对媒介的需求等因素的重要作用，清晰地展现了传播过程中包括内源性变量和外源性变量等各种变量的作用机制。这对于我们分析进入网络化传播新时期政治宣传受众的变化具有很强的针对性，进而对于我们提高政治传播的微观效果有很大的启发作用。它提醒我们，强调政治传播效果要从关注宏观获知到关注微观认同转型，即从"谋求散布性支持"到"谋求特定性支持"的效果转型的时候，我们要特别注重真实的"民意调查"，努力提升现有的民意调查的专业水平和能力。

以上我们简略分析了使中国政治传播转型进入新境界的主要着力点。最后，需要强调的是，我们并不是主张中国彻底放弃现有的政治宣传，而是主张中国政治宣传的必要性和优势要融合在新的境界之中。

---

① 布莱恩特，兹尔曼. 媒介效果：理论与研究前沿［M］. 2版. 石义彬，彭彪，等译. 北京：华夏出版社，2009：181.

自媒体时代的政治传播秩序及中国调适*

阅读提示： 研究深入政治传播理论深处的时候，必然触及"政治传播秩序"问题。互联网时代，传播技术的迭代性更替，成为改变人类政治传播的"活跃性变量"，使整个政治传播的秩序乃至面貌发生革命性变革。本文是独有的一篇全面分析"政治传播秩序"的论文，文章也试图借势提出中国政治传播秩序重建的"调适"策略。当然，虽谓之"策略"，但主要还是强调观念革命。

互联网已然成为我们这个时代的最大变量。可以说，互联网通过革新人类社会信息生产与传播的方式，改变着我们认识世界和理解社会的思维方式，改变着个人及各种共同体之间的交往方式，冲击着人类社会政治、经济乃至文化精神领域的固有秩序。其中，基于互联网发展的自媒体时代①的政治传播秩序问题，使我们新时代的国内政治治理及国际间的政治合作均面临着严峻的挑战。习近平总书记在多个场合反复强调，过不了互联网这一关，就过不了我党长期执政这一关。据此，本文尝试探索基于互联网的自媒体时代的政

---

* 此文原载于《政治学研究》2020年第2期，与于淑婧合作。
① "时代"一词，是对人类历史发展时期的划分和标示，一般来说，人们多从哲学角度，以经济、政治、文化等生产力发展的综合状况为依据来划分和概括"时代"。但是，近些年来，人们也开始多学科、多角度使用"时代"一词。著名传播学家麦克卢汉曾提出这样的观点："媒介是社会发展的基本动力"，也"是区分不同社会形态的标志"。（麦克卢汉.理解媒介：论人的延伸 [M].何道宽，译.北京：商务印书馆，2000：409—410，428.）本文就此刻意从媒介发展这一特殊角度使用"自媒体时代"一词，着意强调它基于互联网的自媒体这一媒体形式崛起和普及的重要意义，以及对经济、政治、文化等社会发展的重要作用。

治传播秩序,并在此基础上着意于中国政治传播的调适。

一、政治传播秩序的内蕴和特征

秩序,按照《辞海》的解释,"秩,常也;秩序,常度也,指人或事物所在的位置,含有整齐守规则之意"①。"秩序"意指在自然进程和社会进程中都存在着某种程序的一致性、连续性和确定性。② 在这里,我们可把"秩序"进一步解读为:事物构成要素的属性及时空位置的确定性和稳定性;构成要素动态运行的次序性和连续性。

本文所使用的"政治传播秩序"涉及"政治秩序"和"传播秩序"两大基本要素。一般来说,政治秩序指政治权力所主导的政治生活中政治关系的规范化过程及其所呈现的运行机制;传播秩序指以媒介为主导的社会信息客观流动的传导规范和运行机制。③ "政治传播秩序"这一范畴,不是"政治秩序"与"传播秩序"的机械叠加或平行组合,而是二者内在"耦合"而成的自足性范畴。它具有相对区别于政治秩序和传播秩序的内在规定性和本质特征。

(一)政治传播秩序的内蕴:政治秩序与传播秩序的有机耦合

把握政治传播秩序这一范畴的关键,在于深度理解政治秩序与传播秩序的"耦合"。"耦合"是借用了物理学中的一个概念,原意是指两个事物之间如果存在一种相互作用、相互影响的关系,那么这种关系就称为"耦合关系"。在物理学中,"耦合"不是单一关系,而是多层面、全方位的,诸如:场域耦合、数据耦合、内容耦合、外部耦合、功能耦合,等等。这里对政治传播秩序的界定中,政治秩序与传播秩序也是多层面全方位的有机"耦合"。

---

① 现代汉语辞海会.辞海:词语分册·下[M].上海:上海人民出版社,1977:1872.
② 参阅:博登海默.法理学:法哲学及其方法[M].邓正来,姬敬武,译.北京:华夏出版社,1987:207.
③ 关于政治秩序与传播秩序,学术界已经有比较深入的研究,此处不赘述。这两个定义是本文作者提炼的,限于篇幅,不在此详细讨论。

首先从政治秩序与传播秩序的本质来看，无论什么样的政治都具有现实性与理想性的双重属性。所谓"以政治权力为主导的政治生活中政治关系的规范化过程和运行机制"，其实质就是用基于政治理想的"确定性"——依赖于政治信仰的"确定性"——来规范和引导现实政治的种种"不确定性"；而所谓"以媒介为主导的社会信息客观流动的传导规范和运行机制"，即传播秩序，也是在"传播生成社会"的过程中，通过信息选择使社会成员"从不确定性中不断形成确定性"。① 就此看出，从种种"不确定性"中确定"确定性"，从"不确定性"不断走向"确定性"，正是政治秩序与传播秩序的耦合之轴，政治传播秩序的种种要素及其运行都镶嵌在这个轴心之上。

以"从不确定性中不断形成确定性"为轴心的政治秩序与传播秩序的耦合，使传播不再是在一种真空中的信息流动，而当社会的政治性愈来愈突出的时候，传播即成为一种政治传播。与此相应，政治秩序中的政治权力对传播秩序的主导，使一般的传播秩序成为一种政治传播秩序。诚如卡拉·诺顿斯登（Ckaarle Nordenstreng）所言："新秩序是传播研究领域的绚丽乐章，新秩序概念越能经受住政治斗争的洗礼，就愈加清晰透彻。"② 可见威尔伯·施拉姆（Wilbur Schramm）在解释传播的"社会"功能时，所设想的场景被他命名为"政治传播"并不是偶然的。③ 法国学者埃里克·麦格雷（E. Maigrer）通过对传播史的研究，也展示了"传播何以是政治的"，"政治秩序，是传播的题中应有之义"。④

---

① 这也正是"传播"必须由哲学、政治学、社会学、历史学等诸多学科来说明的原因。参见：施拉姆，波特. 传播学概论［M］. 陈亮，李启，周立方，译. 北京：新华出版社，1984：4.
② 参见：诺顿斯登，徐培喜. 世界信息与传播新秩序的教训［J］. 现代传播（中国传媒大学学报），2013，35（6）：64-68.
③ 施拉姆，波特. 传播学概论［M］. 陈亮，李启，周立方，译. 北京：新华出版社，1984：32.
④ 在这部著作中，麦格雷指出："客体、社会关系和政治秩序，是传播的题中应有之义"，"传播首先是文化事实和政治事实，其次是技术事实"。他尖锐地批评了20世纪末21世纪初，互联网、新技术和新经济飞速发展所带来的传播学研究的"技术决定论"的死灰复燃。认为这种对传播的研究，偏离社会与政治的轨道，是传播研究的"回归客体"式的"不可能的倒退"。（参见：麦格雷. 传播理论史：一种社会学的视角［M］. 刘芳，译. 北京：中国传媒大学出版社，2009：4.）

再从秩序所要求的动态运行机制的角度看，复杂的政治系统运行过程中，政治信息的传播与流动，是改变政治秩序乃至政治运行机制的重要变量。美国政治学家戴维·伊斯顿（David Easton）曾从传播视角解析政治运行机制，认为政治系统通过"输入—输出—反馈"的循环过程"调节自己的行为，改变自己的内部结构，甚至重新确定自己的基本目标"，其关键动因是"设法在稳定和变化的世界上持续下去"。① 而要实现这一目标，其要害在于信息的获取、处理、存储和利用。他强调："政治系统为了持续下去，必须能够采取一些措施成功地缓和造成的压力，并且对此做出反应。为了做出反应，权威当局至少能够获得已发生的事情的信息。"② 此后，卡尔·多伊奇（Karl W. Deutsch）进一步提出了传播系统是政治系统运作的神经纤维，传播是"政府的神经"这一理论。③ 这些理论研究，反映了伴随着人类政治文明的进步，人类政治秩序与传播秩序的有机耦合和同质程度。

综上，我们可以给政治传播秩序下一个简洁的定义：政治传播秩序是政治秩序与传播秩序耦合而成的，维护其构成要素之间固定位置、稳定关系、功能匹配和行进次序以通过传播达到某种政治目的的保障机制。

（二）政治传播秩序的主要特征

围绕着"从不确定性中不断形成确定性"这一主轴，政治传播秩序在"主体推进""过程控制""目标确立""规范引导""能量释放"等诸多环节和层面，都展现出不同于单独的政治秩序和单独的传播秩序的新特征。

第一，由于政治秩序的契入，政治传播秩序成为一种"政治的有目的传播"④ 的保障机制。一般的传播秩序建构，只是注重于"信息流动"的客观过程，注重于如何保证"客观信息"在传播过程中的真实性和完满性，注重于

---

① 伊斯顿.政治生活的系统分析［M］.王浦劬，等译.北京：人民出版社，2012：16-18.
② 伊斯顿.政治生活的系统分析［M］.王浦劬，等译.北京：人民出版社，2012：16-18.
③ 参见：DEUTSCH K W. The nerves of government: models of political communication and control ［M］. New York: The Free Press, 1963.
④ "关于政治的有目的传播"是英国著名的政治传播学家布赖恩·麦克奈尔对"政治传播"的经典定义。见：麦克奈尔.政治传播学引论［M］.殷琪，译.北京：新华出版社，2005：4.

通过传播对种种事件的没有特定价值立场的所谓"真相"的呈现。而在政治传播秩序中,传播过程被政治秩序赋予特定的政治目的,其中所谓"客观信息"被特定的政治机制筛选过滤和框范为一种"政治信息"。政治信息天然性地承载着特定的政治目的,因而一般的传播过程就成为一种政治传播过程,整个政治传播秩序就成为一种"政治的有目的传播"[①]的保障机制。质言之,政治传播秩序彰显的是其"政治目的性"。

第二,由于传播秩序的契入,"媒介"越来越成为政治传播秩序及其变迁的"活跃性变量"。在单纯的政治秩序中,政治秩序的确立者,即"政治秩序主体"(各种政治领导集团等)是政治权力的掌握者,他们始终是政治秩序的建构者和主导者,也是政治秩序变迁的推动者。但是,在政治传播秩序及其变迁中,由于传播秩序的契入、耦合、博弈和掣肘,基于传播技术迅猛发展的媒介革命,则越来越占据重要地位,乃至于在现代政治秩序运行中,在诸多重大事件甚至机制变革中,"媒介"扮演了始作俑者和推动者的角色。媒介地位的提高和相应功能的发挥,不断改变着政治传播秩序内在结构要素的既有关系,一定条件下,甚至会成为推动整个政治传播秩序变迁的"主变量"。

第三,政治秩序与传播秩序在耦合中的博弈,使政治传播秩序在多态景观中整体仍显现出"政治统摄传播"[②]的特征。虽然基于传播技术发展的媒体地位变化及其功能的发挥,一定程度上降低了政治传播秩序中"政治"的门槛,削弱了政治传播秩序中"政治"的约束,模糊了政治传播秩序中"政治"的边界,使政治传播秩序可能呈现出不同于过去的多态景观。但从总体上看,政治传播秩序中,"政治权力"仍然是主导者,政治权力的天然性强势,仍然会贯穿于政治传播秩序的过程控制、规则制定、目标引导之中,而传播秩序中的主导性因素——媒介,仍难以改变其"工具性"的本质,从而使整个政

---

① MCNAIR B. An introduction to political communication [M]. Oxford: Taylor & Francis, 2017: 4.
② 关于"政治统摄传播"这一论断的详细论证,参见:荆学民. 政治传播活动论 [M]. 北京:中国社会科学出版社,2014: 18.

治传播秩序还是更凸显政治秩序的本性和特征。

二、政治传播秩序的运行机制

对于政治传播秩序来说，哈罗德·拉斯韦尔（Harold Lasswell）最早提出的"5W"，即"谁、说什么、通过什么渠道、对谁、取得什么效果"模式，[①] 仍然具有不可替代的"框架""框范"意义。到目前为止，尚没有出现比其更具影响力的理论成果。政治传播自然也包含上述五个基本要素，但政治传播秩序的要旨，既从静态维度着意于这些要素之间的功能匹配和稳定关系，又从动态维度着意于全部要素有效运行所形成的稳定机制。

第一，政治传播要素的出场有序。在政治传播秩序中，围绕政治信息流动这个轴心上的各个要素的"出场""表演"，在时间上有特定的顺序，在空间上有特定的位置。首先出场的是政治传播中政治信息的生产者，即"传者"。起点的定位，明晰了政治传播主体在政治传播中处于"首出"位置。"传者"发出的是政治信息，政治信息产生于主体通过媒介联通于政治传播的"受众"。最后，政治传播效果是对整个政治传播活动的检测和评估。赘述这些"常识"，在于强调，即便是自媒体时代，花样翻新的各种"新概念""新说法"并没有也不能错位和颠倒政治传播要素"出场"的历史和逻辑的顺序。

第二，政治传播要素的功能匹配。政治传播秩序，意味着政治传播各要素在运行中各自的功能的发挥要相互匹配，政治传播秩序是各要素功能匹配发挥的聚合结果。当然，这并不是说，几个因素的功能没有独立性，而是说，各要素功能的发挥，以政治传播主体的"政治目的"为轴心，要求方向一致，进退同步，强弱相连。具体体现在政治传播中，就是主体的多元程度、政治信息的质与量、媒介的可接近性程度、受众的类型、效果的着力点等方面的相互匹配性。

第三，政治传播运行的环节连扣。政治传播秩序的运行主要有输入、输

[①] 拉斯韦尔.社会传播的结构与功能[M].何道宽,译.北京：中国传媒大学出版社,2013：35.

出、转换与反馈四个环节。政治传播秩序强调各个环节运行的连续性，即各个环节之间逻辑契合、范围确定、关系稳定。在一定范围内输入与输出平衡，输入的转化效率与输出的需要相匹配，反馈通畅以及来自输入的压力通过输出、转化与反馈环节得以缓解。

第四，政治传播运行的动力稳定。动力主要来自三个方面：传播主体动力、媒体动力、受众及环境动力。[①]各个动力之间形成力的"平行四边形"，"平行四边形"的"合力"决定着政治传播运行的着力方向及运行状态的有序或失序。

三、自媒体时代政治传播秩序变革的新图景

英国学者詹姆斯·卡伦（G. Curran）在《媒体与权力》中指出，一方面，"新媒体会导致新的权力中心的出现，从而在现存的主导型维权结构内部引发日趋激化的紧张状态；另一方面，新媒体有时候会绕开已经建立起来的媒体传输机构，发布遭到禁止或限制的信息，通过这种方式来破坏控制社会知识的等级制度"。[②]从政治传播角度看，在自媒体时代之前，政治传播的运行图式是"上有金字塔顶，下有金字塔基"的上下等级分明、中心边缘稳固、左右边界清晰的"垂直有序"景观。而进入自媒体时代以来，这种图景正在被"去中心化、扁平化、离散化、非主题化"等逐步打破，政治传播秩序形成新的图景。

（一）"传—受"关系的角色融合

自媒体所导致的"信源革命"，从技术层面激发和激活了传统媒体时代"普通人"政治传播的愿望和激情，并为此提供了便捷的释放渠道。可以说，自媒体首先重构了政治传播中"传者"和"受者"的身份及其关系属性。

---

① 参见：荆学民，于淑婧. 关于民主传播的理论探索［J］. 政治学研究，2016（3）：13-24，125.
② 卡伦. 媒体与权力［M］. 史安斌，董关鹏，译. 北京：清华大学出版社，2006：74.

自媒体从技术上强力驱动着政治传播主体的多元化，[①]并在此层面消融了传统媒体中传—受身份的角色固化，通过二者的身份互换实现传—受角色的融合。传统媒体时代政治传播的"传—受"是"主—从"关系，"主—从"关系在实际的运行中自然转化为"强—弱"关系。进入自媒体时代，主—从关系在转换，强弱差别在缩小。

在某种意义上，新秩序已经在超越传统媒体时代的主客关系二分法，用"二分法"研究范式似乎难以全面描述政治传播新秩序。不仅如此，传—受关系的角色融合，正在挑战在传播学中占据经典地位几十年的诸多理论，如"议程设置""框架理论""沉默的螺旋"等，现在，人们在问：自媒体时代，究竟谁在设置议程？谁是"沉默的螺旋"？

（二）信息流动的立体对冲

有学者将传统媒体时代政治传播秩序总结为固定顺序的"五个阶段"：运动开始，发出文件——层层传达、普遍宣传——认真学习、深刻领会——抓住典型、以点带面——统一思想、形成共识。[②]之所以如此，在于政治信息的垄断。以议程设置为例，政府通过掌控"喉舌"性质的传媒机构直接操控议程设置。而自媒体的出现，使"网民"可以借助自媒体互动，将他们认为重要的问题和事情（而不是传媒机构认为重要的问题和事情）变为公众议程的一部分。自媒体为政治信息的向上"蒸腾"提供了可能，从技术层面打开了政治信息上下双向互动、互逆的流动渠道。

---

① "多元化"与"多元性"不同，"多元化"是对一个过渡过程的动态描述，"多元性"则是对一个稳定而有序的事物属性的抽象。自媒体的使用和普及所影响的政治传播主体，正在经历从"多元化"到"多元性"的有序化过程。其中，需要经历两个不同的子过程：一是技术层面一元向多元的转变过程；二是多元的制度化过程。目前来看，第一个子过程正在被自媒体与其他因素驱动着发生，也即自媒体对政治传播主体的影响仅仅实现了其多元化，而没有实现多元性。而第二个子过程需要的是"政治"对多元化的回应。参见：荆学民.多元社会的治理体系优化如何实现：互联网时代政治传播的价值与意义[J].人民论坛·学术前沿，2016（5）：6-15.

② 参见：王绍光.中国公共政策议程设置的模式[J].中国社会科学，2006（5）：86-99.

自媒体对政治信息流通渠道的"洞开",使政治传播图景正在超越"点对点",向"线对线""面对面""体对体"的多维立体状态跃迁。传统媒体下政治信息的垄断生产,意味着政治信息在流通之前就已经经历了严格的政治"把关",政治信息的流通沿着"喉舌"或特定的组织路径呈"复制式"传播。而在自媒体时代,政治信息的源头垄断被打破,流通过程中不受控制的"节点"丛生,使政治信息的生产与传播上下互逆、立体对冲,[1] 呈立体交织状态。来自四面八方裹挟着政治利益、政治诉求、政治目的的政治信息,在对冲中相互碰撞和砥砺,甚至形成了新的"另类空间"。[2]

　　从政治学的角度看,自媒体时代民众对政治信息生产权和传播权垄断藩篱的冲击,是新的政治文明时期民众对自身政治诉求和公共利益表达的潜在驱动使然。这意味着,在自媒体时代,传统媒体环境下政治传播"主体"以实现和维护自身利益作为意图或目的,已经无法与向上涌进的、充满政治诉求的政治信息实现"目的性"契合。因此,这种"不协调",倒逼着政治传播须自觉地将公众利益纳入政治传播活动的"目的"之中,以逐渐向更为深层的政治的公共性回归。[3]

(三)传播"权势"的去中心化

　　传播主体的多元化,信息流动的立体化,中介节点的复杂化,使自媒体时代的政治传播凸显"去中心化的传播权势格局"。[4] 传统媒体时代的政治传

---

[1] "互逆立体对冲"凸显了自媒体时代信息流动和交流的冲突性质,许多新的政治价值乃至政治目标正可能在这种冲突中产生。这是传统媒体时代的政治信息不改变自身性质、不损失价值总量的平缓传播情景远不能比拟的。

[2] 由"另类媒体""另类事实"等"另类"概念演化而来。它的意思是指:在所谓"后真相""后秩序"时代,随着传统主流媒体陷入"公信力困境",越来越多的人突破传统媒体"守门人"曾为民众创造的共享拟态环境,转向另类媒体寻求那些可以证实他们主观愿望或情感的信息,并由此而形成种种形色各异的"公共舆论"场域,被称为"另类空间"。

[3] 关于政治及政治传播的公共性,参见:荆学民,苏颖.论政治传播的公共性[J].天津社会科学,2014(4):62-66。

[4] "权势"本是政治学概念,借用到政治传播中主要指对政治信息产生和传播过程的控制程度,"传播权势"与"政治权力"既有联系,又有区别。

播从横切面看是从中心到边缘。这种中心—边缘的权势差,造成了政治信息传播的"势位差"。而自媒体直接赋予边缘地位的普通民众以前所未有的政治传播的权力和势能,①减小了原有中心—边缘之间的权势差,冲击着原有的权势格局,形成了政治信息平等自主传播的势能基础。

新的势能基础上,一个普通民众也可能成为某件事物或某种政治信息流转的"中心"。当然,自媒体所带来的"赋权",从本质上说还算不上政治意义上的"权力"或"权利"。与前面提到的"多元化"与"多元性"之间的差别相似,自媒体对政治传播权势格局的影响还仅仅是技术层面的,远远没有实现政治意义上的权势多中心化。这意味着,政治的民主自由、权力的平等自主,需要来自政治层面的保障,因而自媒体时代的政治传播新秩序的建构,也需要来自政治方面的有效回应。

(四)"节点"移位的流程再造

政治传播是一个系统,主要由环境—输入—转换—输出—反馈等环节或"节点"构成。在传统媒体时代的政治传播秩序中,"环境"封闭稳定;"输入"一元主导;"转换"简单隐秘("暗箱");"输出"单一恒定;"反馈"稀薄无力。各个环节相对固定,行进过程稳定清晰。

进入自媒体时代,政治环境复杂化,信息生产群体化,"输入"环节容量剧增,"转换"环节暗箱曝光,"反馈"环节悄然前置。"环境—输入—转换—输出—反馈"的完整流程,被压缩至同一速度、同一频度在同一时空中完成。节点"位移"和环节"反转"所造成的新图景,实现了对传统媒体时代政治信息传播的"流程再造"。新的流程中,我们很难像过去那样确定政治信息流动的"入口""出口",也很难将固定的政治信息滞留下来进行暗箱式的加工。

从深层次来看,自媒体时代"输入"这一环节对整个政治传播的流程再

---

① 学者用"赋权"解读这种现象。参见:郑永年.技术赋权:中国的互联网、国家与社会[M].北京:东方出版社,2014;黄月琴."弱者"与新媒介赋权研究:基于关系维度的述评[J].新闻记者,2015(7):28-35;姜飞,黄廓.新媒体对中国"权势"文化的颠覆与重构[J].探索与争鸣,2012(7):60-64。

造发挥着牵导性作用。"输入"的改变,导致了"转换""输出""反馈"诸多环节功能的改变。由此可见,自媒体时代的政治传播秩序,似乎不再单纯是为了维护特定政治秩序而进行控制的过程,而是更加注重这种秩序所维护的"政治"是否切合所要实现的政治价值旨趣(如自由、平等、民主等)。"流程"与"目的"切合的这一新使命,要求超越系统论和控制论这一审视政治传播秩序的传统理论视野,弱化政治传播秩序中的"控制"意图,强化政治文明进步这一价值维度对政治传播新秩序建构的基础性作用。

(五)线上线下的双层互动

自媒体所造就的新流程,实现了"线下线上"的双层循环和互动。互联网形成的虚拟空间建构了政治传播的"线上"路径。当线下以组织、制度、机制为中介的制度化政治传播渠道闭塞时,"线上"的传播提供了支持。我们已经看到,电子政务、网络问政、政务微博等"线上"路径,驱使着政治系统对政治诉求做出回应。网络公共事件、网络围观、网络舆论的力量,在一定程度上践行着"电子民主"和虚拟公共领域的政治理想。

过去,线下政治传播结构稳固功能健全,是政治传播秩序的基石。然而,现实中其功能健全与否的判断标准,是看其与时代诉求是否相匹配。自媒体上涌现的抗争、网络公共事件等,从反面显露出线下政治传播的功能局限。因此,从本质来看,线上政治传播是在技术条件满足的情况下对线下政治传播功能不足的补充。当然,也正是因为技术的局限性,线上政治传播也同时存在不稳定性和不确定性。研究政治秩序的塞缪尔·P.亨廷顿(Samuel P. Huntington)较早地发现了这一问题,他指出,社会经济发展、教育的提高、大众传媒的推广增加了政治要求,拓宽了政治参与,在此种情况下,维护政治稳定关键的政治问题,是政治制度化的速度要赶上这些变革。[①]因此,政治传播新秩序的建构,应着重于对自媒体的民主逻辑的吸纳,促进线上政治传

---

① 参见:亨廷顿.变化社会中的政治秩序[M].王冠华,刘为,等译.沈宗美,校.上海:上海人民出版社,2008:4.

播的制度化，建立政治与社会之间通过线上线下双层良性互动的政治传播新秩序。

（六）参与沟通的机制转向

传统媒体时代的政治传播比较注重和依赖政治动员机制，但是，自媒体的应用与普及，激发了社会民众主动政治参与的热情，传统媒体时代自上而下的政治动员的强力政治意志推展受到阻碍，"受众"不再是被"魔弹"击中的"靶子"，政治动员通过组织和人际关系传播为中介实现的对受众的"规训压力"效果减弱，原有利用"象征符号"包装的高远宏大的政治议题的"激进"效果式微。随着政治动员式的政治传播机制的效能减弱，政治参与式的政治传播机制在政治传播新秩序中逐步占据主导地位。

新的秩序中，政治沟通和政治参与的关键在于其有效的"反馈"机制。这种政治参与不是建基于原有稳定组织之上，而是以传播过程中"弱联系"而形成的"弱组织"为实体进行集体行动。这种"弱组织"的"边界"和规模，在政治传播的过程中动态地形成。"弱组织"的灵活性和共享性与自媒体时代日益复杂的社会政治生态相契合。当然，基于此的政治参与及政治沟通，也具有明显的不稳定性，正因如此，如何在政治层面对其予以规范化、制度化，成为建构政治传播新秩序的重要内容。

（七）情感意见的高度聚合

美国学者卡尔·多伊奇（Karl W. Deutsch）曾把公共舆论的形成比喻为"瀑布模型"：一条政治信息的传播犹如一条澎湃而下的瀑布，要历经经济、政治、社会精英、传播媒介乃至社会普通民众等在每一个层面上的打断、改造、演化、诠释、反馈，才能形成最后的舆论。① 这就是说，在传统媒体时代的政治传播秩序中，政治信息的流动永远是"一维性"的，被层层"把关"的政治信息，经过居于高位势能的"喉舌"性的官方主流媒体的定向传播，

---

① 参见：萨托利.民主新论［M］.冯克利，阎克文，译.上海：东方出版社，1998：105.

向受众"仆射"而去。在这种秩序中,强大的控制和定向使最后形成的民众的"政治意见"随着"瀑布"永远流向远方。

而在自媒体时代,基于互联网的社交媒体平台"拦截"了飞流而下的政治信息,信息经过民众的理性或非理性的选择、吸纳和认同,依托信息生产和传播的"蝶化"效应,形成种种"多元政治共识"甚至多种思想和理论上的"政治共同体"。自媒体时代的社交媒体平台,具有遍布大地的分散性,也具有跨越时空的"聚集"功能,本来分散的个体的"政治意见"会通过情感这个助燃剂高度聚集在社交媒体平台上。

通过迅猛发展传播技术而生成的"网络政治功能"是一把双刃剑,当它们所表达的政治意见和所谋求的政治目的与国家宏观政治理想一致或接近时,二者便会相向而行,成为一种政治正确的正能量;相反,一旦"网络政治功能"的诉求与国家宏观政治的理想反差过大,二者的能量就会相互抵触和磨损,在某种条件下,甚至会导致整个国家和社会的政治危机。

(八)政治目标的共生共享

麦克奈尔曾将政治传播界定为"关于政治的有目的的传播",这道出了政治传播达成政治目标的特性。政治传播既是政治目标实现的手段,也是过程,反之,达成某种政治目标既是政治传播活动的原因,也是结果。不同的政治传播秩序实现政治目标的过程不同,形成的政治目标也不同。

传统媒体时代的政治传播依赖根基于政治理想的意识形态,意识形态"提供理想未来的模式和美好社会的构想",[①]构成了政治目标的核心,这种预成的政治目标凭依政治意志借助媒介予以推展。这一点得以实现,主要得益于传统媒体的高门槛和低接近性。大多人被排斥在信息的接受、生产与传播之外,依靠传统媒体进行政治传播成为少数精英的垄断排他性权力;意识形态所形成的集体规训话语,构建了个人的"认知基模"(cognitive schemas);在政治信息的极端不对称与强力政治宣传双重作用下,"每个人的大脑都

---

① 海伍德.政治学[M].张立鹏,译.北京:中国人民出版社,2006:51.

是其他几百万个大脑的复制品",他们掌握的大多数观点皆来自"批发式的供应"。①

伴随着政治文明进步的自媒体的运用,正在逐步消解这种基于政治理想的、依赖灌输操纵的政治传播得以实现的条件。借助于自媒体,更多人已经参与到政治目标内容的讨论、政治价值的诠释甚至政治规则的制定之中,政治目标摆脱了被"提前预设"的束缚,在政治传播过程中得以"生成性"地构建、阐发、认可和同意。新秩序建构中,政治目标呈现出在共同参与的政治传播过程中逐渐生成的新趋势。这种"共生"与前面提到的政治传播的"公共性"本质相契合,意味着自媒体时代的政治传播秩序,将一改传统媒体时代灌输操纵的套路,成为一种"协商"式的"说服"。这一"说服"的过程,是一个角色融合的传者与受众之间的协商过程,是一个在协商中政治目标共生共享的过程。

(九)文明契合的价值转化

任何秩序都包含实体、关系、活动和价值四个要素。一般来说,一定的政治传播秩序总是以某种核心价值为轴心。置身于人类政治文明之中,不同时期的政治传播秩序的核心价值总是与同一时代的政治文明相呼应,也正是因为这种内在价值的契合,一定的政治传播秩序才得以形成和维持。在自媒体时代,这种契合或者不契合对于秩序的影响尤为显著。不同的政治文明,意味着政治传播秩序的核心价值追求不同。

传统媒体时代,民族国家的界限在政治信息层面保持着一定的独特性,特别是在政治控制严密的政体中,每一个独立国家或地区的发展和政治价值的建构具有一定的自主性,因而政治传播围绕的核心价值也更多地体现出特殊性。自媒体时代到来,这种地区的隔离和限制在信息交流层面被打破,不同政治信息的增加与较强的可接近性,撕开了原有维护政治文明特殊性的保护膜。文明在冲突与融合中,存在竞争也存在转化,其结果是某些特殊性被

---

① 伯内斯. 宣传 [M]. 胡百精,董晨宇,译. 北京:中国传媒大学出版社,2014:47.

赋予普遍意义，其他的要么消失，要么成为落后、野蛮的代名词，由此形成了不同于以往的政治文明博弈和融合的新环境。自媒体的强大势能，使得普通民众通过对比而形成的、积压在内心深处的渴望政治文明的激情迸发，并转化为追求行动。新的政治传播秩序，超越着过去狭隘的以民族国家为基质的"政治边界"，以向往和追求更高境界的人类政治文明为政治目的和价值目标。因此，在这场文明的竞争和较量中，旧有的政治传播秩序在价值层面受到严峻挑战。

（十）总体模式的类型蜕变

政治传播可划分为三种基本形态：政治宣传、政治沟通、政治营销。① 形态的划分既是对现实政治传播的抽象，也是对政治传播内部要素融合机理、运行特征的概括。这种划分属于马克斯·韦伯（Max Weber）的"理想型"意义上的，而不是对现实的政治传播的机械反映。现实中的政治传播的总体模式，无法归结为某种单一的形态。政治传播的总体模式，总是呈现出三种形态按照不同比例、不同重要程度的糅合状态，当然，这种糅合不是混乱而毫无规制的，而是有其根基和主轴的秩序状态。② 在不同的时代，受制于政治与传播的双重逻辑，政治传播会呈现不同的总体模式。当然，如前面我们所说，政治传播任何一种因素的质变，都可能使政治传播秩序跳出原有类型，同样，政治传播总体模式作为特定政治传播秩序所体现的内在机理的外在总体特征，"秩序"的重构无疑也会使政治传播"旧貌换新颜"。

传统媒体时代的政治传播总体模式，从单纯的理论上来看，可以说是以政治宣传为主轴、为核心的，政治沟通、政治营销为外围的"差序格局"模式，这种总体模式的内部结构因素和运行秩序，是传统媒体逻辑与政治逻辑耦合的结果。然而，现在，随着自媒体时代的到来，政治传播秩序大有跳出这种以政治宣传为轴心的"类型蜕变"之势。

---

① 参见：荆学民.政治传播活动论［M］.北京：中国社会科学出版社，2014：250.
② 这种"模式"的其总体性质和运行特征也是可以考量的，详细论证参见：荆学民，段锐.政治传播的基本形态及运行模式［J］.现代传播（中国传媒大学学报），2016，38（11）：8-15。

从理论上描述，自媒体逻辑下政治传播新秩序将改变传统媒体时代以政治宣传为核心的模式，转化为以政治沟通或政治营销为核心的总体模式。以政治沟通为核心的政治传播模式中，政治系统的运行基于民主，这种政治传播中，"主—客体"以自媒体为平台而界限模糊，也可以说，主—客体之间的传受角色存在互换与融合。这种政治传播中，政治信息的流动，既有自上而下也有自下而上，呈现双向、多维的沟通。当然，新的模式并不能完全脱离必要的政治宣传，全球化浪潮中也难免存在政治营销的因子和因素。

而以政治营销为核心的政治传播模式，则基于更加专业化、竞争化、商业化的政治之上。一方面，"政治主体之间建立起平等关系（至少是法理和形式上）"，"在政治事务领域确立起人民主权和民主程序的权威"；另一方面，竞选政治形成了"买方市场"主导的政治格局。① 政治营销融合市场化新理念、借助资本化新力量、依赖传媒发展新优势，致力于实现政府与民众更好地互动。当然，在这样的政治传播中，政治沟通与政治宣传依然存在，只是二者相对处于不同的辅助地位。

四、自媒体时代政治传播秩序变革的中国调适

根据2019年8月30日中国互联网络信息中心发布的第44次《中国互联网络发展状况统计报告》显示，截至2019年6月，中国的网民规模达8.54亿，互联网普及率达61.2%，手机网民的规模达到8.47亿，中国网民使用手机上网的比例达99.1%。② 由此可见，中国已经是一个进入"自媒体时代"的国家。面对自媒体时代政治传播秩序变革的冲击，中国的政治传播应从以下几个方面迎接挑战、主动调适。

---

① 参见：赵可金，孙鸿.政治营销学导论[M].上海：复旦大学出版社，2008：15-30.
② 中国互联网络信息中心.第44次《中国互联网络发展状况统计报告》[EB/OL].(2019-08-30)[2019-10-11]. http://www.cnnic.net.cn/hlwfzyj/hlwxzbg/hlwtjbg/201908/t20190830_70800.htm.

（一）高度自觉和理性判断现有以政治宣传为轴心的政治传播总体模式的被动性和局限性，确立政治传播秩序由"一元主体"主导到"多元主体"共享的总体理念

现有中国政治传播的总体模式还是以政治宣传为轴心的。从学理上讲，现代政治中的政治宣传有其一定的正当性与合法性，这种正当性与合法性，来源于人类政治"理想性""现实性"的双重属性及其张力关系。人类政治的理想性及其不断实现这种理想的永不间断的渴望和努力，决定了人类政治首先自觉或不自觉地选择政治宣传来推展自己的政治理想。政治宣传正是用政治的未确定的理想性来引领和感召受众，通过行动使政治的理想性不断地转化为现实。① 在中国，政治宣传担负着中国共产党人民革命、建设、改革、治理等合法性构建的重大使命。进入改革开放后的新时期以来，全球政治风起云涌，中国特色社会主义政治文明在全世界绽放异彩，中国的政治宣传也焕发出一定的新的活力，对全党全国人民的意志鼓舞和中国政治文明的国际影响力作出了不可磨灭的贡献。

但是，毋庸讳言，政治宣传的主导模式，总体上已然无法适应自媒体时代政治传播秩序变革的要求。第一，自媒体时代政治传播秩序中，政治宣传的"一元主导"的"一"对"多"的传播模式的效果式微，难以承担自媒体时代的现代政治对政治传播的基本要求，也与主宰当代社会实践主体的政治交往的主体间性及主体命运共同体的先进理念格格不入。第二，进入新时代的现代政治，在其理想性与现实性的张力关系中，"理想性"不断地减弱，现实性不断地增强，鲜活而具体的政治现实处于多变的不确定状态。在这种新的政治生态中，政治理想更加立足于现实、切近于现实、产生于民众、贴近于民众，从"既定"的政治理想出发的单向政治意志推展的政治宣传模式，已经难以取得预期的实际效果，因而无法担当现代政治传播的主角。因此，确立政治传播秩序由"一元主体"主导到"多元主体"共享的总体理念，是

---

① 关于政治宣传的更为仔细的学理性论证，参见：荆学民，段锐.政治传播的基本形态及运行模式［J］.现代传播（中国传媒大学学报），2016，38（11）：8-15。

自媒体时代中国政治传播应对挑战实现调适的基础和出发点。

就中国的政治传播而言，这种调适的难点在于，要从理论上正确认识政治传播秩序中的"一元主导""多元共享"的辩证关系。毫无疑问，任何政治传播秩序，都首先需要一元主导，如果没有一元主导，政治信息的生产和传播将陷入"无序"，也就谈不上什么政治传播秩序了；但是，一元主导并不意味着多元消亡，更不意味着一元独享。其关键在于：处于主导地位的一元主体的先在意识就应该是"多元"的，一元的主导，从"多元"出发又回归于"多元"，最终实现真正的多元共享。

（二）调适的重心是政治秩序与传播秩序耦合中的政治秩序，坚定不移地把新时代中国特色社会主义协商民主的秩序要求，贯通在新政治传播秩序的建构之中

自媒体时代政治传播秩序的变革，其实质是各种民主诉求通过传播甬道在政治领域中的共振。因此，自媒体时代政治传播新秩序的重心在于：在自媒体时代如何进一步实现民主、适应政治不断民主化的问题。英国学者克里斯汀·贝拉米（Christine Bellamy）等曾指出："对于21世纪的政府来说，由网络而引发的主要问题不是探讨网络技术能否推动民主，而在于现存的政治制度能否找到一种同信息通信技术联系的新形式，借以更新它的合法性，并在新的民主政治中适得其所。"① 这一点对于中国则尤为突出。中国没有采取西方那样的所谓民主体制形式，而是探索适合中国国情的人民当家作主的社会主义民主体制。协商民主是从较为抽象的"人民民主"下沉到现实民主运行的制度性安排。党的十九大报告中更加明确地指出："协商民主是实现党的领导的重要方式，是我国社会主义民主政治的特有形式和独特优势。"②

这种具有人类政治文明创新意义的政治体制，其本身就首先意味着一种

---

① BELLAMY C, TAYLOR J A. Governing in the information age [M]. Milton Keynes: Open University Press, 1998: 118.
② 习近平. 决胜全面建设小康社会，夺取新时代中国特色社会主义伟大胜利：在中国共产党第十九次全国代表大会上的报告 [N]. 人民日报，2017-10-28（1）.

崭新的政治秩序的诉求。自媒体时代政治传播新秩序，其"源头"在传播技术发展所带来的传播秩序的改变，但是，最终要形成新的政治传播秩序，则必须得到政治秩序的积极响应、有效吸纳和内在驱动。

对于中国的政治传播而言，现有的以政治宣传为轴心的总体模式中，媒介或媒体相对缺乏独立性，因而，媒介作为传播秩序的主变量，进而作为政治传播秩序的"活跃性"变量所带来的"动荡"效应，可能会集中在敏感的政治领域表现出来。就此而言，中国的政治传播，首先应该建构和夯实基于中国特色社会主义协商民主的政治新秩序，正面接纳基于自媒体的迅猛而来的新传播秩序的诉求，搭乘传播技术迅猛发展的时代快车，通过发挥新的政治秩序的特有优势，铸就一种政治传播新秩序。

（三）更新对政治传播"内容"的理解，扩充"政治信息"的内涵和包容量，使政治传播具有更为广阔的普适性

中国的政治宣传，更着力于国家政治系统的信息传播，更着力于党和国家政治意志和政治理想的推展，在传播内容的设置、设计和选择上更适合社会的政治精英。进入自媒体时代，传播技术的最大"赋权"，架起了一座过去从未出现过的国家与社会政治沟通的桥梁，普通民众通过自媒体越来越能直接地感受其置身于其中的"政治"。所以，政治宣传的调适，应矫正长期以来的"国家偏向"，向适应于国家政治与民众社会共通共享的更为广阔的领域调整。

要完成从"国家偏向"到国家政治与民众社会共通共享的调适，需要进一步在政治传播的内容上做相应的调整。理论上讲，政治传播的内容是政治信息，但政治信息有"议题""话题"之别。政治宣传中很讲究"议题"设置，一般来说，议题设置追求宏大高远的政治目标，并通过政治神圣化转化为一种政治象征和政治符号。政治宣传中的"议题"来源于特定的意识形态，通过政治宣传，特定的意识形态既成为政治控制的常态手段，又成为整个社会的"叙事框架"。诚如欧根·哈达莫夫斯（Eugen Hadamovsky）所言："事实上，从一开始就没有纯粹的宣传可言。宣传的目的就是要取得权力，宣传

只有被当成意识形态的工具才算取得胜利。若意识形态的工具被剥夺，将导致权力结构的瓦解。意识形态、宣传和权力三者不可分。"① 但是，在传统媒体时代，传播高远宏大议题的政治宣传越来越使意识形态陷入"空心化"运转。

与"议题"不同，"话题"来源于现实的政治生活，更接近社会，更贴近普通受众。它不一定是宏大高远的政治理想，因而人们没有必要将其神圣化为政治象征。但是，政治宣传中的"话题"并不是完全失去政治属性的街谈巷议甚至新闻八卦，"话题"仍然是政治的，这种"政治"更多来自老百姓的日常生活，是"民生政治"。

进入自媒体时代，博客、微博、微信等"微传播"形式的广泛使用，使政治传播开始从高大宏远形态走向弥散性的微观形态。那种来自宏大政治理想的政治信息，常常被现实中的种种政治诉求揉成了"碎末"，同时，来自现实政治生活的种种新生的政治诉求，又形成强大的"政治信息流"，稀释甚至"反冲"着那种高大宏远的政治理想。被自媒体赋权的"社会"，越来越具有强大的"政治构建"功能。茶余饭后、休闲养生，甚至娱乐八卦，都可能承载着政治信息，成为无所不在、无处不有的宏大政治的"神经末梢"，人们的日常生活领域已然成为"参政议政"的新场域、新形态、新途径。

（四）进一步解放思想，释放政治信息的生产权和传播权，激活政治传播秩序中媒体的独有能量

从传播学理论上讲，人际、媒介和组织三种传播渠道中，任何一个渠道都无法单独完成基于协商和沟通的政治传播。人际只能满足于个人微观层面的信息传播需要，媒介只能满足社会宏观层面的信息传播需要，组织介于两者之间，只能满足中观层面的信息传播需求。只有从微观到宏观相互联动才能满足整个社会的信息传播需求。三种传播渠道的耦合程度，决定着信息生产和传播的合理化程度，决定着整个社会对信息的接受和认同程度。

---

① 转引自：福特纳.国际传播："地球都市"的历史、冲突与控制[M].刘利群，译.北京：华夏出版社，2000：97.

如前所论，自媒体时代政治传播的格局正在由一元主体主导向多元主体共享转变，与此相应，政治信息的生产与传播权也正在由"垄断"向"共生"转变。中国特色社会主义协商民主制度的全面实施，新时代广大人民群众越来越卓有成效的政治参与，尤其渴望中国政治传播中政治信息生产权和传播权的调适。在这种调适中，传播技术迅猛发展中媒体的使命担当则显得格外突出。因为，在自媒体时代，"媒介不仅仅是其他消息来源的传输渠道，媒介的生产过程也是其建构讯息的过程"，当"媒介取代政党成为政治传播过程的中心，人们对媒介表现的期望值越来越高。同时，社会的变革趋向和多样化趋向、政治的不稳定性以及权力的分散化，都促使媒介在更困难的环境下达成事半功倍的效果"。①

相对来说，我们现有的政治宣传，仍然偏倚于过去的组织传播和人际传播。媒介虽然也扮演着十分重要的角色，但是始终没有成为政治信息流动的主要渠道，更不是独立的政治权力主体。媒介既无法阻断政治宣传主体与对象的直接关联而形成像西方政治传播理论中的所谓"媒介政治"，也没有资格以权力主体的身份对政治民主产生影响。

因此，在新的形势下，尚需要进一步解放思想，从顶层设计上把基于互联网的自媒体传播纳入政治传播的制度化渠道中来。在这一点上，斯科特·L.阿尔特豪斯（Scott L. Althaus）"责任政治学"中对"媒体角色"与政治体制"匹配性"的研究也许对我们有启发意义。他们针对西方政治体制中的"共和主义""多元主义""精英主义"三种模式，提炼出了不同模式下政府—公民—媒体的不同"匹配"和互动模式，认为在"共和主义"体制中，媒体在政治传播中扮演的是"策展人"，即媒体运用专业素养整合多元化信息和观点并提供权威解读；在"多元主义"体制中，媒体在政治传播中扮演的是"代言人"，即媒体秉持不同政治立场构成"彩虹光谱"，代表不同社群和民众发声；而在"精英主义"体制中，媒体扮演的是"秩序维护者"和"舆

---

① 布莱恩特，兹尔曼.媒介效果：理论与研究前沿［M］.2版.石义彬，彭彪，译.北京：华夏出版社，2009：160.

论调停人"。①

我们的政治体制虽然不能归结为所谓"共和主义""多元主义""精英主义",但在政治宣传中,媒体更多扮演着"秩序维护者"的角色却是事实。因此,在自媒体时代的中国特色社会主义协商政治的体制中,媒体应当向"策展人""代言人""秩序维护者"多角色融合转变。要做到这一点,从符合中国国情的角度看,突破点在于:将更多的政治信息投放于媒介渠道,并且赋予和开放媒介的政治解释和政治评论权力,以更好地实现政治信息在政治传播中的"蝶化"效应②。

(五)放眼世界,依托中国特色社会主义政治传播秩序的优势,为全球政治传播新秩序贡献中国经验

当今世界的政治秩序变动不居,与此关联的政治传播新秩序也在不断地形成之中。国际传播秩序的动变是以国际政治秩序的变革为基础、为动力的。中国在这一方面具有独特的优势。党的十九大报告指出:"中国特色社会主义道路、理论、制度、文化不断发展,拓展了发展中国家走向现代化的途径,给世界上那些既希望加快发展又希望保持自身独立性的国家和民族提供了全新选择,为解决人类问题贡献了中国智慧和中国方案。"③但是,众所周知,多年以来中国的"国际传播能力"不尽如人意,所暴露的问题恰恰是,中国的国际传播机制在世界传播新秩序中的地位,与中国政治在世界政治新秩序中的地位不相匹配。分析这一问题的原因可知,一方面,中国的国际传播机制没有把融入中国政治文明的优势和进步机制融入自身之中,因而也就无法充分地向世界展示中国特色的政治文明。另一方面,中国以往的政治宣传相对比较重视"内宣",许多旧有理念的阻隔和条件的限制,使得国际政治传播

---

① ALHANS SL. what's good and bad in political communication research? Normative standards for evaluating media and citizen performance [C] // The SAGE handbook of political communication. SEMETKO H A, SCAMMELL M. New York: Cambridge University Press, 2012: 97-112.
② 荆学民. 探索中国政治传播的新境界 [J]. 中国人民大学学报, 2016, 30 (4): 74-81.
③ 荆学民. 探索中国政治传播的新境界 [J]. 中国人民大学学报, 2016, 30 (4): 74-81.

与国内政治宣传脱节或者错位,导致中国的国际政治传播势能弱化,覆盖面缩减。

进入新时代,世界政治越来越显示出"不确定性",经济全球化的浪潮同时也冲低了政治的"国界",自媒体在传播技术也冲破了政治信息流动的"内""外"门槛。对于中国的政治传播来说,所谓"内宣""外宣"的界限在模糊、内容在融合。面对这种情况,党的十九大报告强调:"要尊重世界文明多样性,以文明交流超越文明隔阂、文明互鉴超越文明冲突、文明共存超越文明优越。"[①] 在中国"日益走近世界舞台中央"的新时代,中国的政治传播,应充分利用中国特色社会主义政治文明对全球政治新秩序的影响力,首先为新时代的全球传播新秩序注入中国元素、中国智慧、中国力量,进而使自媒体时代正在建构的世界政治传播新秩序展现出中国品质。

---

① 荆学民.探索中国政治传播的新境界[J].中国人民大学学报,2016,30(4):74-81.

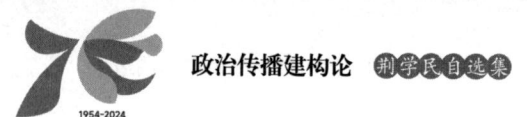

关于民主传播的理论探索*

阅读提示：举世公认，民主是个好东西，但绝非只有美国的民主或中国的民主才是好东西。民主，作为人类自古以来孜孜以求的理想，具有天然性的价值，因而，民主是值得广为传播的好东西。但是，现在人类社会的各个国家在民主制度的具体设计和运用上又各为不同，因而在民主的"传播"问题上举步维艰。本文集中论述了民主的传播问题，在政治学和传播研究中尚不多见。

关于民主的理论研究可谓汗牛充栋，但研究民主传播问题，或者说从政治传播的视角探索民主的研究成果却见之甚少。当然，研究者注意到了民主的传播在推进政治民主的进程中的重要作用，因而将其蕴含在民主的历史梳理或转型过程中予以观察和研究，但还没有将民主的传播作为一个单独的话题加以探讨。本文将以较为宏观的视野对民主的传播机制予以初步探索。

一、逻辑起点：民主信息的分层

民主的传播是指民主信息在政治共同体范围内的扩散、接受、认同、内化等有机过程，也即民主信息系统的运转。有学者曾将民主比作陀螺，认为民主只有像陀螺一样运转起来，民主才有效。同理，民主的传播也需要运转

---

* 本文原载于《政治学研究》2016年第3期，与于淑婧合作。

起来（其本身也是一个运行、运转过程），以驱动民主信息的交流、融合。民主的运转问题就是民主的传播机制问题。首先理解民主信息，也即传播视域下的民主，是进一步探讨民主传播机制的逻辑起点。从信源来看，民主信息的编码不仅来源于对民主实践的经验描述、总结，也来源于民主理论家的理论建构，还来源于人类对民主价值向往和追求中的想象。民主信息的不同层面既为理解民主提出挑战，同时表明民主不是铁板一块。对此，民主理论家达尔曾提出：民主问题涉及两种判断，即经验判断和价值判断。[1] 萨托利也曾提出经验民主与规范民主的区别。[2] 可见，面对这个复杂但重要的问题——民主时，宜于有不同的视角、分不同的层面。因此，本文亦采用分层的视角来理解民主信息。[3]

（一）经验层面

经验层面民主信息的形成，建立在经验判断的基础上，这种判断多数是对各种民主实践材料的感性判断，并在此基础上构建一种较低层次的理论总结和概括。首先，经验判断用来回答这些问题，像："我们能做什么？哪些正是我们所面对的？对于我们选择做 X 而不是 Y 的时候，那么这种选择将会出现什么样的后果？"[4] 对民主的经验判断则是，从政治运行中的政治制度、政治现象等元素中，运用较低层次的感性来判断哪些是民主的、哪些不是民主的，也即将民主信息与其他非民主的信息区分开。其次，建立在不同条件基础之上的民主具有不同的表现形式，经验层面的民主信息，往往是对一个地区、一个国家民主实际状况的描述和总结。所以，建立在经验判断基础上的民主信息，具有较强的地方性、国别性色彩。最后，从方法论的角度来看，经验层面的民主信息在从特殊性到普遍性的抽象路径中处于特殊性一端，还未达到具有更高概括性的程度，因此这也就使其解释力无法达到普遍的广泛

---

[1] 达尔. 论民主[M]. 李凤华, 译. 北京：中国人民大学出版社, 2012：24.
[2] 参见：萨托利. 民主新论[M]. 冯克利, 阎克文, 译. 上海：东方出版社, 1998：17.
[3] 这里参考荆学民对政治价值"三个级态"的划分。参见：荆学民. 政治传播活动论[M]. 北京：中国社会科学出版社, 2014：107-108.
[4] 达尔. 论民主[M]. 李凤华, 译. 北京：中国人民大学出版社, 2012：24.

程度。所以，经验层面的民主信息较为直观，并具有较强的特殊性或较弱的普遍性。

（二）规范层面

与经验层面的民主信息面向现实不同，规范层面的民主信息一般面向的是未来，是理想。但是，其又没有"终极层面"民主信息（下文将涉及）的抽象程度。其涉及的信息是"民主应该是怎样的""怎样的政治是民主的"。这就意味着规范层面民主信息的编码，离不开民主判断标准这个问题。因此，研究民主的学者总是会提出一系列的民主标准。例如，美国学者达尔提出了民主的七大要素、五项标准。① 中国的学者俞可平则提出了民主的六个标准：普选、参与、法治、透明、人权、责任。② 与经验民主的经验判断基础不同，民主标准的形成过程不是对感性材料的简单归纳、总结。其思维历程呈现一种双向交织又曲折上升的形态：既基于感性材料，又用理想民主价值对感性材料所体现的价值予以审视。可以说，规范层面的民主信息赋予了民主以批判性。现实政治被这一层面的民主信息所检验，并通过对照而找到其想要的东西，③ 即规范层面民主信息具有框范民主、指引民主发展的作用和目的。因此，规范层面的民主信息已经超越了经验民主信息的表面性，既抓住后者的本质，又不囿于其中，既深入后者的核心，又跳出来站在价值高地对其进行审慎的思考。这种来源于经验又超越经验层面的民主信息，因其方法论上更高层次的理性、抽象，也决定了其比经验层面的民主信息概括性更高，解释力更强。

（三）政治文明层面

所谓政治文明是指"人们改造社会所获得的政治成果的总和。一般表现

---

① 参见：达尔. 民主及其批评者：上［M］. 曹海军，佟德志，译. 吉林：吉林人民出版社，2010：17-18.
② 俞可平. 民主与陀螺［M］. 北京：北京大学出版社，2006：25-26.
③ 参见：景跃进，张小劲. 政治学原理：第二版［M］. 北京：中国人民大学出版社，2010：380.

为人们在一定的社会形态中关于民主、自由、平等、解放的实现程度"。[①] 政治文明是人类共同、共享的政治成果,其中,民主不仅是政治文明的组成部分,也是衡量政治文明的一个重要标准,因此,民主信息的最高层次或者终极层面是以政治文明的形态表现出来的。作为人类共同、共享的政治成果,政治文明具有抽象性,这就意味着处于政治文明层面的民主信息也是抽象的,具有十分广泛的解释力度和规范力度。当然,这不意味着政治文明层面的民主信息是"远离人类生活的虚无表面的精神幽灵",是人类大脑臆想出来的乌托邦。实际上,其不仅以经验和规范层面的民主信息为基础,而且超越了其地方、国别特殊性色彩以及有限的解释、规范力度。在高度上,政治文明层面的民主站在了全人类命运共同体之上,是对全人类政治的思考与规范,它根植于人类思想感情之中并联系于人类的价值追求和目标理想。这一高度决定了政治文明层面的民主已经从意识形态、政治性中挣脱出来,获得了人类性的属性特点。在深度上,政治文明层面的民主深入人性之中,是人性对自由、平等的需要和向往在政治共同体中的展现与放大。正因为人性如此,政治共同体与人类共同体才得以塑造为如此结构,才得以以这样的方式运转、发展。这体现了这一层面民主的人性属性特点。人类性—人性这两方面构成了政治文明层面民主的本质属性——民主实际上是"非政治冲突性"的,[②] 因此,对民主的认识应该去除政治、阶级、种族、意识形态等方面的有色眼镜,应看到其本质属性,站在它的高度和深度思考人本身和人类共同体本身的需要和发展。这也就是说看到政治文明层面的民主人性—人类性属性所决定的其普适性的意义。从信息的角度来看,这意味着政治文明层面的民主信息最具抽象性,同时也最具普遍性意义。

[①] 中国大百科全书总编辑委员会.中国大百科全书:政治学卷[M].北京:中国大百科全书出版社,1992:504.
[②] 参见:荆学民.国际政治传播中政治文明的共振机制及中国战略[J].国际新闻界,2015,37(8):6–19.

（四）三者之间的关系

萨托利对民主的经验理论与规范理论之间关系的论述，有助于我们对这三者关系的理解。首先，规范层面的民主信息是一个宏观理论，而经验层面的民主信息对于它打算验证的通则——规范层面的民主信息来说太微观了，前者很难证实或驳倒后者。因此，当经验层面的民主信息与规范层面的民主信息相悖时，并不意味着规范民主信息是错误的。其次，"民主是什么"同"民主应是什么"分不开。规范层面的民主信息有助于使我们总是面对着理想——民主应是什么？其对经验民主信息具有规范意义。最后，民主制度的建立是价值压力的产物，从某种意义上来说，民主是一种"目标政体"，它是一个不断发展的民主过程，民主是从其理想和现实的相互作用中，从应然的推动力和实然的抗拒力的相互作用中产生和形成的。[①] 因此，民主信息不是一旦形成就不变的，而是将经历一个不断更新、否定之否定的过程。但这一过程又不是随意的，其最终受到民主政治文明价值的指导和框范。从这三点可以看出，经验、规范与政治文明层面的民主信息并不是将民主分为不同的三种，而是为了更好地以一种完整而又辩证的视角来理解民主信息。这种区分意味着民主信息复杂性中存在可知性，体现的是对这种可知性的肯定和尝试。这三者之间的关系，提醒我们在进行民主传播时：既要看到经验层面民主信息的具体性、多样性，又不能忽视民主的基本原则和共同特征，以及受更高层次一致性价值的指引；既怀有民主的理想和价值追求，又不忘只有其付诸实际才真正具有实际意义；既看到民主的时代必然性，又看到民主本身意味着人类民主政治的不断探索和前进。而这一切都离不开民主的传播，也同样是一个民主传播的过程。

二、民主传播驱动：动力与阻力

民主的传播，传播的是民主信息，而民主信息的传播运转离不开驱动力。

---

① 参见：萨托利.民主新论［M］.冯克利，阎克文，译.上海：东方出版社，1998：8-9.

"传播动力学"是由美国学者多米尼克在《大众传播动力学》一书中首次提出的。目前,有研究将传播动力分为三个方面:一是传播主体动力;二是传播本体动力;三是传播媒体动力。[①]除这三个方面之外,传播所处的环境也构成了传播活动的力量场域。所以,民主传播的驱动可分为四个方面。

(一)民主传播的主客体驱动

从传播目的来看,人的发展有传播和吸纳信息的"需要"。这种需要不仅来源于传播主体通过信息的传播得到认同的需要,也来源于传播客体通过吸纳新的信息发展自我的需要。正如历史学家斯塔夫里阿诺斯在考察人类不同种族发展程度的差异时指出的:"造成人类发展水平不同的关键是不同种族的易接近的程度。那些最有机会与其他种族相互影响的种族,是最有可能处于领先地位的。"[②] 同理,传播主客体对民主信息的传播和吸纳成为民主信息得以传播的巨大动力之一。现代民主经历200多年的时间,逐渐成为各个国家普遍追求的价值,民主的这一纵向和横向的传播,其动力首先就是传者和受众对民主信息有意识的传播和吸纳。

(二)民主传播的本体驱动

民主传播的本体动力主要体现在对民主信息的开发和共享上。民主在实践和理论两方面的形成、发展、完善是民主传播本体动力的具体历史体现。从理论方面来看,雅典民主实践、碎片化的民主理论的历史传播是现代民主的理念来源;[③] 近代思想家对"人民主权"原则的论证、"代议制"理论的构建、"政党政治"理论的概括等等论证了民主理论上的合法性、正当性,为民

[①] 张方敏.传播动力新论[J].新闻爱好者,2011(12):4-5.
[②] 斯塔夫里阿诺斯.全球通史:从史前史到21世纪[M].7版.董书慧,等译.北京:北京大学出版社,2005:340.
[③] 雅典虽然长期实行民主政治,但没有留下系统的民主理论,而古典时代反对和批评民主的观点,却以相对完整的理论形态流传下来,这对后世理解民主和重构民主发挥了难以估量的影响。具体参见:李剑鸣.世界历史上的民主与民主化[M].上海:上海三联书店,2011:219-220。

主提供了实际上的合理性，促使民主理论对近代民主实践更具指导性；而新时期的思想家提出的"多元民主""协商民主"等理论也为规范民主提出了新的理论思路。民主理论的系统性，完善了民主信息，增加了民主信息的可信度和权威性，为民主的传播奠定了基础，同时，进一步完善理论的动力，也驱动着来自各个方面的民主信息的传播、交流。从实践方面来看，尽管古希腊的古典民主实践与现代民主大不相同，但是其民主实践使民主不仅仅是一种理念，更是一种政治存在，这种来自民主历史传播的记忆，无疑激励、鼓舞着民主的传播。

无论怎样，20世纪的民主化，不仅本身就是民主共享的结果，同时为民主信息的开发提供了丰富的经验材料。从传播内容来看，得以传播的信息必然是被"需要"的信息。这体现了信息本身所具有的传播意义。其体现在民主信息上，即民主的价值意义和工具意义。首先，从民主理念的形成、理论的构建过程来看，民主与自由、平等是分不开的。一方面，达尔在分析民主时往往将政治平等的逻辑作为民主的起点，其中体现了人们希望通过民主来平等地获得制度化的利益诉求表达渠道的追求。另一方面，西方的二元社会体系是民主实践和理论发展的社会背景，这说明民主本身承载了人们对自由的追求、对强权的"幽暗意识"。[1]因此，无论在实践还是理论上，民主与平等、自由这些人类向往的价值密不可分。人类对民主价值以及与之相关的平等、自由等价值的追求，是人们赋予民主信息的价值意义，也是驱动民主传播的强大动力。其次，民主的工具意义也即民主传播的社会正效用也驱动着民主的进一步传播。达尔曾总结出"民主的十大优势"：1. 避免暴政；2. 基本权利；3. 普遍自由；4. 独立自主；5. 道德自主；6. 人类发展；7. 保护基本人权；8. 政治平等；9. 谋求和平；10. 繁荣。[2]尽管对于民主是否与这10个方面有直接的因果联系，学界有很多研究，并存在争议。但民主确实直接或间接地与以上几个方面具有不可忽视的相关性。这种工具意义也成为民主传播的动力。

---

[1] 参见：张灏. 幽暗意识与民主传统［M］. 北京：新星出版社，2010.
[2] 达尔. 论民主［M］. 李凤华，译. 北京：中国人民大学出版社，2012：33.

（三）民主传播的媒体驱动

媒体传播技术的不断创新，无疑促使着传播过程的加速和传播范围的扩大。其为传播活动提供了物质保障。同时，随着媒体的产业化、独立化，媒体突破了单一媒介功能的束缚逐渐赋予了独立于传播主、客体的信息制造者和传播者的功能。媒体自主性的大大提高，为媒体推动传播过程提供了动力，这种动力蕴含在对商业利益和公共利益的追求之中。对于民主信息来说，20世纪末信息技术的发展、全球信息传播系统的形成等，是民主在这一时期得以传播不可忽视的媒体动力。

（四）民主传播的环境驱动

民主的传播作为一个系统，其系统之外构成了民主传播的外界环境。从传播动力视角来看，这个外界环境形成了影响民主传播的力量场域，这些力量内涵于政治、文化、经济、技术等因素中，因此，在不同的时期表现出不同的合力特点。以20世纪末为例，近代民主历程经历了抵制运动、叛乱、国内战争、革命等，曾一度达到崩溃的边缘，直到20世纪末，民主的传播才呈现一片广泛繁荣的景象。对此，很多学者研究认为民主得以传播，很大程度上源于其有利条件在全世界范围内得以广泛确立。达尔认为这些有利条件包括：1.对民主怀有敌意的外部力量干预减少了，主要有殖民帝国、极权主义国家、军事独裁统治等；2.反民主信仰和意识形态的实践失败使其失去吸引力，民主成为人心所向；3.市场资本主义制度在国家间广泛传播；4.一致同意的制度安排缓和了多元文化分裂可能带来的冲突。[①]亨廷顿则认为"第三波浪潮"的传播动因在于：1.威权体制合法性问题日益加深；2.全球性经济成长；3.国家教会角色的转变；4.欧盟及美国政策上的变化；5."滚雪球"或示范效应。根据两位学者的研究，可以看出，这一时期，民主传播的动力主要来源于：第一，非民主和反民主信息阻力的减弱；第二，全球化市场经济的推动；第三，文化动力；第四，宗教动力；第五，民主传播主体的推动和示

---

① 参见：达尔.论民主[M].李凤华，译.北京：中国人民大学出版社，2012：137.

范；第六，民主信息受众的模仿。其中，前四项就属于环境动力。

（五）民主传播的阻力

环境驱动所形成的"合力"是一个聚合着来自各个方向的动力或阻力的场域。在民主的传播中，动力驱使着民主的进一步传播，阻力则阻碍着民主的传播，因而这种合力或驱动或阻碍着民主的传播运行。有动力的地方也会有阻力，某种条件下的动力在其他条件下也会成为阻力，阻力虽然阻碍着民主的传播，但同时为规范民主的传播提供了缓冲带，阻力在不同的时期具体体现不同。就目前来看，本文认为现实的民主传播阻力主要体现在两个方面。

一是来自传播内容的阻力。20世纪末，"民主"一词"广受赞誉"，被广泛传播和使用。"然而，一个词使用的人越多，传播的范围越广，其含义也就必然变得越复杂，乃至发生混乱。"[1] 萨托利就指出，我们的这个时代是一个"民主观混乱"的时代。[2] 民主观是民主传播的内容，而目前民主观的混乱是民主传播历史的不良结果。其体现出一种回避民主价值同时又将民主政治工具化的矛盾状态。一方面，民主倾向于成为一种无所不包的符号象征，这一倾向十分危险。因为，无所不包意味着无所指、无所是，从而使民主失去了本身的实质价值。这显然是一种"将什么都看成民主从而使民主什么都不是"的民主观。另一方面，与上述危险的民主观一体两面的是过分狭隘的民主观。"民主"这个词被赋予了某种正义、合法性的象征，因此成为一种政治宣传和政治标榜工具。那些非民主的统治者"被迫用民主的说词来证明其政权的正当性，并声称他们的政权是真正民主的，或是一旦他们能够处理好该社会目前所面临的紧迫问题就会在将来变得民主"。[3] 总之，他们成了自身"民主"的传播者，努力宣传自己的所谓"民主"证据，认为自己的民主才是真正的民主，同时运用各种信息和理由拒绝成为其他民主信息的受众和被影响者，

---

[1] 李剑鸣.美国革命时期民主概念的演变[J].历史研究，2007（1）：130-157，191-192.
[2] 参见：萨托利.民主新论[M].冯克利，阎克文，译.上海：东方出版社，1998：7.
[3] 亨廷顿.第三波：20世纪后期的民主化浪潮[M].欧阳景根，译.北京：中国人民大学出版社，2013：56.

拒绝民主信息的交流，这无疑是一种逆民主传播趋势的行为。"我们的观念是我们的眼镜"，"错误的民主观将导致错误的民主"。[①] 民主观的混乱不仅将诱使民主化步入歧途，也成为民主进一步传播的阻力。当然，来自传播内容的阻力也具规范价值，其启示意义在于：民主的传播内容应趋于更为包容、理性的民主观。

二是来自传播主客体的阻力。按照民主信息由信息主体传递到客体的过程是自发的还是刻意的，民主的传播过程可以分为自发的传播过程和人为的传播过程。对于前者，正如上文所说，先行走向富强的民主国家将成为后起的民主化国家的榜样，发挥示范效应。从信息角度来看，信息的流动一方面由于存在各种传播媒介，为信息流动提供了流动的"河床"，另一方面则因为信息存在着"势位差"，处于"信息流"上游或源头的是少数发达的国家，而处于"信息流"下游的则是弱势的广大新兴国家或民主转型国家。[②] 这种信息的"势位差"，使得信息从上游或源头国家流向下游弱势国家。对此，亨廷顿也指出，民主的"普及性在很大程度上依赖于对那些世界上最强大国家的规范的认同"。[③] 对于后者，很多"原生型民主"[④] 国家和地区，比如美国、英国和欧盟等，则把"输出民主"作为一种外交战略，成为民主信息的主要传播主体。从民主传播的效果来看这两个过程，新兴民主国家或民主转型国家主动成为民主信息的接受者，必然会根据本国的国情和需要对民主信息进行有针对性的选择。因此，民主信息的接受、认同会有一定的效果。然而，信息"势位差"的存在决定了这些民主信息的受众很难成功升级为民主信息的传播主体，这无疑不利于打破民主信息的不对称甚至垄断局面，也阻碍着民主信息的交流。而后者，由于民主的传播主体是出于某种目的进行传播，对民主

[①] 参见：萨托利. 民主新论[M]. 冯克利，阎克文，译. 上海：东方出版社，1998：8-9.
[②] 参见：胡键. 信息霸权与国际安全[J]. 华东师范大学学报（哲学社会科学版），2003（4）：34-39，122-123.
[③] 亨廷顿. 第三波：20世纪后期的民主化浪潮[M]. 欧阳景根，译. 北京：中国人民大学出版社，2013：56.
[④] "原生型民主"与"移植型民主"相对应，前者指在一个国家和地区自发逐渐形成的民主；而后者指本国和地区原本没有民主，是从其他国家和地区移植到本国或本地的民主。

信息会根据自我需要或依据简单性原则进行选择性的传递，而处于不同被动程度信息接受状态的不同受众，对于信息的接受、认同、内化效果会呈现很大差异，而且，这些民主信息本身是否能在信息接受国家和地区促进民主化也很难把控。从民主传播的内容来看，美国传播的主要是民主的制度，而忽视民主的理念和价值，①也很少考虑输入国的文化传统和社会现实。因而"移植型民主"的运行和巩固往往会面临严峻考验，甚至面临政治危机。目前，民主的传播面临着来自民主传播主、客体的阻力。这一阻力本质上来源于传播主、客体对民主传播问题的认识不到位。这一点的规范意义在于，应规范民主传播主、客体对民主传播运行机理的认知。

民主传播受到多种因素的制约和推动，其中有必然因素，也有偶然因素。曲折的民主传播历史正是两者或抵消或强化相互作用的结果；当然，这些因素中有阻力也有动力，而民主得以传播，得益于其中的动力远远大于阻力，两者的合力表现出的是一种驱动力，强有力地驱动着民主的传播。从深层次来看，不论是民主传播的阻力还是动力都是由人推动和创造的，也即阻力和动力都源于人对民主的认知、态度和行为，人类自身是民主传播的动力源泉、民主传播的驱动主体。

三、民主传播运行轨迹：分层与整合

民主传播的驱动为民主传播提供了运转动力，那么，民主信息在这样的驱动下又是如何传播的？其传播运行轨迹呈现出怎样的特点？这些问题回答的就是民主按照和应该按照怎样的运行轨迹有效传播的问题。从民主传播的定义可知，民主传播抽象层面的运行，体现在民主信息的扩散，以及民主信息被受众接受、认同和内化之中。民主传播的运行是一个开放性的系统，其既与外界有着千丝万缕的联系，又有着自身的运行逻辑。这种逻辑既来自民

---

① 参见：王海洋.美国民主推广战略及其在民主化理论下的审视[J].理论与改革，2014（5）：33—36.

主信息本身的特性，也来自民主传播阻力、动力的合力驱动。民主信息在不同层次上体现的不同程度的特殊性和普遍性，决定着民主传播的分层趋势；而民主传播来自各个方面的合力又驱动着民主传播的整体性和整合趋势。

（一）传播的分层轨迹

来自不同层面的民主信息，具有不同的抽象程度，因此也具有不同程度的特殊性和普遍性，不同的概括力和解释力。民主信息的这种特点，决定了民主传播的运行不同于一般的政治传播。

第一，民主信息的特点使民主在不同层面上具有不同的解释力；从民主信息的受众来看，民主信息的特点也使受众对不同层面上的民主信息呈现不同的"解码立场"[1]。综合起来看，这两点意味着民主信息在不同的层面具有不同的可传播性：其一，经验层面民主信息的可传播性相对较弱。因为，经验层面的民主信息被厚厚的具体的、特殊的政治现实所包裹，其难免受制于特殊的现实环境，只有在这个环境中，其才具解释力，失去了这个环境，其解释属性和参考价值便大打折扣。在受众解码时，由于对编码经验层面民主信息外界环境的陌生，受众难以进行有效解码，甚至出现对抗或错误的解码立场。其二，与经验层面的民主信息相比较，规范层面的民主信息则具有较强的可传播性。规范层面民主信息的抽象性已经使其在某种程度上摆脱了实际政治现实的控制，超越了地区、国家的特殊性，较少受现实环境的制约，而具有一定程度的普遍性和较强的解释力。因而，受众在对规范层面民主信息进行解码时，也会较少受到意识形态、国别性、政治性等因素的影响，而采取较为包容、理性的解码立场。其二，政治文明层面的民主具有最强的可传播性。正如上文所说，政治文明是人类共有、共享的政治资源、政治财富。政治文明层面的民主信息也不应分国界，而应打破意识形态、地缘政治等坚硬的外壳，滋养所有的人类政治。这是由其人类性——人性的属性所决定的。

---

[1] 霍尔认为受众对于信息的解码有三种立场：1. 占主导统治的解码立场；2. 协商式的解码立场；3. 对抗式的解码。详见：麦克奈尔. 政治传播学引论 [M]. 殷琪, 译. 北京：新华出版社，2005：32.

政治文明层面的民主具有最强的解释力。其本质属性也决定了受众对其信息的解码倾向于采用积极、主动的立场。

第二，不同层面上民主信息可传播性的不同，使民主在不同层面上的传播运行轨迹也不同：其一，经验层面民主信息较低的可传播性，意味着其只有在处于同质或相似的现实环境下的传播主客体之间进行传播的可能和必要。其二，规范层面民主信息可传播性较强、较广，在外界环境具一定程度差异的传播主、客体之间也可传播。规范层面的民主信息的传播轨迹，较少受外界环境的制约和束缚，传播范围也较广，传播轨迹呈现出较小曲折的形态。其三，由于政治文明层面民主的本质属性，这一层面的民主信息具有最强、最广泛的传播性。其传播运行趋于自发的过程，不需要传播主体刻意传播，受众也会主动成为自身的民主信息传播主体。因此，政治文明层面的民主传播轨迹不易受到外界的束缚和制约，传播范围较广，传播轨迹呈现出较为平滑的形态。

最后，从整体上来看，民主信息在不同层面上不同的传播形态使民主传播整体上呈现出分层的传播轨迹。这一点既是基于经验的抽象描述，又具有很强的规范意义。民主信息在不同层面上的不同可传播性，意味着在进行民主传播时应对丰富的民主信息进行认知和区分，明确其所属的层次以及其可传播性，认清其传播范围，按照民主的分层传播轨迹进行传播，以减少民主信息传播的阻力，最大化地利用其传播动力，实现民主信息最大可能地扩散、接受、认同和内化。

（二）传播的整合运行

民主的传播虽然呈现出不同的层次轨迹，但民主传播驱动所呈现的合力驱动却同时作用于这三个层面，并促使三个层面之间相互作用、相互借力。因此，民主传播的三个层面不是割裂的、对立的、不可超越的，而是可以相互转化的；同时，三者整合在一起组成了民主传播的有机整体。

第一，三者的转化体现在：一是对经验层面的民主信息进行归纳、抽象，从其特殊性中找到普遍性，那么民主信息的经验层面也可以上升到规范层面；

二是较为广泛传播的规范层面的民主信息,在指导民主政治实践时也需要根据外界环境下降到经验层面,以提高其可实践性;三是政治文明层面的民主具有统领功能,它对经验层面和规范层面的民主信息具有规范意义,防止民主信息的无限增加,划清民主信息与非民主信息之间的界线。而反过来,经验层面的民主和规范层面的民主信息包含着民主政治文明的价值,也正因为此,这两者也具有了不同程度的普遍性,这种不同程度的普遍性进一步赋予二者不同程度的可传播性。

第二,以分层的视角来考察民主信息,并不是要将民主信息分开,而是为了分析、思考、解决问题从逻辑上进行的分立。毋庸置疑,这三者都属于民主这个大整体。同理,尽管在三个层面民主的可传播性以及传播轨迹不同,但这并不意味着传播的不完整性,实际上,民主的传播运行是一个有机的、动态的整体。规范层面民主的较高可传播性,建立在经验层面民主信息的完整性、成熟性、系统性之上。政治文明层面的民主不是空穴来风、异想天开,其离不开规范层面和经验民主信息的坚实基础。民主的传播在三个层面上尽管呈现出不同的传播形态,但三者的传播整体上互相依存、互相借力。因此,民主的传播在轨迹上呈现分层,但在运行时这三者是整合的,本质上属于一个不可分割的有机的、动态的传播整体。

第三,不同层面民主传播的相互转化与形成有机整体意味着,民主传播是一个分层与整合的辩证统一体。其规范意义在于:既需要先分开地观察、详细理解各个层面民主信息的特点,又需要看清三者之间相辅相成、相互依存的关系,整合民主信息,整体把握、完整传播。这意味着,民主传播应充分运用三者的转化关系进行整合传播。从最高层级来看,民主传播的理想状态是民主信息的交流,从机械原理上讲,就是民主信息的共振。共振是借用物理学的概念,共振理论的核心是不同事物之间要有共同的基础、轴心和频率,才能通过共振形成共鸣。[1] 信息只有达成共振,才能被接受、认同和内

---

[1] 参见:荆学民. 国际政治传播中政治文明的共振机制及中国战略[J]. 国际新闻界,2015,37(8):6–19.

化。而正如机械上不同的事物只有具有相同的基础、轴心和频率才可以实现共振一样，民主也只有在相同的层面才能传递、互动、共振、交融。不同主体不同层面的民主信息，属于不同的维度，不仅难以找到共性，也无法实现交流互动，更谈不上共振、交融。而民主信息从较低层面可以转化为较高层面则使这种传播共振得以实现：经验层面民主的弱可传播性使得其不易被接受、认同，更难被内化，这需要将经验层面的民主信息进行重新加工、升级，从其中提炼出更高层面的民主信息，提高其可传播性，进而提高民主信息的传播和共振的可能。同理，对规范层面的民主信息进行提炼，萃取出其政治文明层面的民主信息，其可传播性也将得以提高，并具有大大扩展了其传播、共振的范围。因此，较低层面的民主信息在不同的主客体之间进行传播时，应尽可能精准提炼为更高层面的民主信息，以实现民主信息的共振交融，丰富民主政治文明。

四、民主传播效果：认知、认可与行动能力

民主的传播效果是对民主传播机制整体运行结果的评价，同时也为民主传播机制的优化提供了思考视角。一般认为，传播的效果分为宏观的和微观的。人类自身是民主传播的动力源泉、民主传播的驱动主体，当然也是民主传播效果的承载主体。根据学者们大体一致的看法，传播效果可以分为不同的层面，依其发生的逻辑顺序或表现阶段可分为：认知层面的效果、态度层面的效果、行动层面的效果。[①] 从民主传播的定义可知，民主传播过程的落脚点是民主信息的接受、认同和内化，这也道出了民主传播效果的三个层面：对民主的认知、认可态度以及意愿和能力。

（一）民主认知

外部信息作用于人们的知觉和记忆系统，引起人们知识量的增加和知识

---

① 参见：郭庆光.传播学教程［M］.北京：中国人民大学出版社，1999：188–189.

构成的变化，属于认知层面上的效果。①20世纪末，民主成为一个"家喻户晓"的词。"民主"是指"人民的统治"——这一民主的元价值也被广泛接受。②可见，民主的传播已经达到了人们对"民主"这个词本身以及其元价值有了广泛认知的效果。

（二）民主认可

民主传播在心理和态度层面上的效果是指在对民主认知的基础上，民主信息作用于人们的观念或价值体系而引起情绪或感情的变化。当然，民主的传播在态度和感情上所应达到的效果是对民主的认可。由于民主信息的复杂性，对民主的认可不是所有人对所有民主信息的认可。从本质来看，民主的认可是指对民主价值、民主观念的认可和共识。这个问题涉及三个方面：首先，何为民主价值？此问题的回答有三条路径，一是面向过去，从民主的理论和实践发展史中去寻找；二是面向现在，从民主的经验中寻找；三是面向未来，从民主理想中去寻找。无论选择哪条路径，尽管这三方面所体现的民主价值有重叠也有不同，但是其都指向民主的元价值。其次，民主价值的认可和共识不是价值的整齐划一，理性的多元和学说的多样已经成为一种趋势，达成民主的价值认可不是去除这种多元和多样，而是在这种多元、多样中尊重差异，但同时又存留底线，在正义与自由之间达到平衡。民主是分层次的，民主的价值共识也是分层次的，比如，元价值层次、延伸价值层次、附加价值层次等；只有同一层次的民主价值才能达成共识，不同层次的价值不仅不具可比性，更不可能产生共识。民主的价值认可和共识也存在程度上的区分，一般情况下，对元价值的认可程度要高于延伸价值和附加价值的认可。最后，价值共识意味着通过沟通、协商的方式达成一致，因此，对民主的价值认可和共识的达成不是一个强制、暴力的过程。民主政治的形成实际上也是某种

---

① 所谓元价值是指那种能够令次一级的其他延伸价值和附加价值赖以为基础的、具有准则性质和核心地位的观念。参见：郭庆光. 传播学教程 [M]. 北京：中国人民大学出版社，1999：188-189.

② 余逊达，徐斯勤. 民主、民主化与治理绩效 [M]. 杭州：浙江大学出版社，2011：127.

层面民主价值达成共识的结果,可见,只有通过沟通、协商的方式才得以达成民主价值共识,也才得以实现民主的建立和巩固。即,民主价值共识实现的最好方式是"民主"。进一步来看,这种达成民主共识的"民主"方式不是临时的,而是持久的、制度化的。正如罗尔斯所说,"仅仅把民主政体当作一种临时协定来加以接受是不够的。相反,它们必须把民主政体当作为社会各成员达成一种合乎理性的重叠共识之政体来接受才行"①。民主价值的认可和共识达成的过程,既是民主传播的效果,也是一个民主传播的过程。因此,这一过程的非暴力性也决定了民主传播过程的非暴力性。

(三)民主意愿和能力

对民主价值、观念情绪、态度上的变化通过人们的言行表现出来,即构成民主行动层面上的效果。这一效果的达成包括两个方面:一是具有实践民主的意愿;二是具有民主实践能力。在行动层面上,民主传播的效果只有这两个方面同时达成,才能促成民主的行动,缺一不可。当然,民主意愿的形成和民主能力的提高并不仅仅依靠民主的传播,传播学中"有限传播"理论也表明了传播作用的有限性。

从目前来看,民主传播取得了一定的效果,但仍存在各种各样的问题和阻力。制约传播效果的因素是多种多样的,主要可分为传播主体、传播内容、讯息载体、传播技巧、传播对象等。这样,对民主信息的分层理解、民主传播的驱动以及分层与整合的民主传播研究,为提升民主传播的效果提供了一个思路。这主要涉及传播主体、传播内容、传播技巧、传播对象四个因素。以上主要从较为宏观的视角对民主的传播机制问题进行了研究,围绕民主传播的问题还包括很多其他方面,这需要进一步的探讨和深入。

---

① 罗尔斯.政治自由主义[M].万俊人,译.南京:译林出版社,2011:23.

论政治传播的公共性*

阅读提示："公共性"是政治学和传播学中最重要的学理问题，因而也是政治传播中必须说清楚的问题。"政治"一词的本来含义就是"公共性"，"传播"也是要实现信息的"公共性"，但是，公共性在政治传播中的学理位置在哪里？政治传播如何实现、体现政治的公共性？本文从学理的角度论证了这个理论学术问题。

中国特色政治传播理论的构建，有许多基础性的问题需要进行廓清和辨析，这些问题可能首先要置放于世界性的视野之中进行观照，然后再落脚到中国的现实中来。政治传播的公共性就是这种性质的问题。

一、政治传播与公共性的关联

公共性概念的萌芽可追溯到古希腊城邦时期。阿伦特的研究详尽展示了古希腊城邦政治中的"公"与"私"，揭示了古典公共性的基本形态：一是"社会—政治"形态，存在于公民关系之中；另一种是荣耀性的公共表演形态，与政治没有直接关系。前者因古希腊古典民主的瓦解而解构，后者则作为某种意识模式留存下来。随着历史的发展，经由文艺复兴和启蒙运动，现代公共性逐步形成。如果说，古典公共性的旨趣在于公民关系中的共享事务，

---

* 本文原载于《天津社会科学》2014年第4期，与苏颖合作。

是一种基于共同利益的共同体的品性；那么，现代公共性则侧重于与社会相对的国家权威、公法，以及与私有物相对应的事务。值得注意的是，在古罗马和中世纪不复存在的"社会—政治"形态的公共性，却在以个人主义为基础的现代社会逐步复兴，并呈现新的面貌。在现代公共性的构建中，洛克、霍布斯、卢梭、康德、边沁、托克维尔、李普曼、杜威等都作出了历史性的突出贡献。

以古典公共性的"社会—政治"形态为主而拓展的现代公共性理论，在人类的政治发展中发挥了双重的历史作用：既推动了现代民主的历史进程，同时也为某种威权政治的形成提供了条件。在现代社会，随着交往技术的发展而形成的新型人际关系更对现代公共性提出了巨大挑战，20 世纪 20 至 30 年代，基于公共性的公共舆论也不再被视为以集体互动为形式的社会过程，而被视为能够测量和研究的"数据"。正如一些学者所言，公共舆论这一现代公共性不可或缺的要素从一种"实质性"的场域转型为与心智无关的"从属物"①。

20 世纪 50 年代，阿伦特在《人的境况》中对"公"重新加以审视。她认为政治产生于古代城邦中的公共论坛，也产生于人类发展的新境况。在阿伦特看来，公共性始终与人相伴。在现代社会状态下，多元化的个体互动会产生一种新的属性，使行动与劳动、生产相区分——在行动中寻求对共同事务的理解和认同。

对现代公共性研究贡献最大的当属哈贝马斯。在他看来，公共领域是"介于国家与社会之间的调节领域"②。哈贝马斯对公共性的发展过程进行了细致的研究，指出公共性从一种"代表的公共性"向"为了人民"的真正现代意义上的国家转变③，而形成了"公民的公共性"。在这一伟大的转变中，曾出

---

① 参见 SPLICHAL S. Transnationalization of the public sphere and the fate of the public [M] // New York：Hampton Press，1990：73.

② HABERMAS J. The public sphere：an encyclopedia article [M] // BRONNER S E，KELLNER D M. Critical theory and society：a reader. London：Routledge，1990：136-142.

③ 一般认为，明确区分国家权力和统治者权力（如国家主权与君主主权）、国家与全体公民这些范畴，是现代国家（state）概念形成的标志。

现历史的反复——20世纪随着消费资本主义的扩张和现代大众媒介的发展，自由的公共性被商业权力和政治权力侵入，公共性再次成为被展示的、代表的公共性，哈贝马斯将其称为"社会的再封建化"。

现代公共性在不同的历史阶段呈现出不同的面貌。在启蒙时期，公共性根源于独立的个人，产生于由独立个人缔结的社会契约中，成为政治共同体（国家）存在的合法性来源，此时的"公共性"几近成为一种与"政治"相对立的概念[①]。自由主义框架下的公共性以个人主义为前提而展开，但是，个人与公共之间的矛盾该如何解决？公共性是否将损害个人自由？随着现代社会中商业权力、政治权力的增长，公共性是否能够维持其原有的本性？[②] 对这些问题，自由主义内部尚存在着激烈的争论。阿伦特以代表共和主义传统的"论辩"模式，哈贝马斯以代表民主社会主义传统的"话语"模式，罗尔斯以代表自由传统的"法学"模式，提出了各自的学术见解。

当前。国内有学者认为，"公共性"本质上是一个政治范畴，"随着人类社会的内部分化，人的活动被纳入一个以阶级对抗为基础的社会结构中，成为以国家权力为代表的公共权力进行支配和调节的对象，公共性越来越多地表现在政治活动中，表现为公共权力的内容及其合法性的主要来源。……如果说政治的重要特征是管理众人之事，那么这恰恰是公共性的主要内涵"[③]。但是，从前文的论述中可以看出，发源于古希腊的城邦政治一开始是公共的，而后来甚至直到现代，政治在很多时候演变为反公共性的。质言之，公共性与政治既相联系又相区别。公共性与政治的关系，一定要放在特定的历史语

---

① 参见洛克关于"舆论法""多数人同意"，卢梭关于"公意"的见解。注意二者的逻辑、结论并不相同，此处不再赘言。参见：洛克. 人类理解论：上[M]. 关文运，译. 北京：商务印书馆，1983：329；洛克. 政府论[M]. 叶启芳，瞿菊农，译. 北京：商务印书馆，1997：5-11；卢梭. 社会契约论[M]. 何兆武，译. 北京：商务印书馆，2003：24-25。

② 托克维尔认为"公共舆论"内含多数人暴政、个人自由丧失的隐忧（参见：托克维尔. 论美国的民主：上卷[M]. 董果良，译. 北京：商务印书馆，1991：287-291）。密尔认为公共舆论阻碍了不同观点的表达，可能导致公共舆论的独裁（参见：密尔. 论自由[M]. 程崇华，译. 北京：商务印书馆，1982：56）。李普曼指出"刻板印象"使公民和真实世界之间产生隔阂（参见：LIPPMANN W. Public opinion[M]. New York：Harcourt, Brace and Company，1921）。

③ 参见：郭湛. 社会公共性研究[M]. 北京：人民出版社，2009：71。

境中，诸如是古典政治还是现代政治，是古典公共性还是现代公共性，才能准确地予以说明。

当然，在这里，我们完全可以说政治性是公共性的本质属性之一。据此，公共性与政治传播关联，或者说，政治传播由于其政治品性必然与公共性关联。所谓政治传播，即"政治共同体内与政治共同体间政治信息的扩散、接受、认同、内化等有机系统的运行过程"①。其中，"政治信息"是从"政治"中解构出来的本质因素，即这种信息只能是"政治"的；"扩散和接受"是从"传播"中解构出来的本质要素，即政治信息是在"扩散和接受"的状态中。当前，政治传播的公共性需要多层面、多维度的深入研究。

二、政治传播公共性的社会结构前提

从领域结构的角度来看，现代社会的特征之一是它的政治领域成为规则制定的专门领域，而社会领域不断分化出具有自主性的权力主体，形成多权力的结构体系。政治传播是由政治体系、传播媒介与公共舆论三个政治要素互动所构成的有机过程，这涉及复杂的权力互动关系。政治权力通过传播媒介影响公共舆论，而公共舆论通过日益精确的民意调查结果影响政治活动，公共舆论也常常是政治传播中资本参与的结果。由此看出，政治传播始终存在于政治、资本、媒介、公众四种力量的互动之中。

政治传播并非政府（或政党）单方意志的表达，政治传播的策略制定和执行需要充分考虑民意倾向。这与另一种情况相对应，即在某些政治体系中，由政治主导或涵盖社会，政治权力也就成为政治传播唯一的控制力量，这种通过大众传播媒介深入社会的行为被称为政治宣传。

政治传播也不是简单的公众舆论的表达。如果将公众舆论仅仅理解为在公众中传播的舆论，那么，这种舆论是可以被操控、被制造的。真正的公共

---

① 对政治传播概念的界定及深度解析，请参见：荆学民，苏颖. 中国政治传播研究的学术路径与现实维度［J］.中国社会科学，2014（2）：79-95。

舆论（"公众"与"公共"并不等同）并不是私人利益表达的简单叠加，因为离散的、原子化的大众缺乏自我管理的能力，从而大大强化了其被鼓动、利用的可能，成为极权主义的土壤[①]。真正的公共舆论也不是卢梭式的不可分割的"公共意志"，因为在"公意"的"代表"之下，个人的态度和倾向无法表达，这样的公众成为没有价值、神秘化的存在。

资本对政治传播的侵蚀及其对民主的损害，是近年来国外学者讨论的焦点。在西方，政治传播主要应用于竞选领域，团队招募、民意调查、电视广告等无一不需要大笔资金的支持。一些国家在立法上限制竞选中的政治广告数量，正是基于这种考量。再者，资本逻辑延伸到政治传播领域，日益精确的民意调查结果影响甚至决定政治传播，但是民意调查关注的是"大多数人"的意见，多数人意见在多大程度上表达公益性？少数人的需求又该如何表达？

所以，作为政治传播信息桥梁的传播媒介往往无法保持独立性或中立性。媒介标榜价值中立，但是在现实世界中，传媒可能具备三张"面孔"：社会公共信息传播的渠道、官方进行意识形态宣传和控制的机构、具有商业属性。尤其在政治传播中，它更可能成为权力控制的技术手段。

基于以上分析，政治传播面临的社会结构前提是一个权力分化的现代社会。其中，作为子系统的政治系统与其他子系统都有一定的自主性。

如果社会中只有政治权力，或者社会虽然有所分化，但是一方涵盖或支配其他方面，如国家支配社会、政治权力统摄一切，那么，这种情况下的政治信息流动就只能是极权主义的政治宣传，即政治权力通过对民意（公共舆论）的操纵获得它的合法性。

三、政治传播过程的公共性

拉斯韦尔的"5W模型"[②]将传播过程总结为"传播者—讯息—媒介—受

[①] 参见：鄂兰. 极权主义的起源［M］. 林骧华, 译. 台北：时报文化出版企业公司, 1995: 451.
[②] 参见：LASSWELL H D. The structure and function of communication in society［M］. New York: Harper and Brothers, 1948: 216.

众—效果"。政治传播与一般传播过程的主要区别在于传播主体为既定的政治体系（包括国家、政府、政党等），这种传播是政治体系、传播媒介与公众三个要素互动的过程。从更大的范围或者更本质的属性来看，它是通过传播媒介实现的国家与社会之间的一个信息流动的过程。

从政治体系来看，作为权威性价值分配主体的政治系统与社会系统（环境）的互动是一个"输入（要求和支持）—输出（决策和行动）—反馈"的过程①。不同的信息流动模式体现了制度设计模式的不同。在一些系统中，政府决策是"输入"，社会变化是"输出"，政府对来自社会的反馈信息采取排斥的态度；而在另一些系统中，"输入"是社会系统的变动，"输出"是决策，信息的输入—输出就比较畅通。政治支持，即对政治体系输出的认同，包括对"当局"（执政政府、执政党）的支持、对"体制"（政治制度）的支持，以及对"共同体"（政治共同体）的支持②。对政治传播来说，最常规的支持对象是政策与行动。

从传播媒介来看，由于当代民意调查发挥的关键作用，公共舆论成为政治传播中信息双向流动的保障。而且随着互联网等强调互动性、个人性的新媒体的广泛应用，政治组织、政治家与普通民众的直接交流至少在媒体属性上成为可能，这也赋予了政治传播公共性更丰富的内涵。

任何政治体系都需要合法性，获得这种合法性的重要途径之一就是获得公众的支持而最大限度地具有公共性。在政治传播中，民意调查等技术手段的应用促进了这种公共性的实现。如果说政治传播强调的是政治信息的传递，政治宣传则强调的是政治意志的执行，形式的强制性要求更加突出。例如，政治宣传通常表现出以下特点：（1）传播形式仅限于大众传播；（2）强调政治体系对信息流动渠道的控制；（3）对原子化的受众的培育等。政治宣传在战争时期、国家建立初期具有很强的效力，在当前的政治活动尤其是政治选举中，政治宣传仍然会被使用。当下的政治生态和传播生态已发生改变，尤其是新

---

① 参见：伊斯顿.政治生活的系统分析[M].王浦劬，等译.北京：华夏出版社，1999：35.
② 伊斯顿认为的支持对象有三个层次，由低到高分别为当局层次、体制层次、共同体层次（参见：伊斯顿.政治生活的系统分析[M].王浦劬，等译.北京：华夏出版社，1999）.

媒体的广泛应用，促进了公共空间和个人空间的形成和发展，以及空间内公民精神的萌芽，这些都强化了信息双向沟通的重要性。政府与政策的合法性成为政治治理的重要基础和议题。政治传播过程的公共性，正体现为基于说服的沟通过程，它在本质上强调社会与公众对议题的认同。

四、政治传播内容的公共性

拉斯韦尔的"5W 模型"具有"重过程轻内容"的弊端，而语言学家雅柯布森关于传播内容的阐述则被看作对这一模型的重要补充。雅柯布森从语言学角度将内容性语言划分为指称语言、元语言与诗语言，三者分别对应语境/背景（context）、符码（code）和信息（message）[①]。以此来解析政治传播，政治传播的内容也可以分为三个层次，"context"是当下的政治语境，即我们所说的"叙事框架""社会共识"的一部分；"message"是具体的政治信息的文本含义；而"code"是传播信息中具有"符号"与"象征"意义的部分。政治传播内容的公共性正蕴涵在这三个层次的内容之中。

作为政治传播内容的政治信息，主要存在于政务信息公开、政府新闻发布、政府危机管理、政府公共关系、政治竞选与运动等政治活动中。在当代的政治传播中，政治信息的显著特征就是具有开放性，由此彰显传受双方的平等关系、政治组织/政治家对待公众的沟通姿态，这是政治传播内容公共性的重要表现。

政治符号与政治象征是政治宣传惯用的内容。在过去，政治宣传赋予公共性以特定的政治价值和道德价值，将其作为一种宏大叙述的政治象征加以运用：首先建立一个价值体系，阐明什么是对的、什么是错的；然后，将需要讨论的对象纳入这个价值体系，进行评价[②]。在这样的过程中，"公"被提高到了至高无上的地位，具有了神圣性，不受约束的绝对权力披上道德的外

---

① 参见：雅柯布森.雅柯布森文集[M].钱军，王力，译.长沙：湖南教育出版社，2001：52.
② 参见：许静.大跃进运动中的政治传播[M].香港：香港社会科学出版社，2004：122-123.

衣，柔弱个体因此很难进行正当的权益表达。现代公共性是在承认个人权利的基础上展开的，这样的宣传方式实则走向了公共性的反面。在当前政治传播的运用过程中，政治符号与政治象征仍然是非常重要的内容，尤其是常常运用于政治广告、政治竞选、政治动员等活动中，与政治宣传不同的是，这些"符号"与"象征"剥离了与至高无上的价值的相关性，仅仅是激发情感的手段。

政治传播的内容还包括社会的叙事结构和框架。在政治宣传中，社会的叙事结构和框架往往通过政治意识形态来实现。这时的意识形态因其对民众思想的全面渗透，不仅是政治统治的工具，也几近成为人们认识世界的框架和工具。但是，从理论上讲，社会叙事框架却不完全由政治意识形态决定，而是更广泛的社会思想或思潮互动、博弈的结果。因此，主要进行意识形态灌输的政治宣传，在很多时候无法囊括社会的叙事结构和框架。而无论是意识形态的扩散过程，还是其与诸多社会思想互动、交融所构成的社会叙事结构和框架，就成为超越于政治宣传的政治传播的丰富内容。对于这一点，传播学中的议程设置理论、沉默螺旋理论、框架理论等都有所说明。当政治传播通过传播媒介影响人们去想什么而形成社会的叙事结构和框架时，其内容的公共性就在于它是集体构建的结果，人们凭借对社会的想象而产生的词语、图像、议程在互动中形成了"公共舆论"并发挥作用。只有在这个层次上，来自社会的公共舆论才能成为社会运作的真正支持者。由此可以看出，政治意识形态无所谓"公共性"，只有在意识形态与多种社会思想、思潮的互动、交融中，"公共性"才可能实现。

五、政治传播效果的公共性

传播效果包括微观效果研究和宏观效果。从公共性的视角看，政治传播的效果也可相应区分为"谋求特定支持"（即谋求特定个体或特定群体的支持）的效果和"谋求散布性支持"（面向整个社会的支持，对象不特定）的效果。

政治传播要谋得"特定支持",关键在于引入民意调查等专业技术并提升相应的能力。对"全体一致"的"人民意志"的把握可操作性太弱,且易被政治强势力量所利用,因此,政治传播往往选择可调查、统计出来的"民意"进行战略部署或者受众区隔,同时舍弃"大多数人"之外的零碎的、模糊的意图。世界各国的政治传播呈现多种样态①,英美两国的政治传播是"媒体偏向"的,商业特征明显,相较而言,德国的政治传播表现出"政治偏向",而北欧国家则表现出"公共偏向"。对于"政治偏向"或"公共偏向"的政治传播来说,商业化、媒体化的政治传播仍然具有较强的借鉴意义,即在具体的政策发布、特定的危机处理等政治传播中,需要进行相关利益人群的准确定位,提高谋求他们的支持的专业化水平,而不必以全体社会成员为笼统的谋求对象。

政治传播要谋得"散布性支持",需要明确政治合法性的来源途径。政治意识形态仅仅是政治合法性来源的一个方面。历史经验表明,政治意识形态宣传的内容并不一定符合公共要求,甚至可能是与公共性相悖的。因此,现代政治体系"谋求散布性支持",需要关注政治合法性新的来源,探索多元化的合法性来源途径。例如,在当前的政治传播中,可以涉及政治领导人的个人形象、政治运作中程序的合法性以及政治体制结构调整的情况等内容,将其纳入政治合法性的建构中来。

推进中国政治传播的建设和发展,亟须探求政治传播的新观念、新话语体系和新的运作模式。特别是改革开放以来,中国特色社会主义的政治实践创造了中国特有的政治文明,在这种情况下,建构与中国政治文明发展相匹配的中国特色的政治传播理论,已彰显其重要性和紧迫性,而本文对政治传播公共性的探讨正是希望为进一步构建中国特色的政治传播理论提供前提性的理论资源。

---

① 参见:BLUMLER J, GUREVITCH M. The crisis of public communication [M]. London: Routledge, 1995: 36-37.

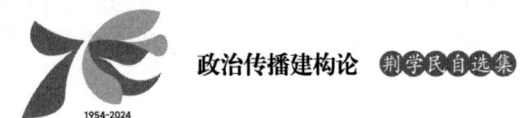

政治传播中政治、媒介、资本的三种逻辑及其博弈[*]

阅读提示：政治传播中有三大核心要素博弈而左右着其形态和效果，这三大核心要素就是政治权力、媒介媒体和经济资本。三大要素的秉承和展现逻辑迥异，在不同的发展时代，塑造着政治传播的角色、面貌和复杂景观。深入其中，颇有趣味和"诗性"。本文探索了这一景象。

政治传播是政治共同体的政治信息的扩散、接受、认同、内化等有机系统的运行过程，是政治共同体内与政治共同体间的政治信息的流动过程。[①] 这个过程，不仅是政治信息扩散和被接受的经验政治过程，也是"政治"通过"传播"维护和复制整体社会关系的过程。对于这种过程的认识，通常我们只在"政治"和"媒介"两者的互动中寻找答案，而相对忽略作为社会经济基础浓缩形态的"资本"对其产生的影响。今天，在市场经济模式全球化的浪潮中，作为整体社会力量的"资本"逐渐侵入政治领域之中，进而对政治传播过程和机制，也产生着"结构性转变"的影响。由此，在新的时期，探索政治传播中政治、媒介、资本三种要素及其逻辑，对于我们从理论上深化对政治传播甚有学术价值和现实意义。

---

[*] 本文原载于《社会科学战线》2016年第9期，与祖昊合作。
[①] 荆学民，施惠玲. 政治与传播的视界融合：政治传播研究五个基本理论问题辨析[J]. 现代传播（中国传媒大学学报），2009（4）：18–22.

一、政治逻辑、媒介逻辑、资本逻辑释义

政治传播机制是一个"制度性"与"能动性"的统一体，传者、内容、中介、受者、效果等各种要素之间的相互关系组成一种动态的运行系统。其中，作为"传者"或"主体"的国家或政府或政党，借助媒体控制支配社会意识，让政治传播的"能动性"符合政治制度、政治秩序、意识形态等统治阶层利益的要求，这是政治传播"制度性"的一面；同时，国家或政府或政党以外的社会共同体，通过理性反思、自由表达、交往互动等途径介入政治传播的反馈进程，表达自身的政治诉求并争取独立自主的空间，这是政治传播机制"能动性"的一面。"制度性"与"能动性"的共同作用，使政治传播机制成为围绕国家—社会权力关系、政治秩序、合法性等问题展开博弈的场域。

一般地说，国家层面和社会层面的行动者进行政治传播活动的依据分别是"政治逻辑"和"媒介逻辑"。所谓"政治逻辑"，是一种富有强制性的"权力"逻辑，是统治阶层试图通过传播活动控制社会的意向及一切可能的手段；"媒介逻辑"是媒介在政治、技术和文化层面社会化表征的总和，它意味着社会主体或社会共同体在政治传播中本着反对统治阶层社会控制的目的，对媒介一些政治属性、技术属性和文化属性的定位及运用。"媒介逻辑"往往自我标榜为以"追求事物的真相"为目的行动。市场经济背景下的政治传播机制还存在"资本逻辑"。按照马克思的理解，资本是一种积累起来的劳动，因此，"资本逻辑"的核心在于通过"榨取"和"剥削"而实现自身的扩张，为再生产和趋利致富做好充分的准备。"资本逻辑"可以被通俗地理解为追求利益为目的的行动。如果说早期工业化让资本仅仅局限在物质领域，那么随着社会的发展和历史的沿革，资本开始"脱域"并在整体社会系统中扩散，逐渐让经济、政治、文化和生活世界受到它的支配。诚如凯尔纳所言："当前社会是技术、社会、文化与资本化生产关系的综合，构成了我们这个时代的社会母体。"[1]

政治逻辑、媒介逻辑和资本逻辑三者的交互博弈，使政治传播呈现出

---

[1] 凯尔纳. 后现代理论：批判性的质疑[M]. 张志斌，译. 北京：中央编译出版社，1999：381.

"多态"景观。我们曾把政治传播的基本形态分为"政治宣传""政治沟通"和"政治营销"①，这多少有一定的对应性，比如，以"政治逻辑"为主导的政治传播形态或许就是"政治宣传"；以"媒介逻辑"为主导的政治传播形态或许就是"政治沟通"；以"资本逻辑"为主导的政治传播形态或许就是"政治营销"。或者可以倒过来表述："政治宣传"往往以"政治逻辑"为主导，"政治沟通"往往以"媒介逻辑"为主导，"政治营销"往往以"资本逻辑"为主导。当然，这只是一种理论抽象，现实的政治传播并不能如此机械地一一对应，现实的政治传播是各种逻辑交织和博弈的复杂过程，即便是呈现为某种"形态"，也是动态的。本文的研究，并不进行这种对应性的分析，而是展现各种逻辑的复杂博弈过程，这种展现中自然带有一定的价值判断和规范引导，其目的是为我国的政治传播实践提供一些借鉴。

二、政治逻辑对媒介逻辑嵌入政治传播的反冲

政治传播中，"政治逻辑"天然性地处于主导地位，即政治传播的行进过程主要受制于政治权力的意图。但是，自20世纪以来，随着媒介技术的迅猛发展，媒介对各个社会领域的全面渗透，使其成为各种社会活动和社会交换的必经渠道，媒介自身获得了一种社会制度的地位，无论是各种制度之中、各种制度之间以及整个社会中，社会交往的开展日益受到媒介的影响。② 这种社会与媒介通过结构性交叉，衍生出整个社会对媒介的依赖甚至"遵从"，我们称这种现象为社会"媒介化"所带来的媒介逻辑对政治传播的"嵌入"。

媒介逻辑的"嵌入"，对政治传播的影响非同小可。一方面是媒介地位和功能的提升。从早期的政治宣传工具到日渐形成新闻价值、新闻专业主义等行业规则，再到后来成为社会舆论聚散平台，大众媒体从单纯反映政治或维护政治权力的功能中脱胎换骨，开始履行提供客观公正的政治信息、影响政

---

① 荆学民.政治传播活动论［M］.北京：中国社会科学出版社，2014：250.
② 夏瓦，刘君，范伊馨.媒介化：社会变迁中媒介的角色［J］.山西大学学报（哲学社会科学版），2015，38（5）：59-69.

治议程、促进政治沟通、构建公共领域、进行舆论监督等社会责任。另一方面就是"政治"对"媒介"以及整个政治传播活动主导性和支配力的减弱。首先，媒介极大地拓展了组织和个人投入社会实践活动的空间和渠道，并为这种活动提供了大量的物质和象征资源，加强了自身对政治信息的生产和传播的控制力。这种情况下，政治不得不向媒介放权，默认它在政治议程中的重要地位。其次，得益于经济所有权独立和政治体制、法律的保护，"政治"对媒介信息、言论和出版自由的干预能力开始"缩水"，自己反过来受到媒介的监督和评判。再次，媒介为政治信息"回流"当局提供了条件，政治需要建立反馈机制"了解信息输出对社会环境和民众造成的影响，得知统治得到支持的状况和输出的效果"[1]，形成处理反馈的程序和方案，使整个政治系统在特殊、多变的环境中实现自我调节。最后，媒介把人与政治信息之间"接收了解"的物质关系转化为一种"阐释解读"的文化关系。这种关系嵌置在自由民主、个体化生存和市民社会扩张的现代政治背景下，使人们对政治信息的解码能力得以增强。人们借助媒介，批判、质疑公共政策、政治秩序、政治话语、意识形态以及权力的合法性，已然成为"媒介化时代"政治传播的常态。

可以说，媒介逻辑的"嵌入"直接引发了政治传播的转型。媒介逻辑的黏合剂和言论意识的催化剂，为政治传播机制的变迁提供了一个能动结构（dynamic structure），把自身与政治的关系从单向的暴力统摄、制度限制、经济利诱、所有权垄断或行业约束中解放出来，并对"政治"在政治信息输入—输出、社会意义建构、政治监督、公共决策制定、国家—社会沟通等问题上产生制约，"政治"被迫向媒介"妥协"。但是，政治就是政治，依赖于政治权力的坚硬性，现实的政治权力所主导的政治传播，并没有随着整个社会的"媒介化"的过程，轻易屈就于媒介逻辑改变自己的本性。随着媒介崛起并占据了政治在实际层面控制政治传播的空间（如经济所有权、反馈机制等），"政治"开始全面进入相对软性的象征领域来实现自己的权力控制功能。

---

[1] 伊斯顿.政治生活的系统分析［M］.王浦劬，等译.北京：华夏出版社，1999：554.

第一，构建并充分利用"象征权力"。所谓象征权力，是一种利用语言构建现实与认知逻辑的权力。人对事物的认知体现为语言，语言行为首先是实际的事实。而象征权力表现在让这种事实衍生出其他事实或者把相关的事实再引向语言行为主体并影响它们[①]。布迪厄曾经明确指出，象征权力是实现社会整合的一种有效工具。它可以营造社会共识并实现这种共识的再生产。最重要的是，这种共识中的"语言逻辑"对道德、理性、价值来讲总是先在的[②]。由于传播总是离不开语言的运用，又因为语言相对传播来说总是具备先在性，一旦人们开始言说、交流、思考、认知，就一定会受到语言表象的干扰，而削弱自己感受、判断、理解以及组织信息的能力。在政治传播中，构建象征权力意味着统治阶层借助政治标语、政治话语、政治口号、政治叙事、政治修辞和政治符号，把特定政治观念、政治思想、政治信仰的理论影响力转化为语言支配力，让自己和民众之间产生类似"神话—崇拜"的关系。一旦构建成功，整个社会将出现意识形态的复兴和泛化。此时的意识形态，不仅是权力制度内部仪式交流的重要工具，而且是人们日常生活的重要组成部分。它能够把"政治"与"媒介"的博弈还原为"政治"的一元化，使彼此疏离、涣散的民众一律自觉按统一的方式去思考和行动。这样一来，政治传播中的政治权力得到了象征性重建，而媒介的作用在一定程度上被降低或架空。

第二，制造"仿像"弱化媒介功能，瓦解媒介逻辑的效力。所谓仿像，即遵照实际需求对某些符号的仿造。"仿像"不仅体现为符号的使用，同时也意味着社会关系和社会权力的转换[③]。"仿像"在政治传播中有一种特殊的功效："政治"权力对媒介逻辑的巧妙"瓦解"。我们知道，在"媒介化"的背景下和媒介逻辑的运行中，公开发声、言论自由、话语平等、真相透明等，是政治传播的内在诉求。这些诉求，意味着对现有政治的"解构"，但这种"解构"又是通过一厢情愿地预设或"建构"一种新的政治远景来实现的。这样

---

① 陈卫星.传播的观念[M].北京：人民出版社，2004：325-326.
② BOURDIEU P. Language and symbolic power[M]. Cambridge: Polity Press, 1991: 166.
③ 波德里亚.象征交换与死亡[M].车槿山，译.南京：译林出版社，2006：69.

一来，当这种诉求完全脱离政治现实，成为一种被高高悬置的"幻念"时，这种解构着现实政治的"诉求"就成为一种纯粹所指的"符号"，即成为一种理念的不真实的"仿像"。例如，公共舆论，表面上具有"公开发声"的意义，但实质上暗含"让公众自我形象不断地自我重叠"的本质，其功能在于唆使人不断生产舆论，借此向社会彰显媒介权力和公众话语权；再如，"新闻自由"的表面是自由采编、客观公正传播信息，实质上却是由缜密新闻框架构成的议程设置机制，在不去干预人们"怎么想"的同时告诉人们去"想什么"，等等。透过"仿像"，人们很容易看到一个理性的、先进的、理想的"美学幻境"，这种超现实主义的政治幻想，可以让人们"充分享受"作为民众的政治权利。至此，"仿像"就成为一种有效的意识操控工具。俄国学者卡拉－穆尔扎对此说得十分形象："人们认为他们是独立的，信息渠道是多元化的。这是一种幻想。达到这一目的要根据组织的类型、政治色彩、体裁和风格，在媒体上建立假象。但实际上这套系统必须服从于统一的主要观点。理想的情况是，当激进反对派的信源得以建立，这些信息源却以提出各种触及不到主要操控计划的问题，来限制他们对体制的斗争。"[①]

由此可见，政治在象征领域的权力重组，是"象征权力构建"和"仿像"二者的里应外合。一方面，它通过政治话语的创造和规定，确立人们在政治传播当中能说什么，该说什么，说什么代表什么意思，使人们在接受语言表象的同时从心灵内部产生认同意念。另一方面，它又通过为政治传播置入"仿像"，让时代化的政治传播理念成为绽放光辉的"符号"，背后却用操纵化的手段把后者彻底变成一种虚伪的形式或虚假的景观，使权力在外部获得了合法性。相比于直接拒斥媒介化对政治传播产生的影响，"所指的霸权"和"能指的诈骗"不仅使政治权力的重组显得"合情合理"，还使政治获得了瓦解和弱化媒介功能和逻辑的可能。

对于现代形态的政治传播来说，政治逻辑与媒介逻辑的博弈实在是难分

[①] 卡拉－穆尔扎.论意识操控：上[M].徐昌翰，等译.北京：社会科学文献出版社，2004：333-334.

胜负，我们对政治逻辑与媒介逻辑所主导的政治传播也不好褒贬。但是，从实际的情况出发，我们还是要对政治传播中的"政治"过于强硬乃至于"操纵"民众这一面进行理论检讨。第一，从意识形态而非言论沟通的角度而实现的社会整合，由于有过强的主观意志"统摄"，久而久之会对国家的政治现实产生虚假性的"遮蔽"，不利于政治文明的进步。第二，象征权力的构建给政治传播融入了"符号"斗争，意味着"符号暴力"（或语言暴力）的出现，容易导致围绕政治话语的"互掐"泛滥，造成真正的公共事务的悬置和社会共识的悬空。第三，对民众的声音不是吸纳接受而是"操作"处理，会挖空民众参与政治传播活动的实质，将它直接转化为构建政治权力的资本，这样一来，会窒息政治传播中本来就稀薄的民主脉动。第四，用"仿像"充当政治传播中的"反馈"环节，会使质疑、批判政治的声音"抓着自己的头发离开地面"而显荒诞。犹如波德里亚所讲："人们永远不能在真实层面上战胜系统。这是他们的想象，是系统本身强加给他们的现象，（有批判意识的）人们为挑战系统投入了他们的能量，但一种无情的逻辑不断地把这一切带回到系统当中。"①

三、媒介逻辑对政治和资本逻辑的献媚

"媒介"本应是传播中的独立变量，"媒介逻辑"保证传播过程的客观性。但是，现实中，媒介逻辑虽然深深地"嵌入"政治传播的结构系统和运行机制中，但基本没有也无法尽到其"保证客观性"的职责。这是因为，一旦碰到政治逻辑的"强硬"和资本逻辑的"诱惑"，媒介逻辑就柔软地"献媚"了。我们可以从"技术"和"文化"两个层面考察媒介逻辑对政治和资本的"献媚"。

从"技术"层面讲，如罗宾斯和韦伯斯特所说，"一个时代的规划和管理只和技术的工具问题相关——只是管理事件，与权力、监督和控制毫无瓜葛，

---

① 波德里亚.象征交换与死亡[M].车槿山，译.南京：译林出版社，2006：69.

这是不可能的"。① 作为传播活动的物质中介，媒介技术给人们更加有效地传播和处理政治信息提供了"时代性"的支持，主要体现在以下几个方面。第一，认知重心变位。在印刷时代，政治信息主要局限于书籍、报纸、宣传画、小册子，其所对应的受众也主要集中在精英阶层。而广播、电视特别是互联网等媒介技术的出现，把人类的感官能力有效地综合起来，通过超文本链接拓宽了人们的联想和思维，不仅使政治信息的通俗表现力增强，扩展了人们参与政治传播的渠道，也让人们按照自身需要创造政治生活的可能性大大增加。第二，主体身份转换。在过去，任何政治信息生产、发布、接收、认知的主体，都是特定政治地域中的有着性别、种族、心理、民族和身份差异的实际的"政治人"，而视听化的媒介技术构造了一个属于我们的影像的世界，证明我们与世界之间具有一种真实的相互性。② 于是，"政治人"的自我同一性脱离了现实社会结构的束缚，开始进行超真实自我的建构和想象。第三，认知对象多元化。随着媒介技术带来了时空压缩，每个人都作为一个节点与整个世界联通，而外部环境对人的影响也不再需要现实的交互。于是，人们的认知脱离了有限物质环境的束缚，开始在虚拟实在中体验各种政治现实，也开始接受跨越的政治信息和政治观念对自身政治认同的影响。就此，人的政治认知出现超时空、超现实、超社会和超历史的多元发展。第四，媒介技术对政治的服务或者说政治对媒介技术的利用，使"技术"不再是简单的手段，而成为一种具有"型塑政治"功能的生活方式。当今全面数字化、网络化、赛博空间③崛起的背景下，任何政治信息都接受着媒介技术的加工，人们也借助媒介技术参与政治传播活动。尤其对于民众来说，媒介技术带来的是一场前所未有的政治解放体验：每个人能够借助日常普遍的信息渠道和简单

---

① 罗宾斯，韦伯斯特.技术文化时代[M].何朝阳，王希华，译.合肥：安徽科学技术出版社，2004：112.
② 陈卫星.传播的观念[M].北京：人民出版社，2004：247.
③ "赛博空间"是哲学和计算机领域中的一个抽象概念，指在计算机以及计算机网络里的虚拟现实。它是"控制论"和"空间"两个词的组合，由加拿大的科幻小说家威廉·吉布森于1982年在其一篇小说中首次提出，并在后来的小说《神经漫游者》中被普及。

明了的认知官能介入政治传播活动，在没有时空限制的环境中以"超我"的思维，感知没有身份、等级、特权、阶层差异的政治个体或政治共同体，享受表达言论、价值、利益的绝对自由，甚至体会到一个通过交往理性达成政治协商的和平公共领域、一次未来政治的诗意叙事、一场解构现实政治的集体狂欢。当然，媒介技术存在的目的，不在于纯粹让人在"建构身份、表达、表演、抒情、思辨、想象"的空间中沉醉，而是为逃避现实秩序提供一个理想的庇护所，为原先涣散、疏离的原子化的民众提供相互接触、交往的机会，或是把有着共同价值观念的政治个体聚合在一起。虚拟世界中的政治传播活动，使人们形成了成型的社会组织、完整的社会结构和社会关系，也积累了大量的社会资本和社会资源。这个完整的社区体系通常是克服现实政治矛盾的一种准备或补充。只要媒介技术能拉近现实政治和虚拟政治之间的距离，一个"电子民主的时代"就会到来。

　　从文化层面讲，媒介的文化属性也对政治逻辑有所"奉承"，主要表现为依赖于媒介的"大众文化"固有的批判功能在政治领域却全面退却。第一，随着政治运营机制的逐渐技术化和官僚化，大众文化反叛的作用显得日益无力。加上社会思想意识的激进变革，现代社会失去了理性和历史的支柱，从而使大众文化陷入了后现代状态。后现代大众文化，它"理论上缺乏积极的观念和规范的引导方式，缺乏制度性、能动性的构建，彻底抛弃了政治而转向一个充满犬儒主义的前卫姿态"①。历史空虚和社会经验匮乏的犬儒文化是消极的，其政治传播功能只是告知人们从愤世嫉俗转向玩世不恭，去清醒地糊涂，理智地装傻，并投向于政治权威。②齐泽克也指出，"犬儒"是一种"后意识形态性"，它明知意识形态面具和社会现实之间的距离，但它依然坚守着面具。不难看出，失去了抵抗精神的大众文化有自行向政治靠拢的趋势。第二，资本主义社会的大众文化是市场运作的产物，特别是在资本主义发展到全球化、多国化，跨越地域、民族、国家界限的时候，大众文化的商品化趋

---

① 凯尔纳.后现代理论：一个批判性的质疑［M］.张志斌，译.北京：中央编译出版社，1999：362-264.
② 操奇.启蒙的天敌：犬儒理性论略［J］.哲学研究，2015（6）：91-96.

势已经越发严重。它本着经济利益最大和政治风险最小的原则,听命于市场和消费的逻辑而不能自拔。且不说媒介借助文化的商品形式积累了大量的经济资本,当人们发现反抗意识被媒介收集起来,又以小说、影视剧、音乐、漫画等形式售卖给自己而不是流向政治领域,那么,久而久之,人们就会认为大众文化不再是一个实现政治进步的场所,反叛与抵抗也不过是人们借助媒介上演的精神自恋。

四、资本逻辑对政治和媒介逻辑的扭曲

现代政治传播进程中,资本逻辑的力量越来越强大。

市场经济、商业化和利润最大化是资本逻辑赋予当代社会的典型特征,在这三种力量的推动下,社会生产的主导地位逐渐让位于消费,后者成为社会运转的轴心。当这种打破清教精神、"我买故我在"成为社会实践的基本方向,几乎各个社会领域的运行模式都开始自觉地向"消费经营"靠拢。政治传播也不例外。在当今诸多国家的政治传播活动中,政治演讲、政治公关、政治包装和政治辩论,已经成为政治形象塑造、政治信息沟通和政治理念交流的重要途径,而大众媒体也紧紧追随这些营销手段,以政治广告、政治娱乐、政治选秀和政治舞台剧频频打造政治传播领域的"媒介景观"。如此来讲,政治传播已不是一门关乎社会共识的信念经济学,而是诱使民众进行消费的政治商品盛宴。表面上看,政治信息的扩散和被接受与信息的选择—消费没有太多本质区别,而被资本逻辑左右的"消费"却让政治传播偏离了它的轨道。

第一,政治传播需要的是信息解读能力,而政治消费需要的是感性的"购买"欲望。政治传播很大程度上关乎较为严肃的公共事务,需要信息接收者具有相应的专业知识或理性的心理准备。但政治消费充分利用了当今视听媒介环境中主体中心向身体官能的偏移,最大限度地调动了人们参与、体验、享受政治生活的娱乐心态。从波兹曼"娱乐至死"的逻辑看,人们在政治传播中消费得越多,其真正思考政治的机会也就越少。随着政治消费的普及和

蔓延，人的理性能力将变成政治生活中的鸡肋——即使是一个有着理性评判政治能力的个体，也会被认为是彻底脱离了时代步伐的人。第二，政治消费不是暴力的意识形态，也不是强买强卖的手段，所以它乍看上去是去政治化的，却引发了最深层次的奴役。① 毋庸置疑，政治消费引发了政治实体与政治表象的分离，广大民众面对的已经不再是政治方向的选择，而是政治形象的选择，政治讨论也不再是对公共事务的追究，而是视觉、听觉、触觉冲击的打拼。在政治消费当中，只有作为政治表象（或政治景观）的创造者和表演者以及作为看客的民众。

法国思想家居伊·德波的理论给我们以极为深刻的启发，他认为，"景观"本身就是一种统治。首先，它"根除了全部理性信息关于最近之过去的评论。伴随着完美的技巧，景观组织安排了对什么将要发生的无知，及紧随其后的对如何理解的忘记。某些事情越是重要，它就越是被隐藏起来"。② 除了形成对一些政治秘密的遮蔽，政治景观能把"真实的世界变成纯粹的影像，影像也就是变成了真实的存在并为催眠行为提供动机"。③ 也就是说，统治阶层能够有意地通过设定好的图景把人们的思维、反应和行动引入他们所期待的方向。其次，民众的"观景"状态也是对景观统治的一种催化。"过去我们是通过操作具体的物质来改变世界，而在景观面前其决定性作用的东西已经让位给'看'。这种视觉中心主义本身是拒斥对话的。人们只能单向度地对景观进行默认，而不是直接进行批判和反抗。"④ 这样，景观的意识形态本质就得到了民众的"支持"，而政治也就获得了更多的控制社会的余地。

五、三种逻辑博弈后果的启示意义

以上我们通过一定的角度展现了政治、媒介、资本三种逻辑对政治传播

---

① 德波.景观社会[M].王昭凤，译.南京：南京大学出版社，2006：11.
② 德波.景观社会[M].王昭凤，译.南京：南京大学出版社，2006：113.
③ 德波.景观社会[M].王昭凤，译.南京：南京大学出版社，2006：6.
④ 德波.景观社会[M].王昭凤，译.南京：南京大学出版社，2006：15.

的影响。对于三种逻辑博弈产生的政治传播形态，则还需要做一个整体性的归纳。伴随着"媒介化"对政治权力的削弱，政治传播从一个传统的维护统治利益的"宣传"形态走向服务国家社会的"传播"形态。这一形态是政治传播领域的理性启蒙，是国家—社会关系进步的标志，是实现政治价值和社会价值共赢共享的基础，甚至是现代政治发展的必经环节。但是，正由于媒介的崛起"干扰"了政治对政治传播的影响和控制，使得后者不得不在媒介难以触及的象征领域大展身手，实现自己权力的重构和生产。可以说，"媒介"和"政治"的共同扩张，造就了政治传播的"话语形态"和"仿像形态"，它以话语奴役以及赋权的假象造成了政治传播的某种"扭曲"，使媒介和民众沦为政治的附庸。

要避免政治传播呈现这两种形态，首先，我们需要警惕"媒介化"在政治传播中的泛滥。正如一个人获得了更多自由就需要承担更多义务一样，过大的媒介权力和过强的媒介逻辑力量，反而会引发政治在象征意义上对政治传播的操控，因此，"媒介化"与"仿像化"二者都应该被限制在国家—社会平等沟通和良性互动的基础上和界限内。

其次，政治也必须正确发挥自己在政治传播中的主体作用。根据我们的分析，政治象征权力的构建往往是为了追求与媒介博弈的平衡，保护政治传播机制的制度性根基。对于这一点，我们要排除简单而主观的价值判断。但是，维护象征权力过程中的政治话语创造，必须是对促进政治发展的事实的解释，而不是泛化意识形态、美化现实或排斥民间话语的语言暴力。此外，政治还要杜绝以技术化、操作化的方式应对"言论自由""公开发声""舆论"或"反馈"等政治传播理念，切实地把民众的声音吸纳到国家、政府、政党、社会的未来建设当中。拿媒介逻辑的中立属性来说，无论是媒介技术，还是大众文化，都可以在（一定程度上）独立于政治的境况，引领政治社会的前进和发展。正因为如此，媒介技术与大众文化都应该透过政治传播，发展公共领域、拓展社会空间，甚至推进社会意识的重构。但是，且不说政治对二者的"监管"，当媒介技术和大众文化遭遇资本的侵蚀，与之相应的政治传播就将呈现出"技术商品和文化商品"的形态。在这一形态中，具有建设性和批判性的技术和文化资源，被投入创造经济利益的异化劳动生产，这无疑是对政治传播的人文价值的摧毁。我们必须坚持认为，媒介技术和大众文化是构成社会的基本要素，是引起社会变迁的认知方式。它们应该被当作扩充政治传播甚至政治生活的先决条件，而不是被当作经济生活或市场机制的组成部分。要彻底转变这种畸形的状态，作为技术、文化产业的媒介，需要在政治的引导和调控下跳出资本逻辑的引诱和束缚，最大限度地提高媒介产品的社会价值。此外，政治也要承认媒介的技术和文化活力对公共事务和社会发展的良好作用，并在政治传播领域为有益的政治思辨、政治评判、社会想象和社会意识构建留下足够的空间，使之成为增强国家—社会理念交流的重要参照。

最后，资本逻辑引发的政治和媒介的"资本化"使政治传播陷入"景观"幻境，在这种"景观"中，虽然政治、媒介和资本同时从民众的观景活动中实现了自我的增值和积累，但是，政治传播异化为商业性、娱乐性的政治消费，这不仅把有助于公共思想形成的大众媒介搞得面目全非，也为政治控制打开了大门，更会把民众引入一个彻底脱离理性政治认知的狂躁状态。因此，我们必须强调，政治、媒介资本化所造成的政治传播"景观化"，是把"双刃剑"，它既可以是加强民众与国家、政党、政府情感联系的新纽带，但也可能使政治传播过程成为一个完全脱离公共事务、创造经济利益、培养虚假意识的过程。

从学理上讨论政治传播中的政治媒介资本三种逻辑的博弈，对中国现实的政治传播的启示和借鉴意义并不抽象，也并不遥远。

走向政治传播深处:"后真相时代"思潮的哲学检讨*

阅读提示:大约从2016年开始,所谓"后真相思潮"像狂风巨浪席卷而来,人们似乎一下子被抛进了所谓"后真相时代",失去应有的理性和信仰而狂躁不安!冷静思索,在人类的历史进程中,这种"狂躁"是出现过的,并不是什么新鲜玩意。但是,时至今日,它再次掀起狂潮,后果不堪设想。本文从哲学、政治学和传播学三大学科猛烈批判了这种"后真相思潮",为了强调个人观点,刻意"用力很猛"。即使过了这么多年,重读本文也仍有快意。更为重要的是,现实中的"后真相思潮"已经昙花一现,凋敝成零。

悠然间,这个时代被人从新闻传播学的视角命名为"后真相时代"。可以看出,所谓"后真相时代",既是对波涛汹涌的种种非理性的"后真相"政治事件和社会景观的经验描述与提炼,也是对未来时代发展的极为主观的幻想式引导。其意蕴深处大有为非理性的扭曲甚至病态的价值观在未来时代诸多学科领域取得"合法性"的意图,尽管这种"意图"也许并非自觉的。在我看来,虚妄性地冠"后真相"以"时代"而形成所谓"后真相时代"事件本身,就是典型的"后真相"思潮狂躁喧嚣的表现。虽然还不能说,"后真相"追求或追求"后真相"已然成为这个时代的主流价值观,但是,从学术理论界新近对"后真相时代"的种种隐晦的、暧昧的赞许、宽容和追捧等事实看,

---

* 本文原载于《南京社会科学》2019年第4期。

这着实令人不安。

本文使用"深处"这一概念，意图着意哲学角度，挥动"奥康姆剃刀"，尽力剥开裹在"后真相时代"狂躁表面的种种华丽外衣，通过学术理论层面的剥离式检讨，展现"后真相时代"思潮背后的"真相"及其狂躁无羁的可能性后果，期望多少能遏制一下以新闻传播学领域为甚的非理性的狂奔。

一、非理性要素的沉渣泛起

先从"时代"这个词说起。"时代"本来是一个从经济、政治、文化等整体性特征来提炼和描述历史时期的哲学范畴。"时代"范畴的本质特征是合理性、确定性、稳定性和延续性。举凡伟大的思想家抽象提炼"某某时代"时，总是慎而又慎，十分严谨。比如，19世纪德国思想家费迪南·滕尼斯曾著有《新时代的精神》一书，他首先意味深长地指出："每一个时代只要持续着，本身都是一个新的和年轻的时代。当然，另一方面，每一个时代都可以被称为老的，如果人们由它出发，回顾它身后的几千年的话，甚至想起人类社会思想习俗之处，即人类发端的话，我们无法提出在时间上测量这些始起之发端。"[①]因此，当他想用"新时代"这个范畴来论述"中世纪"以后的"时代"的时候，他是那样地严谨和慎重——滕尼斯思考、写作历时数十年，用一部专著，从经济的、政治的、道德的乃至于个人精神的诸多领域和方面，通过对人类生活的自然基础和社会基础的深邃分析，才小心翼翼地提炼出"新时代"（大体上就是我们理解的资本主义时代）这个范畴。而眼下"后真相时代"的横空出世却显得浮夸和急躁。

从时间顺序来看，是2004年，美国作家凯伊斯（Ralph Keyes）提出了"后真相时代"（post-truth era）这一概念。他的解释是：这个时代的人类不只拥有真相和谎言，还有一堆模棱两可的说辞，既不能算作真相，又不能归为谎言。麻烦在于：人类对此不像从前一样感到有罪、焦虑和羞愧。明显可

---

① 滕尼斯.新时代的精神[M].林荣远，译.北京：北京大学出版社，2006：3.

以看出，作为作家，凯伊斯很敏锐地观察到了当下社会中存在一种"闲扯淡、扯闲淡"的社会现象，虽然使用了所谓"后真相时代"这一概念，但他的着力点决然不是用"后真相时代"这一概念来提炼和渲染这个时代。因此，正像曾有很多人热衷于研究"后工业""后现代""后中心"，甚至"后普京"等现象但并不据此认为就可以标称"后工业时代""后现代时代""后中心时代""后普京时代"一样，把"后真相时代"作为一种严谨的理论"桂冠"扣之于凯伊斯，恰恰不是"后真相时代"出笼的真相。时隔十几年的2016年，《牛津字典》把"post-truth"（被我们译为"后真理"或"后真相"）作为年度热词公布于众，进而掀起了"后真相时代"的思潮。我这里所谓"思潮"的含义有两个层面：一是人们似乎非常同意用"后真相"来命名这个时代；二是各个学科学术领域热捧"后真相时代"，一时间，把它"热腾腾"地乃至于无条件地用于分析解剖当下社会的政治、新闻传播现象和人们的精神世界。但是，不要忽略的是，作为一种严谨的学术载体，《牛津字典》并没有把"后真相"与"时代"揉在一起，而相反，把来自凯伊斯的"后真相时代"做了分离，只是采用了"后真相"（post-truth）这个词。应该说，这种分离，是谨慎而精当的。与凯伊斯一样，《牛津字典》只是给我们总结和提供了当下社会值得我们关注和研究的"后真相"社会现象而已。

对于所谓"后真相时代"思潮的关注和研究，不要因为其新鲜和刺激，就把"后真相"神秘化和妖魔化。大可不必动辄就把"后真相"与由德国古典哲学而来的"主观性""客观性""坏的主观性""好的主观性""主观的客观性""客观的主观性"等这些哲学思辨性的范畴缠绕在一起，不要刻意让人重新回到德国哲学家黑格尔的"逻辑学"或"精神现象学"中去（虽然"后真相"只有通过哲学的揭示才能显现其本质和演化逻辑）。现代人似乎已经承受不起这种思辨哲学之美和深邃思考之重，一定会"头疼"而失眠的。在我看来，"后真相时代"思潮的背后，无非是人们面对悬浮多变的社会生活所诱发的精神世界中的直觉、情感、相对主义乃至信仰等非理性因素过分冲动的结果，可以从特殊的角度将其看作人们并不陌生的非理性思潮的沉渣泛起。

在这里，我们当然不是无视和蔑视人类精神世界的固有要素——非理性

（潜意识、直觉、情感、信仰等）。与人类的理性一样，人类的非理性在人类的生存和生活中不可或缺。但是，人之所以为人，人与动物的根本区别却在于人有理性、人是理性的。正因为理性和非理性都是人类精神结构中的自然要素，在人类精神发展和人类社会进步的历史长河中，人类的理性和非理性总是交织缠绕、此起彼伏。但我们必须清醒认识的是：在这种历史长河中，虽然种种过分偏执的"理性主义"导致了人类精神世界的枯燥，多少束缚了人们对五彩斑斓的生活世界的感受和体验，甚至导致过人类理性的桀骜不驯和狂妄自大，但是，人类精神的发展和人类社会的进步，已然建基在人类理性的基石之上。古往今来，举凡脱离和偏离人类理性的种种"非理性思潮"乃至"非理性主义"，均给人类自身带来程度不同的灾难。我之所以使用"沉渣泛起"一词，就是想说，历史上这种非理性思潮并不鲜见。

以西方文化历史为例，以古希腊罗马时代为"家园"的古典理性主义，在充分绽放了人类理性的光辉之后，后期罗马帝国的肆虐扩张所折射出的人类理性的"恶的无限"，反而把西方社会带入了以宗教信仰为载体的非理性主义主宰的漫漫中世纪。不管现在人们怎样评价中世纪，在这将近一千年的历史中，非理性主义对人类精神的蹂躏以及对人类社会进步的阻滞，是谁也无法否认的历史事实。此后，培根"知识就是力量"的理性主义号角唤醒人文主义运动，响彻整个16、17、18世纪，到了19世纪，达到了人类理性主义主宰的鼎盛时期，这一时期直到19世纪德国古典哲学家康德对理性的批判为止。长达三个世纪的理性主义的大行其道，产生了资产阶级，产生了资本主义社会，以科学技术为火车头的社会生产力突飞猛进。马克思、恩格斯在《共产党宣言》一文中盛赞道："资产阶级在它的不到一百年的阶级统治中所创造的生产力，比过去一切世代创造的全部生产力还要多，还要大。"①

但是，正像中世纪在非理性主义主宰下人类精神和人类社会陷入扭曲一样，理性是高尚的，但并不是万能的。人固然是理性的，但也同时需要情感、

---

① 马克思，恩格斯.马克思恩格斯选集：第1卷[M].中共中央马克思恩格斯列宁斯大林著作编译局，编.北京：人民出版社，1995：277.

需要信仰。将近三个世纪的"理性的独断",也带来了人类精神世界和社会生活的诸多问题。就此,西方社会学家罗斯感叹道:"理性主义的失败有几个原因。它剪断了想象力的翅膀;限制了情感;曲解了社会的冲动;掠夺了宗教的全部奇迹;忽视了人类本性中热情奔放的一面。"①19 世纪确实潜藏着理性主义达到顶峰后必然出现的危机,这种危机到了 19 世纪末 20 世纪初,终以强大的非理性主义思潮显现出来。从人类精神意识的深层最早看出这种危机之端倪,从而开始对理性的"恶"的"权力"加以限制的便是康德。康德将全世界从"独断的瞌睡"中叫醒,从他开始的 19 世纪德国古典哲学家把人类理性送上了历史审判台。20 世纪 50 年代,伟大的马克思主义哲学家卢卡奇,用一部厚重的哲学著作为我们展示以德国为样板的从谢林到希特勒的"理性的毁灭"过程。他无比犀利地解析和批判了以尼采、叔本华等为代表的生命哲学、新黑格尔主义、社会达尔文主义、种族主义、法西斯主义等的"帝国主义时期的非理性主义"思潮及其给人类已经带来的和可能带来的灾难。他以此为"丰富的教训"严肃地警告后人:"我们相信,这一事实属于德国历史中最耻辱的一页,因此,必须深入研究它,以便德国人能够根本克服它,并有力地阻止它的继续存在或卷土重来。那个有过丢勒、托马斯·闵采尔,有过歌德和马克思的民族,在历史上有过许多伟大的东西,将来也有远大的前途,所以她没有理由害怕畏惧,不对有害的有威胁的遗产做毫不留情的清算,在这双重的——德国的和国际的——意义下,本书愿意为每一个诚实的知识分子提出一个警告、一个教训。"② 必须指出,进入 21 世纪以来,对于各种非理性主义(包括民粹主义)的重新泛滥,卢卡奇的这种警告,仍然震耳欲聋,具有时代的警钟意义。

从哲学的纯学理上讲,人类的理性对应的是人类对客观真理的认知以及对追求并能获得真理的坚定信仰。虽然,在康德对人类理性的深刻批判中,他以"物自体"为边界,为人类的理性"限制了地盘",但康德只是更加理性

---

① 罗斯.社会控制[M].秦志勇,毛永政,译.北京:华夏出版社,1989:60.
② 卢卡奇.理性的毁灭[M].王玖兴,程志民,谢地坤,等译.济南:山东人民出版社,1988:27-28.

地划分了人类精神世界中理性与非理性（情感、意志、信仰等）的界限，并没有据此就否定与人类理性对应的"真理"的存在，而是通过理性与非理性的划分，确定了与人类情感对应的"美"的存在、与人类意志对应的"善"的存在，以及与人类信仰对应的"幸福""自由"的存在。正是康德把人类对客观真理的认知以及对真理的追求提升到了信仰的至高境界。他说："认为某物是真实的，或认为与信仰相关的一个判断有主观效验（它同时也有客观的效验），可分为以下三个层次：意见、信仰和知识。意见是指不仅在客观上，而且在主观上都不充足的一种判断。信仰在主观上充足，但在客观上不充足。知识既在主观上、又在客观上充足。主观上充足被称为确信（对我自己来说）；意见上充足被叫做确实（对所有人来说）。"[1]他虽然指出"物自体"在理性上"不可知"，但是，要在信仰上"信以为真"！这就是要求人们将对真理的追求升华到信仰的高度，警示人们不能失去追求真理的信仰！人类的非理性在不脱离理性的轨道上，会给予这种认知和信仰以极大的热情和动力。而一旦脱离这种理性，怀疑人类的理性认知，动摇追求和获得真理的信仰，那么，种种非理性便会成为"脱缰的野马"，制造出难以想象的种种"失去理性"的事情。

在目前的这场非理性主义支撑和作祟的"后真相时代"思潮中，过分热衷于渲染所谓"后真相时代"的种种新鲜事物，其危害似乎只是表面的，问题的严重性在于，我们已经看到，在为"后真相时代"的"合法性"的种种辩护，已经深深触及人类对客观真理的认知以及对追求并能获得真理的坚定信仰，这便十分可怕了。在对"后真相时代"的种种辩护中，他们不但对究竟有没有事物的真相表示质疑，而且试图取消"真理"（乃至于"客观性"）这一概念，更有甚者，把在"后真相时代"思潮研究中对真理的维护，看作"有关真理的一曲曲挽歌"，认为"后真相自身就是当代真理的表达方式，它不是有待克服、规训的情景，而是当代社会真理展现自身的唯一方式。正如我们对于后真相时代的客观性的分析一样，真理在当代正是依赖于诸多的悖

---

[1] 转引自：艾德勒，范多伦.西方思想宝库[M].长春：吉林人民出版社，1988：560.

谬而显现出来的。面对后真相时代，应持有更为积极、乐观的态度。它自身的存在样态本身预设了一个全新的真理阐释方式已经到来"①。

呜呼，哀哉！我们可以想象，这支直接毁灭真理和人类追求真理之信仰的"哲学强心针"注入"后真相时代"的思潮中，会有怎样的后果？人类追求真理的信仰一旦倒塌，科学的光芒不再照亮世界，人类岂不又回到那在神灵的感召和牵引下摸索前行的漫漫长夜？

二、政治"异象"的兴风作浪

自古以来"政治"都在人类社会的演变中扮演着主角。这次"后真相时代"思潮的发端似乎也不例外，从追索其真相的角度看，在甚嚣尘上的语词、话语及种种论断、论调背后，是新近以来种种政治"异象"在兴风作浪。

20世纪90年代以来，西方政治中的种种政治撒谎事件的频繁出现，就已经刺激着人们敏感的神经：美国政治中的水门事件、伊朗门事件和海湾战争等的幕后事实被揭露，统治者竭力封锁令他们蒙羞的真相。封锁坏消息，使"后真相"开始走入人们的视野，走入人们的政治生活。

如果说，美国政治中的水门事件、伊朗门事件和海湾战争等，还是一种故意隐瞒真相或故意远离真相的政治撒谎的"偶然事件"，那么，特朗普的当选及其当选过程中新闻传播运作背后的追求真相信仰的丧失、英国脱欧的现象与本质的荒诞背离，使人们感到一下子自觉或不自觉地"生活在一个后真相（post-truth）的世界里"。特朗普的当选与英国脱欧，从政治体制和政治传播机制乃至于政治制度层面，凸显了政治中的忽略真相、蔑视真相、欣赏谎言、追求新奇、玩转规则、崇尚过程、情感宣泄、品质任性等，终于在政治的"不靠谱"和不确定的骚动中，"后真相时代"思潮逐步渗透人类生活的各个领域而风靡全世界。就此，英国伦敦大学戈德史密斯学院政治经济学教授

---

① 夏莹."后真相"：一种新的真理形态——兼与吴晓明、汪行福等教授商榷[J].探索与争鸣，2017（6）：66-70.

威廉·戴维斯干脆直接提出了"后真相政治时代"这个概念,他在《纽约时报》上发表题为"后真相政治时代"一文,悲哀地认为,纵观人类的文明史,事实一直占据神圣的地位,无论是政治、制度还是思想,人们经常以"事实"为最终的检验标准。但在今天,事实似乎渐渐失去了主导社会共识的力量,历史进入了"后真相政治时代"。

"政治谎言"是自古以来人类政治运行过程中的常见现象,常常被一些政治家视为为了某种政治目的而必须隐瞒真相的"政治艺术"。正像日常生活中的谎言有"善意""恶意"之分一样,大家不必对政治中的谎言大惊小怪,但如若为了某集团的一隅之利或者某个人的一己之私,就把故意隐瞒真相或故意远离真相的政治撒谎本身作为一种政治目的、作为一种政治能力,甚至作为一种"美德"、作为一种政治信仰,那就偏离了人类政治"公共性"的天然本性,成为一种政治"异象"。

众所周知,政治的天然本性是建构、维护和捍卫超越任何"个人"和"私域"的"公共"秩序,"公共性"是人类政治的天然本性。诚然,在人类政治文明进步的历史长河中,"公"与"私"、"公域"与"私域"的边界是不断变化、具体生成的,但是,政治这条勇往直前的人类文明洪流,其维护和捍卫人类公共秩序的本性是不变的。

如果说,这次的"后真相时代"思潮中,"政治"是被关注、被挖掘、被肢解的主要领域,那么,接着可以说,推动"后真相时代"思潮中"政治"不断偏离本性而沦落为"私域"和"私利"的权力工具的,则是政治上的种种类型的民粹主义力量。毫无疑问,在这次"后真相时代"思潮的"盛大演出"中,"民粹主义"是贯穿始终的主角。从理论上讲,无论以"意识形态""话语策略"抑或"政治风格"等花样翻新的面貌出现,"民粹主义"都是地地道道的背离人类政治本性的思想和理论。现实中,从19世纪中后期的俄国"民粹派"到19世纪晚期的美国"人民党"运动,从20世纪60年代拉美民粹主义运动到20世纪80年代以来西欧国家的新民粹主义思潮,最后到当前正在上演的特朗普所玩弄的美国政治以及英国脱欧闹剧等等的历史演变和演化中,民粹主义的"症候群",是打着"人民"或"平民"的名义"反智识""反逻辑""反建制""反精英""反中心""反真相"。民粹主义支配下的政治实质上是在"人民至上""国家至上""民族至上"的幌子下，越来越背离人类政治前进的方向。一些在民粹主义簇拥下崛起的所谓政治家并没有真正把平民，尤其是底层平民的终极价值关怀作为自己的理想与事业，而只是将其视为出于政治博弈需要而采取的一种政治策略与政治手腕。他们运用这种平民主义价值观谋取政治道德的制高点，最大限度地动员占人口多数的平民，尤其是底层平民，使自身在与政敌或反对势力的博弈中占据优势。这些民粹主义政治家以平民甚至是底层民众的激进诉求影响政治进程，其政治动员极具煽动性，是出色的"政治煽动家"。2010年，大卫·罗伯茨（David Roberts）首先提出"后真相政治"概念的时候，就认为当代民粹主义的政客们借助媒体力量左右事实真相，使得公共舆论与新闻议题完全偏离正义精神与公共利益。①

所以，越是在这种情况下，我们越要保持清醒的认识，要坚信人类政治文明进步的潮流是不可逆转的。伴随着人类社会公共领域的不断拓展和升华，政治的公共性本性越来越彰显和强劲，任何违背和危害公共性的私利和私欲终将在现代政治文明中被荡涤和清除。

三、媒介传播的推波助澜

人类交往的发展、社会多层面全方位的"展开"依赖的是传播。当人类社会越来越超越"经验社会"而进入"信息社会"以来，其万事万物的所谓"真相"便也越来越通过传递信息的媒介呈现，社会也越来越成为"媒介化社会"。这一点正像爱德华·萨皮尔在《社会科学百科全书》第一版中关于"传播"的论证："虽然我们谈起社会时往往好像它是一个由传统所限定的静止的结构，但是，从更本质的意义上说，根本不是这样，而是各种大小和复杂程度不同的有组织的单位的成员之间部分的或完全的了解所组成的一个极其错

---

① SUITER J. Post-truth politics [J]. Political insight，2016，7（3）：25-27.

综复杂的网状系统。诸如，从一对情人或一个家庭到一个若干国家结成的联盟，或者是报纸通过它超越国界的影响所及的人类中越来越多的人，都属于这样的网状系统。它显然只是各种社会习俗惯例的静止的总和；实际上，它正从参与这个社会的个人中获得的带有传播性质的特定行为，被注入新的生气或创造性地肯定。……我们把这个例子扩大到每一个可以想象的领域，我们很快就认识到每一种文化形式和每一社会行为的表现都或则明晰或则含糊地涉及传播。"①正是在这个意义上，我们甚至会说"传播生成社会"。②

"传播生成社会"，意味着在人类社会的政治、经济和文化发展与进步中，传播有着不可或缺的重要地位及作用。事实上，在人类社会的发展和跃迁中，随着传播技术的迅猛发展，传播越来越成为具有"原始推动力"的活跃性变量，在某种条件和情景之中甚至会成为"主变量"。当年传播学家麦克卢汉曾就传播媒介的作用放言道："媒介是社会发展的基本动力，也是区分不同社会形态的标志，每一种新媒介的产生和应用，宣告我们进入一个新的时代。"③

传播在社会发展与变迁中的各个领域都发挥着重要的作用，但是最为突出的作用是对政治逻辑的"嵌入"。理论上讲，政治与传播并不处在同一等位序列之中，说到底，传播本质上乃是一种政治需要甚或仰赖的工具而已。它们各自具有自身的规定性，在各自的领域按照各自的逻辑运行。具体说来，"政治"的运行逻辑是以强制性的"权力"控制行动，政治统治阶层所设置的控制社会的政治目标是政治逻辑最终的唯一的旨归；而"传播"则以传递运载客观信息为旨归，其运行逻辑是追求和呈现事物的真相。二者的关系应该是互相利用支撑，但不相互越界"嵌入"。但是，自20世纪以降，随着媒介技术的迅猛发展，媒介对各个社会领域全面渗透，成为各种社会活动和社

---

① 转引自：施拉姆，波特.传播学概论[M].陈亮，李启，周立方，译.北京：新华出版社，1984：3-4.
② 关于这一论断的学术论证，可参阅：荆学民.政治传播活动论[M].北京：中国社会科学出版社，2014：34-92.
③ 莱文森.数字麦克卢汉：信息化新纪元指南[M].何道宽，译.北京：社会科学文献出版社，2001：12.

会交换的必经渠道，媒介自身获得了一种社会制度的地位，无论是各种制度之中、各种制度之间以及整个社会中，社会交往的开展日益受到媒介的影响。这种社会与媒介通过结构性交叉，衍生出整个社会对媒介的依赖甚至"遵从"。在此种"社会媒介化"情形之下，建基于媒介发展之上的传播，尤其是新闻传播则疯狂地"嵌入"政治之中。①

新闻传播对政治的"嵌入"，几近形成了美国学者兰斯·本奈特所说的"媒介化政治传播"。本奈特在最新出版的《媒介化政治：政治传播新论》一书中明确指出："媒介化的政治传播已经在当今民主政治和公共生活之中占据了核心地位。尽管传统政治的诸多形式，诸如挨家挨户式的游说、政党活动及其他社会活动的开展等仍然没有消失，人们也依然可以在没有媒体参与的情况下直接进行政治讨论。但是很多的政治组织已经认识到，如果没有多方面的运用，政治统治以及一系列相关的步骤（诸如形成舆论等）是不可能以其现有的方式顺利实现的。"②麦克奈尔甚至把媒体视为更加赤裸裸的"政治行动者"，他提醒我们注意："当今自由民主社会中的媒体机构不仅仅具有传播信息的认知作用，还具有分析、估价及评论的解释功能。媒体不仅仅报道政治事件，它们还是从事政治活动的环境中的一部分。它们为政策及解决方案的讨论做出了贡献，这不仅仅因为它们设置了公共议程，或者说提供了一个平台，让政治家将自己的观点公之于众，还在于它们褒贬评议了各式各样流通着的政治观点。"③在麦克奈尔看来，媒体"定义政治事实"，即"通过新闻采访以及新闻生产的过程，最终把一个'成型'的阐述呈现在受众面前，告诉他在特定的时候，政治事件中哪些事情'真正'重要。记者向我们传递了政治的'意义'。他们把政治生活中的事件嵌入叙述框架中，这些框架让事件以

---

① 关于政治、媒介及资本三种逻辑的关系的详细论证，请参阅：荆学民，祖昊. 政治传播中政治、媒介、资本的三种逻辑及其博弈 [J]. 社会科学战线，2016（9）：151-157.
② 本奈特，恩特曼. 媒介化政治：政治传播新论 [M]. 董关鹏，译. 北京：清华大学出版社，2011：1.
③ 麦克奈尔. 政治传播学引论 [M]. 殷琪，译. 北京：新华出版社，2005：76.

故事的方式得以陈述"。①

事实上，麦克奈尔所警告的现象不断在现实中重复且越来越毫无节制地上演着。就这次的"后真相时代"思潮的喧嚣而言，就正是一个新闻传播（媒介）对政治异象狂躁不安式的推波助澜的"活报剧"。就此，我非常赞同著名学者基恩的论断："'后真相'是一场由媒体助力的、因为媒体对情感和个人信仰的呼吁和宣泄而对客观事实的公开埋葬。"② 在这次"后真相时代"思潮的"盛大演出"中，"新闻传播"一路向前，通过基恩所说的"谎言（lies）、胡扯（bullshit）、插科打诨（buffoonery）和沉默（silence）四个维度"成为政治权力操弄"后真相思潮"的"跳梁小丑"。"当后真相被视为政治家、新闻记者、公共关系机构和其他参与者的公开表演时，它就像20世纪老上海出现的杂耍马戏。老式杂耍马戏的组成人员包括壮汉和歌手、舞者和鼓手、吟游诗人和魔术师、杂技演员和运动员、喜剧演员和马戏团的动物，这是一场表演。而后真相也是一场'秀'，它精心打造了一个公共场景，邀请数百人甚至更多的人观摩，为他们提供娱乐。但娱乐不是后真相的全部，它具有充分的政治特质，后真相是政治操纵的新武器。"③

我们继续走进"后真相时代"思潮的深处时就会发现，依赖于媒介的新闻传播领域对"后真相时代"思潮的推波助澜，其思想深处是"三大主义"作祟。

第一是相对主义。从哲学理论上讲，当我们不再披荆斩棘深究客观真理的时候，就是相对主义乘虚而入的时候。在相对主义看来，世上并没有什么真理，何来对真理的孜孜以求？就算有真理存在，真理也是空中的月亮"你走我也走"，是一个永无尽头的无底洞，真理就在"追求真理"的过程中，因而"没有真理"本身就是真理。必须指出，在人类的哲学发展和理性认知中，

---

① 麦克奈尔.政治传播学引论［M］.殷琪，译.北京：新华出版社，2005：76-77.
② 参见：肖珺，单波，杨家懿.数字通信革命视角下的后真相反思：与约翰·基恩的讨论［J］.新闻记者，2018（8）：14-22.
③ 参见：肖珺，单波，杨家懿.数字通信革命视角下的后真相反思：与约翰·基恩的讨论［J］.新闻记者：2018（8）：14-22.

这种相对主义哲学早已经被科学理论驳倒，已经被扫进了哲学的历史垃圾堆之中。然而，这次"后真相时代"思潮的喧嚣中，相对主义又被一些新闻传播学者从历史的垃圾堆中拣了出来。有学者深沉地抛出了"真相的地理学与历史学"，试图用地理学的"空间"理念和历史学的"时间"理念来包装"后真相时代"，说什么"真相不仅仅是空间，也是时间。真相的历史是伴随着争议的；真相从来没有直截了当地成为真相。真相史表明，真相的重要性随着时间而变化"。① 可以看出，这种思想与论断与前面我们批评的哲学理论的"真理挽歌"论完全同出一辙。

新闻传播界在面对"后真相时代"思潮无情地"埋葬"人类追求真理的信仰时，不但没有坚守自己"深度追求真相、客观呈现真理"的天然品质和"良心阵地"，反而"集体沉默"，让射杀真理信仰的子弹在新闻传播造就的"慢事件"（无限放大真相的浮出过程，甚至为了某种利益或者在某种权力支配下故意悬置真相）中恣意扫射。在此，我们可以仔细体会一下新闻传播学者约翰·基恩所讲的一个稍长但不失生动的"思想故事"："简而言之，真相会随着时空变化，每个地方的真相是不同的。法国文艺复兴时期的作家蒙田有一句名言，大意是，比利牛斯山脉一边的真相在另一边是虚假的。福柯也重申过他在诊所和监狱内讲述真相（le dire vrai）诞生的观点。任何时候，在任何特定的社会中，真相的地理学和其概念本身都是同等重要的。……新的真相地理学也强调，在一些生活空间中，真相无足轻重；在一些地方提及真相是不合时宜的，比如，贝托尔德·布莱希特曾经说过，如果有人站在一群罢工者面前说'2+2=4'，无疑会被嘲笑，因为此时，人们并不关心真相是什么，真相不需要被提起；而在有些地方，说出真相会带来危险后果，例如罗兴亚地区的父亲们对巡逻、狩猎、强奸妇女的缅甸军队说谎，站在家门口说他们家没有女儿。"②

---

① 参见：肖珺，单波，杨家懿.数字通信革命视角下的后真相反思：与约翰·基恩的讨论［J］.新闻记者，2018（8）：14-22.
② 参见：肖珺，单波，杨家懿.数字通信革命视角下的后真相反思：与约翰·基恩的讨论［J］.新闻记者，2018（8）：14-22.

第二是唯心主义。在现代人的哲学思维中,"唯心主义"这朵"不结果实的花"虽然已经不再是一种简单的随意"唬人"的标签,但是,作为人们判断和把握世界的前提性立场,人们理应坚守唯物主义摒弃唯心主义这一点并没有发生改变。唯心主义的突出特征就是无限夸大人类的"主观能动性",沉浸和满足于人类精神的能动状态,忽略、不在意和不承认精神背后的"物质根据"。事实上,在这次的"后真相时代"思潮中,一些自觉或不自觉地制造、参与和推动"后真相时代"思潮的人,不但把唯心主义作为一种思想立场,而且把它作为一种精神目标。正像有学者指出:"'后真相'具有两大基本特征:一是情感大于事实。在个人私利和情感至上的鼓噪声中,真相要么被无情漠视,要么被有意遗忘。在海量信息、各异观点和各色情绪围攻下,真相显得不再那么重要。二是消解事实是常态。在'后真相'时代,观点有时比事实本身更重要,真理更是常常陷入各种言论的遮蔽之中,'事实胜于雄辩'渐行渐远,'雄辩胜于事实'始占上风。"①

从基本的哲学原理上讲,相对主义最终会走向唯心主义泥潭。在这次的"后真相时代"思潮中,这一点已经充分暴露了出来。他们正是沿着"真相并不重要"——"真相难以寻找"——"真相并不存在"的"思想路线"最终走到了"真相就在心中"的唯心主义泥潭。请看一段关于"后真相"的学术探讨中中外学者的对话:"我认为,中国也应该被纳入真相地理学和历史学的认知框架中。自古以来,中国对'真相'也形成了独特的理解。基恩先生所说的'真相是多元的'观点,在中国语境中可以得到呼应。中文的'真'与'真相'更强调本真的东西,内在于人心、内在于自然。而西方对真相的理解,似乎更强调真相外在于人心,真相是外求的,而非内在的。""您的这个讨论对我很有启发。说实话,西方人可能比较难理解中国哲学的观点,中国的真理是在一个人的内心,而西方人总是认为真相是在人心之外的,真相是我们与外界的一种关系,存在的才是真相。这中间涉及基督教的影响,我刚才也提到了宗教的争论。所以什么是真相呢?从宗教的观点看,真相就是上

---

① 庞金友.网络时代"后真相"政治的动因、逻辑与应对[J].探索,2018(3):77-84.

帝，上帝来到我们身边，来到教堂，只有当我们接近他们，我们才接近真相。因而，真相是一种关系，真相是我们和外界的关系。"①多么昭然：我们被轻松地引入了往往最为吸引人的唯心主义宗教的精神境界之中；它非常巧妙地把人们带入了中国古代哲学家王阳明的哲学境界："你未看此花时，此花与汝心同归于寂，你来看此花时，则此花颜色一时明白起来。"

第三是实用主义。人们追求事实真相的信仰一旦崩塌，就会在唯心主义认知的支配下，打着相对主义的旗帜，对待现实生活中的万事万物采取实用主义的选择。实用主义的骨子里就是"实用便是真理""真理的标准就是实用"。而"实用"与否的判断依据，就是当下实实在在的"利益"。在这次的"后真相时代"思潮中，我们已经看到并体验到了民粹主义的政治家们是如何打着"国家利益"的旗号隐瞒真相、欺骗公众、操弄舆论和玩弄权力。早在1992年，史蒂夫·特西齐（Steve Tesich）就在《国家》杂志上发文批评美国政府在海湾战争中为了所谓"国家利益"，故意操纵媒体进行有选择性的报道，让民众只能了解部分事实，从而生活在一个"后真相世界"中。②

对于新闻传播界来说，"后真相时代"思潮中"像飓风一样席卷了我们生活"的"传播的丰饶"与"丰饶的传播"，使人们轻易就放弃了对事物或事物背后真相的艰辛探索和精神思考，没有丝毫作为新闻传播者的"勇士"精神和道德愧疚感，直奔各种唾手可得的"利益"而去。为了提升市场竞争力，追求利润最大化，盈利成为媒体的主旨目的和实用目标，它们刻意营造一种介于真相与谎言之间的不三不四、不真不假的所谓"第三种现实"，以虚假传播、戏谑受众、玩弄真相、践踏真理、丢弃责任。这些已然很突出的现象和事实，非但没有受到应有的谴责和惩罚，反而赚得钵满盆满，尽显实用主义对人类社会的残虐。

实用主义作为一种哲学思想具有无比强大的支配力，时至今日仍几乎是美国及资本主义国家阵营的"国家哲学"，它一旦成为新闻媒体的思想理念，

---

① 参见：肖珺，单波，杨家懿. 数字通信革命视角下的后真相反思：与约翰·基恩的讨论[J]. 新闻记者，2018（8）：14-22.

② TESICH S. A government of lies [J]. Nation, 1992, 254（1）：12-14.

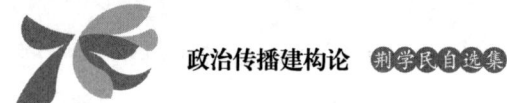

一定会给人类文明的进步和社会个体精神世界的健康发展带来灾难性后果。

四、结语

我们无须继续全面系统地剖析正在持续"上演"的"后真相时代"思潮。但是我们有责任发声，理性检讨其思想深处的"根蒂"和带来的可能性后果。当然，所谓"理性检讨"不是简单的情感式"炮轰"（尽管有时这种"炮轰"也是十分必要的）。针对这次"后真相时代"思潮，我们不妨尝试一种"分层对待"的学术态度，即区分一下"后真相时代"思潮的"经验呈现"层面和"价值观作祟"层面。所谓"经验层面"，是指"后真相时代"思潮中模糊的、不确定的、非自觉的思想倾向和行为表现；所谓"价值观作祟"层面，是指"后真相时代"思潮中清晰的、自觉的、确定的思想倾向和行为表现。"经验层面"的思想倾向和行为表现可以理解，而"价值观作祟"思想倾向和行为表现则不可放纵。我们必须清醒，二者之间紧密联系相互贯通，所以，不断澄明"经验层面"，狙击其长期积淀而进入"价值观作祟"层面，是这个时代有良知的知识分子义不容辞的社会责任。

论中国政治传播在国家治理体系现代化中的战略地位和作用[*]

阅读提示：中国共产党的第十九届四中全会作出了全面推进我国国家治理体系和能力现代化的伟大战略部署，毫无疑问，中国特色政治传播在我国国家治理体系和能力现代化的进程中具有重要战略地位和重要作用。本文主要是从学理上论证这个问题。文章使用了"逻辑与历史相统一"的构思方法勾勒了所要表达的主题思想。

国家治理体系是一种全方位多维度的制度体系，无论何种性质或类型的国家治理体系，政治传播体制都是其重要的组成部分，具有重要的战略地位。国家治理体系和能力现代化是一个动态行进的实践过程，其中，政治传播在快速度高质量的国家治理体系和能力现代化进程中具有战略地位，发挥着重要的作用。

一、中国政治传播与国家治理的行进逻辑的宏观相嵌

现在学术理论界已有从主体、结构、制度、体制、方式、因素等不同角度对国家治理体系和能力现代化的研究成果。比如，就治理主体角度而论，认为是政府治理、法人治理、公民自治的有机结合；就治理结构角度而论，

---

[*] 本文原载于《现代传播（中国传媒大学学报）》2020年第4期，与宁志垚合作。

认为是国家机制、社会机制和市场机制的有机结合；就制度角度而论，认为是治理国家的一系列制度的总和；就方式而言，认为是对公权力的制度化、规范化、民主化、法治化；等等。这些研究，更多地聚焦于理论抽象层面，这当然是非常必要的，但是远远不够。

事实上，国家治理体系和能力现代化这个宏大高远的理论命题和实践过程，其特质在于：其治理体系背后基石性的国家政治价值观和具体历史实践中的国家政治运行逻辑。就像世界上没有两片相同的树叶一样，世界上也不存在国家治理体系完全相同的国家。新中国从诞生之日起，就是一个独具光辉的具有中国特色社会主义制度、体现中国特色政治文明的国家。一路走来，它的国家治理体系和能力现代化的进程，秉持着特有的国家政治价值观，遵循着特有的政治运行逻辑。在这种伟大的历史进程中，内嵌于其中的政治传播，与国家政治价值观和国家政治运行逻辑是同频共振的。

新中国是一个"政治建国"的国家，一个具有全新政治属性的社会主义国家。它的国家治理体系的建构，天然性地面对三重挑战①。第一，它是运行了两千多年的中国传统国家治理模式的"革命性整体转型"过程。"一个国家选择什么样的治理体系，是由这个国家的历史传承、文化传统、经济社会发展水平决定的，是由这个国家的人民决定的。我国今天的国家治理体系，是在我国历史传承、文化传统、经济社会发展的基础上长期发展、渐进改进、内生性演化的结果。"②中国的国家治理现代化，既要充分汲取传统国家治理的有益智慧，但更要克服几千年传统政治惯性、政治心理、政治思维所积淀和传袭的束缚、阻滞甚至反动。第二，放眼世界，社会主义是从资本主义的母体中诞生的，是对资本主义的革命，中国的国家治理现代化既要超越资本主义的国家治理弊端，充分彰显社会主义的制度优越性，在国家治理目标及制度安排上凸显社会主义国家的政治价值取向，同时又要合理汲取资本主义

---

① 学者何显明是用"三重逻辑"来表述的。参见：何显明. 70 年来中国现代国家治理体系的建构及演进逻辑[J]. 浙江学刊，2019（5）：4-13.

② 习近平. 完善和发展中国特色社会主义制度，推进国家治理体系和能力现代化[N]. 人民日报. 2014-02-18（1）.

国家在国家治理现代化中所取得的优秀成果。第三,"现代化"是一个中性概念,因而"国家治理现代化"在"政治方向"作为前提的基础上,其核心还是一个要适应现代技术、经济、社会及观念变革的现代治理体系的建构过程。在这个意义上,它恰恰需要超越僵硬过时的意识形态的束缚,在全球化的技术、制度、观念的相互借鉴过程中,掌握国家治理体系现代化的普遍性规律。就是说,中国的国家治理现代化,既要坚守社会主义的政治底线,又要解放思想,着眼于"人类命运共同体"的普遍性。

中国的国家治理现代化过程就是在这三重挑战中起步前行的。有学者从政治逻辑或政治形态演进的角度,把中国的国家治理现代化过程划分为"基于政治自主的革命建国""基于政治开放的发展富国""基于政治自信的治理强国"三个历史阶段。① 深入思考,中国政治传播的"政治宣传、政治沟通、政治营销"三大基本形态和演进②,正好与中国国家治理的历史进程宏观相嵌,匹配对应。

简单描述,如果认为,"基于政治自主的革命建国"阶段是借助于"革命"意识形态赋予政治合法性,那么,以政治宣传为轴心的中国政治传播,发挥了其政治动员的强大威力,建立起了以党的全面领导为根本特征的政治制度框架和国民经济组织体系,完成了社会组织横向到边、纵向到底的重建,持续性地掀起以革命意识形态为核心的社会思想文化革命;如果认为,"基于政治开放的发展富国"阶段,改革开放重塑了中国国家治理的主体及其关系——当社会主体从完全依附于国家机器的"零件",蜕变成为具有自主意志的社会行动主体,主体间关系被注入越来越多的平等属性,国家治理过程不再是国家单独的意志过程,而是一个在法治框架内的互动过程——那么,与之匹配的以政治沟通为轴心的中国政治传播发挥了极大的效能:它为社会各阶层的利益表达、利益协商提供了更大的制度容纳空间,为协商民主制度的

---

① 本文的中国国家治理体系三阶段说,借鉴了何显明先生的研究成果。参见:何显明.70年来中国现代国家治理体系的建构及演进逻辑[J].浙江学刊,2019(5):4-13.
② 荆学民,段锐.政治传播的基本形态及运行模式[J].现代传播(中国传媒大学学报),2016,38(11):8-15.

广泛建立、基层民主制度的逐步完善，人大、政协对新社会人士的广泛吸纳等统一了思想，提高了认同，从而使中国的国家治理结构更加开放，更加具有弹性和韧性，对未来社会变迁更具敏锐性和适应性；如果说，"基于政治自信的治理强国"阶段，中国共产党能以世界性的眼光，理性地审视全球国家治理变革的趋势及挑战，立足改革开放以来国家治理取得的显著成就和中国共产党积累的丰富执政经验，摆脱西方模式、确立了国家治理的"中国尺度"，[1]那么，以政治营销为轴心的中国政治传播已经闪亮登场。这种模式是中国政治宣传的新境界[2]，是中国政治沟通的新时代，它承担着向全世界"讲好中国故事""构建人类命运共同体"、实现中华民族伟大复兴的中国梦的伟大历史使命。互联网时代的信息革命，现代传播技术的跃迁，国家治理的"信息化"呈现，决定着政治传播在国家治理现代化中居于越来越重要的战略地位。

二、中国政治传播研究在国家治理体系建构中的论域浮现

要阐释政治传播在国家治理体系中的战略地位和效能发挥，离不开政治传播逻辑起点的"元问题"，即"政治"与"传播"的关系问题，或者换个角度说，是政治社会运行与政治传播活动的关系问题。较长时期以来，中国的政治传播及其研究为两方面所钳制。

从理论上看，政治传播学科的诞生和发展，与选举政治紧密相关，但是在中国，由于缺乏选举民主的制度语境，中国的政治传播活动及其相应的理论研究则多与选举无关。对于中国的政治传播而言，那种基于竞选性政治的西方政治传播的喧嚣鼓噪，也只能是一种异域景观，其研究和借鉴的价值十分有限。也就是说，西方政治传播理论与中国政治现实可复制的相似性条件及适配度非常低。从现实上看，中国长期处于国家与社会高度融合的状态，

---

[1] 何显明. 70年来中国现代国家治理体系的建构及演进逻辑[J]. 浙江学刊，2019（5）：4-13.
[2] 荆学民. 探索中国政治传播的新境界[J]. 中国人民大学学报，2016，30（4）：74-81.

尤其是在过去的计划经济年代，国家的行政指令代替市场的自主运行，社会在"单位制"制度运行中被严密地组织起来，社会即国家。客观地说，在过去很长的时期内，私人生活背负着沉重的政治伦理责任。国家为了维护意识形态安全，始终保持政治宣传工作的高势能运转，并通过灌输、教化，构建以集体主义价值观为基础的国家认同。凭借着强大的宣传机器和垄断的信息资源，党和政府在政治传播活动中处于绝对的优势地位。在惩戒性政治权力和强势的政治话语的钳制下，个人和社会组织难有机会和途径发表政治观点，现代意义上的公众舆论很难形成。在这样的情景之下，用"宣传教化"等语词形容国家向社会单向度的信息流动似乎更为适切。

进入信息传播互联网时代以来，这种僵化单一的政治宣传已然无法承担中国特色社会主义伟大事业对政治传播的要求。正是在此种背景下，区别于过去那种僵化的政治宣传的政治传播理念和理论，即中国特色政治传播理论应运而生。那么，"政治传播"何以必须进入当代中国政治学和传播学的研究视域，进而成为一门专业化的学科，就成为政治传播研究首先面对和解决的问题。

为了破除这一理论与现实的双重困境，首先应把理论的触角置放于鲜活的中国政治实践之中，应从中国改革与发展亦即国家治理的实践进程中寻找依据，因为中国国家治理体系的建构和现代化过程，恰恰为中国政治传播研究提供了理论论域和学科合法性。改革开放以来，中国经历了国家和社会关系的转型与重构。在国家放权的过程中，社会自我组织、自我管理、自我运行的强大效能逐渐显现。社会越来越充满生命力和创造力。各种社会化组织的出现和个体权利意识的觉醒，丰富了社会政治生活的活动主体。这些主体同时也是政治传播活动的主体，主体间依靠政治传播活动进行交流。在纷繁复杂的政治生活中，政治主体的价值立场、社会身份、生活经验都各有不同，政治传播主体意识的异质性凸显，思想和观点的碰撞愈演愈烈。马克思主义认为，社会存在决定社会意识，经济基础决定上层建筑，中国特色社会主义建设的伟大实践，呼唤和决定了中国特色政治传播的出现和发展。

在理论上，中国特色社会主义建设的伟大实践，必然决定着中国特色政治传播应建基于一种与中国国家治理体系现代化相适应、相匹配的"新政治传播观",即应从我们提出的"视界融合"的政治传播观起步①。"视界融合"的政治传播观,把政治传播界定为"特定政治共同体中政治信息扩散和被接受的过程",它要求深度理解这一定义中"政治"与"传播"本质性基因的天然性的内嵌与融合。这一理念延伸到当下,在国家治理体系现代化这一宏大历史背景中考量政治传播,就不应只满足于"政治信息的扩散",而更应该探寻政治传播要义的时代性拓深和延展,即政治信息不仅仅是文本与符号,更承载着特定的意义和价值。无论是个体的"自我独白",还是群体的"众声喧哗",其中的政治象征和政治意蕴也都值得玩味和思考。政治信息的流向,表面上经由媒介工具进行传播,但本质上则沿循传者与受者既定的政治社会关系,有组织、有规律地流动。政治传播已然不能只是单纯地运用媒介工具进行的对空言说,政治信息的扩散已然不是盲目地漫灌,而是主动地流向相关者。此种情形之下,探讨政治传播在国家治理体系建构中的地位和效能,理应牢牢把握全球化背景下政治与政治传播多环节、多层面、多维度的"多元性"这一本质特征,尤其要关注政治信息流动过程中的政治立场对立、政治价值碰撞和政治共识生成等重大节点。

三、中国政治传播与国家治理体系互嵌互动的运行机制

政治传播与中国国家治理体系的"互嵌"机制通过三个层面或者环节实现。"党的领导"与"人民立场"是中国特色社会主义政治的突出特征,同时也是政治传播与中国国家治理体系产生政治关联的"嵌入轴"。在制度上,政治传播体制与中国国家治理体系同频共振,彼此适配。进入互联网时代,政治传播更成为一种重要的治理手段和治理方式,通过信息传递和舆论引导,应对互联网社会与现实社会中存在的诸多问题。

---

① 2009年,我们就提出并论证了这个理解政治传播的基石性的观点。参见:荆学民.政治与传播的视界融合:政治传播研究五个基本理论问题辨析[J].现代传播(中国传媒大学学报),2009(4):18-22.

1. "党的领导"与"人民立场"是中国政治传播与国家治理体系的"嵌入轴"

中国共产党的坚强领导是新中国屹立于世界之林的根基，也是新中国对人类文明伟大贡献的光辉耀眼之处。诚如《人民日报》庆祝新中国成立70年的社论所言："研究中国问题的国际观察家有个较具共识的判断：中国共产党是一个愈挫愈勇的政党，具有脱离险境的神奇力量，不断创造出让人难以置信的传奇业绩。70年一路走来，我们曾遭遇封锁与遏制，曾有过急躁与冒进，曾经历大洪水、大地震、大疫情等重大灾害的考验，也曾面对金融危机、贸易摩擦等国际风浪挑战，正是因为始终在党的坚强领导下，集中力量办大事，统一高效组织各项事业、开展各项工作，才成功应对一系列重大风险挑战、克服无数艰难险阻，始终沿着正确方向稳步前进。掌舵人民共和国的中国共产党，领导国家、带领人民开创出百年未有的新局面，充分证明了'办好中国的事情，关键在党'。"①

但同时，我们不能忽略的是，中国共产党领导下的国家治理体系和能力现代化的"原始基石"和"终极目标"又是"为了人民"。"人民至上"是马克思主义政党区别于其他政党的显著标志，是中国共产党的根本政治立场。人民群众是中国共产党执政的基础，中国共产党的宗旨是全心全意为人民服务。正如习近平总书记在党的十九大报告中所论述的，"全党必须牢记，为什么人的问题，是检验一个政党、一个政权性质的试金石。带领人民创造美好生活，是我们党始终不渝的奋斗目标"。②

如此，"党的领导"与"人民立场"是中国国家治理体系和能力现代化过程中"上下顶天立地""左右通贯到边"的核心之轴。顶天立地、左右贯通的实现机制便是政治传播。"党的领导"与"人民立场"正是中国特色社会主义政治与中国特色政治传播的共同特征，同时也是国家治理体系和能力现代化

---

① 任仲平. 奋斗创造人间奇迹[N]. 人民日报. 2019-09-29（1）.
② 习近平. 决胜全面建成小康社会 夺取新时代中国特色社会主义伟大胜利：在中国共产党第十九次全国代表大会上的报告[EB/OL].（2017-10-27）[2019-02-05]. http://www.xinhuanet.com/politics/19cpcnc/ 2017-10/27/c_1121867529.htm.

与政治传播的互嵌之轴。

在中国国家治理体系建构的过程中,"人民"被确证为中国现代立国的根基,"人民"是国家政治权力唯一的世俗来源。因此,从政治传播的角度,"人民"自始至终是中国共产党全部政治话语的根基性词根,是中国共产党话语呈现的主体方式和框架。"'人民'话语不仅关涉社会主义的政治理想,也关涉社会主义道统的来源,勾连着'未来'与'过去',因此在革命祛魅的改革之后,对'人民'话语进行了再诠释。"[①] 中国共产党用"人民当家作主""人民民主"等通俗语词消解了"人民主权"等西方话语的统摄,呈现出属于中国独有的现代政治依托。另一方面,中国共产党用"人民"话语导引出政治的公共性本质,彰显出"为人民执政""靠人民执政"等独特的政治品格。"人民"话语由此成为中国特色政治传播的特殊中介和宣传工作中高频率出现的关键语词。党和政府在宣传工作中强调用人民立场、人民观念,以群众喜闻乐见的形式对人民关切的议题进行传播。"人民"话语不仅在新闻报道与官方文件中以文本书写的形式呈现,更广泛地弥散于日常生活中各种官方组织及事物的命名之中,如"人民公安""人民医院""人民公园""人民解放军""人民大学""人民出版社""人民币"等。"人民"已经成为中国政治传播独有的价值符号,标识着中国共产党"为人民服务"的根本政治导向。

中国国家治理体系的建构与运行离不开政治传播,政治传播是中国共产党广泛联系群众的中介环节。中国共产党代表最广大人民的根本利益,需要广泛听取和表达人民群众的真实愿望和诉求。党和人民群众通过政治传播实现信息的沟通交互。党作为政治传播主体,通过立体多样、融合发展的现代传播体系,发挥主流媒体的喉舌作用,塑造党的正面形象。人民群众可以通过各种制度化的组织渠道将自己的意见、愿望、诉求传递给党和政府。中国共产党也通过整合信息资源和掌握社会舆论,了解社情民意、发现矛盾问题,以实际的改革成果和治理绩效回应社会关切。另一方面,中国共产党通过政

---

① 刘杰,贺东航.历史社会学视野中的"人民"话语:表达与实践[J].东南学术,2017(6):1—7.

治传播引导社会情绪，动员人民群众，领导人民开展经济建设、政治建设、文化建设、社会建设、生态文明建设，将党的理论和路线方针政策转变成人民群众的自觉行动，实现国家治理协同发展。

2. 中国政治传播体制与国家治理体系制度层面的同频共振

我国传媒体制已形成包括领导体制、管理体制、职能体制、经营体制、社会体制等多层次、多方面的制度体系。[①] 传媒体制既是国家治理体系和能力现代化的缩影，同时也为国家治理体系和能力现代化的大局服务。基于传媒体制的中国政治传播体制，既与中国特色社会主义制度高度关联，又深层嵌入中国国家治理体系。中国政治传播体制作为"制度"，体现和实现中国特色社会主义制度对国家制度的规范性和约束性；作为体制，又担当着各种社会政治主体各安其分，各尽其责，在有序交流良性互动中共同完成"善治"的重大使命。

不同于西方所谓"媒体独立"的传播体制，坚持党的领导是中国政治传播体制的本质特征。党的领导保证了政治传播的严肃性和规范性，使政治传播能够始终坚持正确的舆论导向，实现了党性和人民性的高度统一，避免了政治传播商业化、娱乐化的错误倾向。对于政治传播而言，中国共产党既是政治传播的主体，同时也是政治传播机制的领导者。中国共产党通过会议、报告、学习等党内传播机制，实现党内信息与精神的上传下达，维护各项工作的正常运转，保证党的凝聚力和向心力。中国的政治传播是一个合纵连横的大宣传系统：在纵向上，中央宣传思想工作领导小组指导与协调整个国家的宣传工作，中央宣传部领导地方各级宣传部门开展宣传工作，形成了中央、省、市、县、乡等五个层级的制度结构。在横向上，宣传部门还与诸多协同机构、会同机构共同开展宣传工作。包括国家互联网信息办公室、国家新闻出版广电总局、工业和信息化部在内的政治传播信息管理机构，也履行着监管治理的职能。中国政治传播通过横向与纵向各层级的职能部门进入中国国家与社会的各个层级，体现出国家信息传播和治理体系强大的组织特征。[②] 政

[①] 葛玮. 中国特色传媒体制：历史沿革与发展完善 [J]. 中国行政管理, 2011 (6): 11-19.

[②] 苏颖. 守土与调适：中国政治传播的制度结构及其变迁 [J]. 甘肃行政学院学报, 2018 (1): 71-82.

治传播的对应职能部门不仅限于各层级的宣传机构，各级政府职能部门同样设有专门机构，负责本部门的新闻发布和信息传播工作。

3. 中国政治传播作为国家治理体系中的具体治理方式

在互联网时代，中国政治传播不单单是意识形态的宣传，而且成为一种混合现代价值倾向的国家治理方式和手段。互联网不仅为人类提供了沟通交流的便利工具，更扩展了人类活动的空间场域。随着互联网传播技术的普及度和便利度提高，互联网已经成为人们获取信息、沟通交往的主要手段。人们在现实生活中的态度和行为，很大程度上受到互联网的影响，网络信息成为影响人们价值判断和行为选择的关键变量。因此，将"线上"和"线下"统筹起来，实现网络社会与现实社会的协同治理，是互联网时代国家治理体系和能力现代化的应有之义。在信息传播而形成的网络空间中，政治权力需要以"信息化"的形态存在，党和政府在网络上传播什么样的信息，什么时机传播信息，如何传播信息，往往成为影响政治事件走向和网络社会发展的关键因素。互联网时代的国家治理中，政治权力需要以传播的方式介入社会，以信息发布者和引导者的身份，发挥社会治理效能。这种介入方式，区别于传统的信息垄断和话语控制，是在纷繁复杂的信息市场中发布关键信息，在嘈杂喧闹的公众讨论中占领舆论高地。这种治理方式一般以如下的形式运作：通过强化对政治信息的审查与管控，保证国家意识形态安全和积极正面的舆论导向；通过公开政府信息，吸纳群众意见，实现信息的多方面公开和全方位沟通，消除政治社会运行中信息不对称带来的低效率；通过贴近公众的立场和平实有力的语言，寻求公众对关键问题的理解，化解社会矛盾。

四、中国政治传播与国家治理体系互嵌互动的适度调适

推进国家治理体系现代化是一个动态的过程。正如本文第一部分所论，在这一宏大的历史进程中，政治传播的形态也协同演变，二者动态融合，彼此调适。从"治理"的角度看，治理的主体是多元的，多元治理主体的互动协商有赖于政治传播活动。在国家治理体系中，不同治理主体身份经历、价

值立场、利益诉求的差异性，决定了政治传播活动的多元态势和复杂性。国家治理体系和能力现代化是国家从体制机制层面对于社会多元化发展趋势的回应，政治传播的基本形态及运行模式也正是顺势而为，实现与国家治理体系的深度嵌入与动态调适。

国家治理体系是多元主体的有机结合，其建构与运作不仅依靠政治信息的流动和传送，同时也需要通过公共理性和集体认同而维系，避免诸要素内部结构的松散与分离。"中国的政治传播在强调国家意图的达成的同时，也要强调其对政治系统的功能意义，它是国家谋求社会支持，建立政治合法性，培育基本社会共识的重要方式。"[1] 随着改革开放的深入发展，国家与社会关系经历了深刻的变革，社会不再是具有高度同质性特征的普通民众所组成的"一块铁板"，而是不同的阶层、团体、个人之间的有机结合。面对社会多元化、多元态的变化趋势，旧有的政治传播模式需要进行适应性转型，改变强势引领和直接灌输的高昂姿态，发挥社会整合和精神凝聚的作用，在市场经济利益竞取和政治社会多元治理的背景下提高国家的凝聚力和向心力。

有学者分别以改革开放和世纪之交为时间节点，将新中国的政治传播演进过程，解读为从泛政治化的"革命"语境，到去政治化的"改革"语境，再到维护媒介公共性的"治理"语境。如今的治理语境，需要在市场经济的框架下，剔除国家的全能政治，把更多的社会问题纳入公共领域的范畴，为社会广泛关注。[2] 可以看出，政治传播变迁史与共和国的改革史、发展史高度契合，政治传播演进过程中，政治宣传、政治沟通、政治营销三种政治传播形态也随之实现了逻辑与历史的统一。

从总体趋势来看，随着中国改革开放的深入推进与社交媒体的迅猛发展，面对逐步掌握话语权的公众，政府也在宣传方式上用相对平实的语言，关注老百姓关切的民生议题，寻求民众思想上的理解与行动上的支持。不可否

---

[1] 苏颖. 作为国家与社会沟通方式的政治传播 [M]. 北京：中国社会科学出版社，2016：39.
[2] 边巍，刘宏. 中国当代政治传播的变迁 [J]. 现代传播（中国传媒大学学报），2011（2）：59-62.

认，政治宣传依然是政治传播中的主轴。政府掌握着大量信息资源，拥有组织程度、专业化程度很高的政治传播体系，以及党政机关主管的专业主流媒体，具有强大的传播能力、动员能力和组织能力，这是任何非政治性传播主体都无法单独抗衡的巨大优势。掌握国家宣传机器的党和政府依然是政治传播活动中的主角，即便是在社交媒体时代，技术发展也无法完全消解政府的权威。

社交媒体将公众的异质性特征外显化、放大化。众声喧哗背后是各类群体的利益对立与价值冲突。各方观点的交汇碰撞、批驳诘难，也成了现代社会产生共识、寻求理解的重要前提。而党和政府需要及时发现群众的现实关切与利益诉求，通过舆论引导、权威声明、谣言管控，与社会进行沟通对话。在国家治理体系和能力现代化中，党和政府应该用社会主义的意识形态统合社会多元的价值观念，以提高社会主义核心价值观的政治感召力。这就要求政治宣传摆脱政治上宏大高远的前提预设，告别单纯强调推行主观意志的粗暴方式，尊重社会发展规律和媒介运行逻辑，在庞杂的信息资源中捕获和提炼社会共识。

社会共识的生成依赖以主体间性为特征的政治传播。因此，"政治沟通"不能再被狭义地理解为"国家"与"社会"的沟通，而应该涵盖国家内部及社会内部的沟通。在国家治理体系中，政治沟通存在"一"与"多"的辩证关系。"多元"并不必然意味着社会在各逐其利、自说自话中走向撕裂。社会各主体可以在"私"的共同性中能动地生成"公"的公共性，在沟通、协商、交流中实现政治传播的价值旨归。因此，政治传播研究应该高度关注公共领域内所讨论议题的个人经验与国家指向。受制于个人的阅历与学识的影响，公众对于宏大政治命题的关注，往往基于自身的经历与诉求，这种经历与诉求与个体的生活有很强的关联性。在公共领域中，"个人—社会—国家"三者在话语形态上的勾连依赖于政治传播主体能动性的发挥。个体为了超越自我独白的尴尬处境，会在自我言说之际，主动呈现议题的社会性特征，在特殊性的诉求中，主动探寻其中的普遍性，形成影响更为广泛的公共舆论。"公众舆论这个概念的提出就赋予了公共精神和批判性的含义,从中反映了民众的共同想法,表明了人们共同的意愿。"[①] 政治传播主体在政治沟通高频次的互动中形成的公众舆论,是构建国家治理体系的共识性基础,同时也是政治宣传需要高度关注和持续回应的对象。

在中国,政治营销虽然缺乏西方选举民主这一本源性的发展土壤,但这并不妨碍国家以政治营销的方式进行传播。在竞争性信息市场中,政府与执政党发布的信息很容易被花边八卦、流言逸事和各种生活类的实用信息所冲淡。政治信息要想在海量信息中占领制高点,获得关注度,增强说服力,需要借助政治营销的策略技巧,改善政治宣传机制,提升政治宣传品质。政治宣传与政治营销两种政治传播形态在信息爆炸的网络时代实现了更加深入的融合。在"娱乐至死"的年代,官方发布的政治信息要想吸引受众,获得足够的点击率,就需要利用营销的方式和手段,迎合分众化趋势,对公众进行更为精准、更为有效的传播。

另一方面,政治传播应该警惕营销中的戏谑与献媚。政治传播的内容毕竟不同于市场化经营的其他信息产品,具有不可妥协的规范性、严肃性和导向性,不可能像兜售肥皂那样进行"政治叫卖",这与我国的政治生态相抵牾。政治营销对于政治宣传的借鉴价值体现为,应该以更加自信的姿态,将党领导人民创造的世所罕见的经济快速发展奇迹和社会长期稳定奇迹在国内外广泛宣扬,升华中国经验,讲好中国故事,彰显国家制度文明中的比较优势。以国家治理体系和能力现代化为依托,对政治营销的合理引介和正确转化,为超越西方政治传播,形成更符合中国特色社会主义政治文明的政治传播逻辑和形态提供一种新的可能。

由此,在国家治理体系和能力现代化历史趋势下,政治宣传、政治沟通、政治营销三种政治传播形态各自转型,又彼此融合,体现出中国特色政治传播与国家治理体系互嵌互构、动态调适的基本特征。

---

① 郭玉锦. 网络公共领域中的网络舆论与网络公众舆论 [J]. 北京邮电大学学报(社会科学版),2010,12(6):1-6.

五、中国政治传播在国家治理体系中的效能发挥

政治传播效能是指政治传播在具体的政治运行中的实际结果,它以政治传播主体既定的目的和目标的实现程度为基本尺度。政治传播效能重点突出对政治传播在政治社会中能够和应该发挥作用的动态研究。中国政治传播不仅与中国国家治理体系存在着静态嵌入和动态调适关系,而且能够产生推动政治发展的巨大效能。

从西方政治传播的视角看,"政治传播学"之创生就是为战争、选举、动员等其他政治活动服务的。因此,西方的政治传播极具功利色彩。尤其在后来传播学的"魔弹理论""皮下注射"理论的加持下,西方政治传播的工具化发展到了极致,甚至完全"个人化"。正因如此,从国家治理的高度审视和规范中国的政治传播,应该具有更广阔的视野和更高的站位。具体到政治传播效果,如果过度聚焦于选举投票等路径,很容易将政治传播矮化为特定政治权力的工具。因此,我们应当适度摆脱政治传播对具体政治行为和政治环节的依附,从更宏观的视角考察政治传播在政治运行中发挥的作用。只有这样,对于探寻中国国家治理体系建构中政治传播的地位和效能,才能拥有一个比较合理而有效的视角和理论境界。完成这样的理论升华和语境转化之后的中国政治传播效能研究,更加关注中国政治主体经由政治传播活动,推动国家治理体系和能力现代化历史进程的实际结果。

英国学者麦克奈尔在《政治传播学引论》的扉页处引用了李普曼早年的话:"当代意义最为重大的革命不是经济革命或是政治革命,而是一场在被统治者中制造同意的艺术的革命。"① 李普曼曾提出过"制造同意"理论,这对我们甚有启发意义,但是,"制造"一词似嫌生硬和冰冷。在此,我们更愿意用"政治承诺"理论来说明,即愿意将政治传播视为国家中政府和政党向社会"政治承诺"的过程。

---

① 麦克奈尔.政治传播学引论[M].殷琪,译.北京:新华出版社,2005:扉页.

中国特色社会主义政党制度的制度优势与运行逻辑很难简单套用西方民主理论进行解释。中国是世界上坚持实行社会主义"一党执政"政党政治的国家，中国共产党在缺少多党竞争、轮番执政的制度背景下，如何实现自我净化、自我完善、自我革新、自我提高，成为理解中国特色社会主义制度优势的关键所在。中国共产党在长期执政的历史条件下，能够始终保持强烈的忧患意识，永葆党的先进性和纯洁性的关键，在于以"政治承诺"为突出特征的中国特色政治传播活动。

从学理上讲，"政治承诺"源于"政治合法性"。合法性的建构离不开政治传播，政治传播在某种意义上就是为政权存在的合法性和国家的政治行为进行解释和辩护。"占主导地位的意识形态（即统治阶级的意识形态）总是通过一整套术语构建一个完整的思想理论体系，以论证政权的政治合法性。这样可以达到两个功效：其一，通过各种政治社会化的手段，建立起民众对政权政治合法性的信仰；其二，从各个层面为政权的行为和行动提供理论解释和说明。"① 在构建政治合法性的过程中，政治传播通过宣扬宏大的政治话语和意识形态，确定国家政治行为的价值导向和基本遵循，保证政权能够得到民众的承认和认同。构建政治合法性的政治传播话语，必定饱含着为普罗大众着想的价值立场和积极正面的国家形象。唯有此才能"制造同意"。所谓"制造同意"的过程，实质上正是国家在全社会的见证下，进行"政治承诺"的过程。一般而言，政治传播所涵盖的内容越丰富，遵循的政治价值越抽象，采取的传播风格越高调，树立的国家形象就越完美，人们对于执政者的期望和要求也就越强烈，国家的政治责任和历史使命也就越重大。

可以看出，这种"政治承诺"会为国家政治提供一种无形的"软约束"。国家为了稳固政治基础和稳定政治秩序，必然会在一定程度上顾及政治承诺所形成的压力和约束，其制度安排和政策执行，需要与政治传播所宣扬的"公共性"目标保持一致，克制国家权力的肆意妄为。理论上讲，任何政

---

① 李彦冰. 政治合法性、意识形态与国家形象传播 [J]. 现代传播（中国传媒大学学报），2012，34（2）：70-72.

党和政府都存在着丧失政治合法性的风险。"政治承诺"中宏大高远的政治理想和自我宣示的政治话语会与社会现实形成对照。社会民众会能动地将政治传播的内容与切身可感的社会政治现实进行比对，形成自己对政治问题的理解。因此，政党和政府丧失政治合法性的风险，不单单来自政治传播中的"失语"，在现实中过于浮夸以致无法兑现的政治承诺落空后，政党和政府更容易失去社会民众的信任。政治乃是一种从理想出发不断实现理想的现实活动。现代政治中政治宣传的正当性与合法性，正是来源于人类政治的"理想性"与"现实性"的双重属性及其张力关系。人类政治首先近乎本能地和自觉自愿地选择政治宣传来推展自己的政治理想，由此形成了实现这种理想的永不间断的渴望和努力。① 国家向社会进行的"政治承诺"始源于政治的规范性和理想性，并在政治传播的过程中产生了特定的宏大政治理想向现实转化的强大动力。

国家治理体系和能力现代化就是国家政治在发展中实现进步，逐渐趋于"善治"的过程。有学者列举出"善治"的基本要素，包括合法性（legitimacy）、透明性（transparency）、责任性（accountability）、回应（responsiveness），等等。② 可以看出，"善治"的这几大特征与政治传播直接相关。政治传播可以增强政治活动中的公开性、民主性，使政治复归公共性和人民性的本质特征，以此推动政治的进步和发展，实现国家治理体系中的政治效能。

对于中国而言，人民对美好生活的向往是党和国家前进的动力，而作为国家与社会沟通方式的政治传播始终发挥着中介性作用。"从群众路线走来的中国共产党的统治，在意识形态上具有鲜明的'平民主义'色彩，因而它极其重视将自身政权与民主联系起来的论证。"③ 坚持人民的主体地位是政治传播始终不变的意识形态和价值准则。现如今的政治传播话语中，治理已经成为

---

① 荆学民. 论中国政治传播研究向纵深拓展的三大进路 [J]. 现代传播（中国传媒大学学报），2018，40（1）：87-91.
② 俞可平. 治理和善治引论 [J]. 马克思主义与现实，1999（5）：37-41.
③ 苏颖. 作为国家与社会沟通方式的政治传播 [M]. 北京：中国社会科学出版社，2016：212.

高频次出现的重要语词。新兴的"治理"话语与"人民"话语高度融合，成为党和国家向人民郑重许下的政治承诺。在治理语境中，人民更加关注治理的成果和绩效。能否让人民获得更多的获得感、幸福感，治理成果能否得到老百姓的认可，成为检验国家治理体系和能力现代化的关键所在。

另一方面，随着改革开放的深入推进，人民的公共意识也随之增强，人民不仅仅关注和自己切身利益相关的政策和事件，也通过政治传播广泛获取各种信息，关注国内外大事小情，关心社会的公平正义。因此，政治传播效能不仅体现在国家向社会所进行的政治承诺之中，而且表现为对国家治理绩效进行佐证性阐发，将国家改革发展的现实成就和最新成果向民众广泛传播。国家治理不能"光练不说"，也不能"光说不练"，而应该通过政治传播手段，在国内外广泛扩散国家治理体系和能力现代化中的制度文明和制度优势，为社会主义改革发展事业凝神聚力。

国家治理与政治传播的同频共振*

阅读提示：这是一篇从实践走向理论的纯学理性文章。前一篇文章论述了中国的政治传播在中国的国家治理中的重要地位和作用。而这篇文章则从一般的学理或理论意义上讨论国家治理与政治传播是如何"同频共振"的。

"国家治理"并不是一个仅涵化和指向某一个国家的具有国别性质的特殊性概念，而是一个具有全球普遍经验事实基础的，具有"类"的高度和广度的综合性、系统性概念。"国家治理体系和能力"，是抓住"体系"和"能力"这两个"主轴"，来统称和统领整个国家治理系统的能力。"国家治理体系和能力现代化"则是把"国家治理体系和能力"建设作为不断进步、不断深化、不断升华的实际活动来考察，意味着国家治理系统从抽象的理论向具体的实践的转化。据此，理论界总结道："治理体系现代化，是一种包括政府、市场和社会公众等多元主体通过协商、对话和互动，达成管理日常事务、调控资源、履行权利的行动共识以缓解冲突或整合利益、实现公共目标、满足人民生活需要的结构、过程、关系、程序和规则的体系性活动。作为一种对治理体系活动特质与理想目标抽象命题的治理体系现代化，是指包括多元化治理主体、复杂化治理对象、多样化治理方式以及多维度治理过程于一体的公共权威实施框架的现代化系统。"[①] 如此庞杂的"治理系统"，自然需要理论界精

---

* 本文原载于《青海社会科学》2021 年第 4 期。
① 陈进华. 治理体系现代化的国家逻辑［J］. 中国社会科学，2019（5）：23-39.

细地研究，但是，在我们看来，不妨先从宏观视野把贯穿于其中的重大骨骼梳理出来，确定其中的基本要素及其基本关系。就此来看，第一，"国家治理""国家治理体系与能力""国家治理体系与能力现代化"这个概念群，其基础概念或前提性的概念是"国家"，而不是"治理"，也就是说，首先必须把非常复杂的"国家"予以框范和确定。第二，在"治理"体系中，对应于"国家"的有哪些要素？现在被理论界罗列出来的"要素"繁多，但是，在同一个层级上与"国家"对应的似乎并不多。我们认为，"政治传播"正是一个与"国家"对应的同一序列的范畴。横贯在治理体系中的国家政治权力主导、多元主体通过协商、对话和互动、行动共识、公共权威、制度信念等等，其实就是一个"政治传播"的问题。此前，我曾做过这样的论断："国家治理体系和能力现代化是一个动态行进的实践过程，其中政治传播在快速度高质量的国家治理体系和能力现代化进程中具有战略地位，发挥着重要的作用。"①

在本篇文章中，我将在上述基本论断的基础上，进一步把"政治传播"置放于与"国家治理"同一层级的位置，就二者的"同频共振"②关系做一理论探索。

一、治理理想的"初心化"：国家治理与政治传播同频共振的基础

从宽泛的理论上讲，"国家治理"系统包括所谓政党治理、政府治理、市场治理、社会治理、文化治理、生态治理、城市治理、全球治理、腐败治理等等，但其实质意义要表达的是：国家的治理，即治理的行为主体是国家。

现在，在全球的"治理理论"研究中，一个激烈的争论，是在所谓"没有政府统治的治理"的理论旗帜下"国家的退场"与"国家的回归"的激烈

---

① 荆学民，宁志垚.论中国政治传播在国家治理体系现代化中的战略地位和作用[J].现代传播（中国传媒大学学报），2020（4）：73-78.
② "同频共振"借用了物理学的一个概念，共振理论的核心是不同事物之间要有共同的基础、轴心和频率才能通过共振形成共鸣。

博弈。① 这场争论貌似理论深奥，其实也显示出政治认知的荒谬之处：国家治理，没有"国家"在场，治理之域岂不成为荒蛮之地？理论固然具有前瞻性地指导实践之能，但是，实践亦往往会"打脸"一些轻狂的理论。实践已经并在继续证明：人类的国家治理乃至所谓"超国家""环国家"的"全球治理""公共治理"，无一不能脱离国家或超越国家或踢出国家而进行。放眼全球，有谁举出了这个方面令人信服的成功案例？相反，我们看到是：所谓"百年未有之大变局"，也正是国家秉承国家政治逻辑之所为；各个国家、各个区域、各个层级、各个维度的"治理"云云，无一不是以国家为基本政治单元和基本政治主导力量行动的结果。"国家治理"已经活脱脱地成为一种"治理国家"。

我们简要而坚决地申明国家治理剧烈争议中的"国家一直在场"这一观点，并不是为目前的国家治理理论热点或"治理困境"指点迷津，而是要为国家治理与政治传播的同频共振关系寻求基础。

当我们把"国家"置于"国家治理"的主体和主导地位的时候，"治理理想"就会成为我们思考和确立国家治理与政治传播的同频共振关系的逻辑出发点。现代国家的任何类型的"国家治理"都不是盲目的，而是自觉的，即都是"治理理想"在先的。需要刻意注意的是，当今世界，无论是政党主政的世俗国家，还是王室主政的王权国家，无论是军人当政的军事国家，还是宗教主导的神权国家，其各具特色的"治理理想"，均不会直接下沉到各种具体的制度乃至各种更为具体的政策层面，这些层面至多是一种"计划"或"目标"，而不是"理想"。因此，所谓"治理理想"置放到国家治理的话语中，已经转化为一种政治话语："治理理想"即国家的"政治理想"。

---

① 法国学者让-彼埃尔·戈丹提出："治理从头起便须区别于传统的政府统治概念。"[戈丹，陈思.现代的治理，昨天和今天：借重法国政府政策得以明确的几点认识[J].国际社会科学杂志（中文版），1999（1）：49-58.] 与此相似的论述在格里·斯托克、罗伯特·罗茨、阿尔坎塔拉等人那里都有所提及。他们认为，作为旨在拯救政府失灵和市场失灵的新模式，西方治理理论在其论证和实施过程中是以消解国家权威逻辑为旨归的。詹姆斯·罗西瑙所提出的"没有政府统治的治理"是这种消解国家逻辑立场的旗帜性口号。

如果认为，当今的国家基本是"政党国家"，当今的政治基本是"政党政治"，那么，这里治理理论中的"治理理想"就可以直接转换为政党的政治理想，或者可以更为准确地说，直接转换为执政党的政治理想，也可以直白地表达为"政治初心"。

"初心"是执政党的政治理想的基石和母体。执政党执政任何国家即对任何国家的"国家治理"过程，必然是其政治理想"初心"的绽放和实现过程。政治传播正是在这个层面，在这个原始的政治理想出发点，开始了与国家治理同频共振的漫漫历程——初心确立的历史选择、初心合法性的论证、初心的统摄与延展、初心的教育与教化、初心与"违背初心"及"忘却初心"的博弈乃至斗争，等等，均是政治传播的天然本质和天然使命。

以伟大的中国共产党领导中国进行"国家治理体系和能力现代化"的伟大战略行动为例。习近平总书记指出："一个国家选择什么样的治理体系，是由这个国家的历史传承、文化传统、经济社会发展水平决定的，是由这个国家的人民决定的。我国今天的国家治理体系，是在我国历史传承、文化传统、经济社会发展的基础上长期发展、渐进改进、内生性演化的结果。""推进国家治理体系和治理能力现代化，必须完整理解和把握全面深化改革的总目标，这是两句话组成的一个整体，即完善和发展中国特色社会主义制度、推进国家治理体系和治理能力现代化。我们的方向就是中国特色社会主义道路。"①

众所周知，"中国共产党领导是中国特色社会主义最本质的特征"。而为中国人民谋幸福，为中华民族谋复兴，是中国共产党人的初心和使命，是激励一代代中国共产党人前仆后继、英勇奋斗的根本动力。这样一来，为人民谋幸福的"人民中心"政治理想，便成为中国"推进国家治理体系和治理能力现代化"这场伟大战略行动的"初心"。一场浩浩荡荡深入人心的"不忘初心、牢记使命"主题教育的政治传播，始终与国家治理的伟大行动同频共振。

---

① 习近平.完善和发展中国特色社会主义制度 推进国家治理体系和治理能力现代化[N].人民日报，2014-02-18（1）.

二、治理权力的信息化：国家治理与政治传播同频共振的轴心

如上所论，国家治理的主体是国家，国家的"国家治理"最终依赖的是政治权力，因而，政治权力在国家治理的过程中就实际地转化为治理权力。现实的国家治理，是一个"步步为营、招招见效"的综合性的社会行动过程，在这个过程中，"治理权力的信息化"是不可或缺的极为重要的环节和机制，或者换个角度铺展开来说，国家治理的过程必然是一个信息传播和流通的过程。信息，通过传播才是有用的真正的信息，"信息化"通过传播才能实现。治理权力的信息化，要求充分展示"国家治理的信息叙事"[①]。从传播学角度看，如果说，国家治理过程就是一个信息的流动和分享过程，那么，治理权力的"信息化"即"信息叙事"就成为国家治理与政治传播同频共振的轴心，二者的"同质同步同过程"，使国家治理通过其现实的"信息化叙事"取得实际效果、达至治理目标。

国家治理权力的信息化过程，之所以也是一个政治传播的过程，其根据还在于，"国家治理"是国家政治的内在组成部分，国家治理是国家政治的"降维""延展"和拓深。没有良好的国家政治，就不可能有良好的国家治理。人类社会发展的历史事实已经证明并还将继续证明着这一点。古往今来，任何国家总是在完成政治统治或政治管理的前提下再行国家治理之道。所以，放眼望去，国家治理总是一种"现代国家"的事情，或者说，国家治理总是"现代国家治理"或"国家现代治理"。正是从这个意义上说，任何国家治理，都是"政治理想"在先。"政治理想"作为一种国家治理的"初心"，必须通过特定的政治传播才能被确定、被认同、被坚守。

特定的政治理想作为"初心"被坚守和贯穿在国家的现代治理过程之中，就必须下沉到制度、政策、机制等具体的广泛的"治理层面"，即生成和转化

---

① 韩志明. 国家治理的信息叙事：清晰性、清晰化与清晰度[J]. 学术月刊，2019，51（9）：82-94.

为种种可传播、可使用的"信息"。随着从"政治"到"治理"的下沉和降维，政治传播的形态也相应地"转型"——政治传播也可以叫治理传播。这种转型的一个突出的特点是，如果说，国家政治维度的政治传播更多的是一种思想观念意识的传播，那么，国家治理的政治传播则更偏重于技术性的有用的具体的信息。

国内外的理论研究已经密切地关注到这一点。迈克尔·曼曾把国家权力区别为"专制权力"（despotic power）和"基础性权力"（infrastructure power），其中，基础性权力指的是"国家能实际穿透市民社会并依靠后勤支持在其统治的疆域内实施其政治决策的能力"。国家通过各种手段有效地穿透社会，掌控有关公民的巨量信息，比如"国家能够从源头上评估我们的收入和财富并向我们征收赋税"，"它存储并且能马上调取关于我们所有人的大量的信息"，将国家的意志推行到疆域内的各个角落。迈克尔·曼对国家权力的区分，深化了对国家权力和能力及其运作方式的理解，其中基础性权力概念所对应的是，国家利用各种基础设施和后勤学技术，穿透（渗透）市民社会来贯彻国家的意志，实现国家的目标。① 这里国家权力对社会的穿透很大程度上就是通过处理信息来进行的，而权力渗透的"后勤学技巧"主要都是处理信息的方法和手段。② 吉登斯也认为，前现代国家都没有"民族国家中发展出来的在行政管理上的协调性控制水平"，高度的"行政集中化"依赖于"大大超越于传统文明特征的监督能力的发展"。"自有统计之日起，核对官方数据本身就成了国家权力和许多其他社会组织模式的构成因素。现代政府的协调性行政控制，与对这些'官方数据'的理性的监测，是密不可分的，所有的当代国家都成天忙于这种监测。"建立在信息基础上的（直接的和间接的）监控能力，是现代性兴起的制度性维度之一。③ 我国学者也指出："一部国家机器，如果不了解自己国土上的人口、财产、物产、行为和事务的数量多少、

---

① 刘昶.迈克尔·曼论国家自主性权力［J］.上海行政学院学报，2016（1）：76-85.
② 曼.国家自治权：其始源、机制与结果［C］//汪民安，陈永国，张云鹏.现代性基本读本.郑州：河南大学出版社，2005：590-593.
③ 吉登斯.现代性的后果［M］.田禾，译.南京：译林出版社，2000：51.

流动方向、真假和优劣，就无从区分利弊得失，进而无法恰当行动，无法实现征税、征兵、维护社会秩序、缔造国家凝聚力、建立福利体系、维持官僚机构廉洁高效和管理社会经济事务等国家目标。"①

国家治理的过程是以国家权力为中心的国家与社会互动的过程，必须深入获取和加工相关的信息，对社会事实进行全面计算，使社会变得更加可见、可测量和可操作。社会事实的清晰化是国家治理的前提，也是国家治理的结果。"清晰化意味着国家权力渗透到社会之中，对社会事实进行权威的定义、编码和描述，将其写入到国家的计算体系中来，国家的计算体系就是指关于分配资源和待遇的政策方案及其操作标准。国家从各个角度对社会事实进行监测和认证，将复杂的社会事实简化成可操作的社会符码，形成清晰化的社会地图，以解决国家治理主体的主观世界与社会复杂的客观世界之间的信息不对称问题。……社会的清晰化主要取决于信息技术的发展。国家治理的意愿和雄心越大，需要掌握的信息就越多，清晰化的任务就越重。"②

国家治理权力的信息化，要求其"叙事"的"清晰性""清晰化""清晰度"，这对国家治理境界中的政治传播在三个方面提出了很高的要求。

第一，政治的民主化的要求。从理论上讲，政治越"集中"，其"统治性"和"管理性"就越强，"统治性"和"管理性"越强，国家的"治理"就越是宏观的、原始的、粗线条的。由于政治不民主，国家治理空缺"信息化叙事"之维，即便是有一定的"信息化叙述"，但也是不具"清晰性"、不具"清晰化"、不具"清晰度"的，因而，国家的治理体系和能力就是低水平、低质量、低境界的。由于"政治统摄传播"，因而与之匹配的政治传播也可能还是停留在意识形态性的思想观念意识的宏观抽象的教化境界。这个时候，"官方意识形态性的话语"还占据着政治传播主导地位，政治的"降维"和"下沉"而产生的"治理话语"尚未建构。其实，我们所追求的"国家治理体系和能力的现代化"，其前提条件是国家政治的现代化，即越来越民主化。

---

① 欧树军. 国家认证的历史逻辑：以中国为例 [J]. 政治与法律评论，2011（1）：211–227.
② 韩志明. 国家治理的信息叙事：清晰性、清晰化与清晰度 [J]. 学术月刊，2019，51（9）：82–94.

第二，治理的技术化要求。在政治民主化基础上实现现代国家治理，与依赖科学技术的发展带来的"管理技术化"要求同步。"量子力学的技术应用正迅猛发展，加之其他各种突破性技术的进步，大致基于确定性的现代理念受到更大冲击。与此同时，不确定性被人们更加自觉和广泛地接受下来，并可望成为在社会政治事务中开展相关管理活动的基本理念。其中攸关国家治理的不确定性理念的是，这种治理模式不能再沿循简单的经典力学塑就的确定性理念，对建立在经典科学基础上的人、社会与国家，标准化、效率型、终局性的管理/治理模式必须做出结构性改变。"当然，"技术革命给国家治理提供新的手段、新的预期、新的愿景、新的局面，但技术革命也会对国家治理提出严峻的挑战、颠覆性的问题、棘手的议程、进退维谷的尴尬。简而言之，技术可以助人，也可以毁人；技术可以促成国家治理的喜人局面，也可以造成悲剧性后果；技术可以帮助人们获得自己所急于得到的东西，也可以毁掉人们心中珍视的东西；技术可以用于维持国家权力心心念念试图维持的秩序，也可以将人们强控起来，让社会陷入死寂的状态。技术本身是一柄双刃剑"①。

第三，传播的平民化要求。笼统地说，国家治理的"信息化叙事"，既是传播技术发展的结果，更是传播技术发展的要求。国家治理的"信息化叙事"，并不是一种宏观的笼统的抽象的观念传播，而是越来越要求精细化、精准化、基层化、个体化的传播过程。简言之，要求与之匹配的政治传播平民化和微观化。人类传播技术经历了动物传播、语言传播、文字传播、印刷传播、电子传播、网络传播的"五次革命"，到如今的"互联网时代"，政治传播也正在经历着从国家宏观政治传播到微观政治传播的蜕变和转型。"微观政治传播"是由现代传播技术赋权的、以个体为主体的政治共同体内基于微观社会生活的政治信息扩散、接受、认同、内化等有机系统的运行过程；"以个体为主体"是相对于过去的国家宏观政治的以国家政府、政党等及其主宰的大众媒体而言的；"基于微观社会生活"既包括国家宏观政治使用新的传播技

---

① 任剑涛. 曲突徙薪：技术革命与国家治理大变局［J］. 江苏社会科学，2020（5）：72-85.

术在新的传播环境中把宏大政治"颗粒化""精细化""底层化""生活化"等的过程,也包括日常社会生活领域自我产生的政治诉求、政治话语、政治议题、政治理想甚至政治运动等。^① 可以说,国家治理的信息化叙事,正是通过国家治理中政治民主化与政治传播微观平民化的同频共振才能实现。

三、治理制度的效能化:国家治理与政治传播同频共振的效应

国家治理体系和治理能力的现代化并不是目的,而"国家治理体系和治理能力的现代化"所取得的"实际效果",即国家治理体系和治理能力现代化的"效能"才是目的。从理论上讲,"体系"和"能力"都是无法直接验证的,因而"体系"的完备程度、能力的强弱程度都要以物质性的"制度"为载体,因而,国家治理体系和治理能力现代化的"效能"实际上就是一种"制度效能"。这就不难理解,为什么国家治理体系中"制度效能"的发挥和展现才是推进国家治理体系和治理能力现代化的重心。

"制度是一个社会的博弈规则,或者更规范地说,它们是一些人为设计的、形塑人们互动关系的约束","制度构造了人们在政治、社会或经济领域里交换的激励,制度变迁决定了人类历史中的社会演化方式,因而是理解历史变迁的关键"^②。"制度提供基本的结构,在整个人类历史上,人们通过这个基本结构来创造秩序并减少交换中的不确定性。它与所采用的技术一起,决定了交易费用和转型成本,进而决定着从事经济活动的获利的可能性与可行性。制度将过去、现在与未来连接在一起,从而历史在很大程度上就是一个渐进的制度演化过程,在这一过程中,历史上经济绩效只能被理解为一个连续过程中的一个个片段。制度是理解政治与经济之间的关系以及这种相互关系对经济成长(或停滞、衰退)之影响的关键。"^③

上述理论家的论断说明,任何制度不会凭空存在,制度是国家治理体系

---

① 荆学民. 微观政治传播论纲 [J]. 现代传播(中国传媒大学学报),2021,43(7):16—27.
② 诺思. 制度、制度变迁与经济绩效 [M]. 杭行,译. 上海:格致出版社,2008:3.
③ 诺思. 制度、制度变迁与经济绩效 [M]. 杭行,译. 上海:格致出版社,2008:149.

的载体，国家治理体系中的制度的重要性不言而喻。但是，建立制度本身也不是目的，发挥制度效能才是目的。说到制度效能也比较复杂。有研究者认为："考察制度绩效可以从两个方面入手：一是制度供给，二是制度执行。制度供给反映的是规则是否存在以及规则是否合理完善；制度执行反映的是规则实施的状况。例如，要评估一个国家或一个地区的法治水平，首先要看其'法制度的供给'，其次要看其'法制度的执行'。'无法可依'指的是法制度供给不足，'有法不依'说的是法制度执行无效。从行人自由穿越马路，到行人必须走斑马线，这就是法制度供给；但如果这个规定不能很好地执行，人们依然自由穿行，那么，这一制度就会形同虚设。"① 其实，如何考察"制度绩效"并不是"如何发挥制度效能"的重点，它至多也就是一个"技术性"或实证性的问题，应该说，前提性地建构和确立"制度权威"才是国家治理中发挥制度效能的重心，也恰恰是在这个"连接点"上，"制度权威"与政治传播形成同频共振，即制度权威的建构要依赖政治传播。

国家治理体系和治理能力的现代化进程中政治传播对制度权威的建构，需要被置放于"国家"这样更为广阔的"政治共同体"视野中考量。毫无疑问，它是多维度、多层次的。大体说来，有三个层次：一是在制度层次对民主与法治的制度性质的建构，包括对执政者经由民主程序与规则而产生的事实传播、民主与法治价值的建构与传播，程序正义之制度观念的生成。二是在执政者层次对制度有效性的建构，包括对执政者治理有效经验的传播、对制度有效性及其价值的建构与传播、对制度的现实合理性之重要性的信念的生成。三是在共同体层次对制度公共性价值的建构，包括民族信念的生成、以民族为凝聚力量对制度公共性的建构、关于"执政者是民族的代表"的定位与传播。②

---

① 燕继荣.制度、政策与效能：国家治理探源——兼论中国制度优势及效能转化［J］.政治学研究，2020（2）：2-13.
② 这是一个值得专文深入论证的问题，详见：荆学民.论政治传播对制度权威的建构［J］.政治学研究，2021（5）：144-154，160。

四、结语

中共十九届四中全会对中国 70 年来所形成和运行的国家制度和国家治理体系做出全面总结,系统阐述了中国国家制度和国家治理体系具有 13 个方面的显著优势。全会还强调,要着力固根基、扬优势、补短板、强弱项,构建系统完备、科学规范、运行有效的制度体系,要求中国共产党人在对中国的国家制度和治理体系保持足够自信的同时,要本着解放思想、实事求是的原则,坚持改革创新,努力把国家制度和国家治理体系的优势全面转化为现实的治理效能。① 所以,讨论国家治理与政治传播的同频共振问题,还须落脚于中国经验的分析。应该说,无论是治理理想的初心化还是治理权力的信息化,抑或是治理制度的效能化,中国已经可以给全世界提供一种可共享的、具有"人类命运共同体"之高度和广度的智慧。当然,毕竟新中国成立还不到一百年的时间,中国自觉的"治理现代化"的进程则时间更短,尤其在当下政治不确定性凸显的"百年未有之大变局"的情形之下,我们遇到的困难还很大很多,需要以坚定的信念砥砺前行。其中,尤其突出的"短板"是,我们的政治传播与我们所取得的国家治理体系和能力现代化的成就还不甚匹配。因此,在寻求到二者同频共振的机制之后,我们更要着力于政治传播观念的革新和机制的创新。

---

① 中共中央关于坚持和完善中国特色社会主义制度 推进国家治理体系和治理能力现代化若干重大问题的决定[N].人民日报,2019-11-06(1).

论政治传播对制度权威的建构[*]

阅读提示：当深入国家治理的深处时，我们就会发现，所谓国家治理体系的建构和现代化，重要的是"制度"的建构和现代化，或者说现代化制度体系的建立。而在制度权威的建构中，政治传播是不可或缺乃至最为重要的机理和要素。本文同样是要从学理和理论建构上对这个问题予以答案。文章立足于适应中外制度建设和政治传播的一般普遍性立场，追求的目标是具有普遍理论性解释力的学理性知识。

一、问题提出与分析框架

政治的目标从来不是实现通过暴力机器而达致的"铁拳下"的"统治"，而是不断寻求"统治"何以正当或正义的理由，后者即"权威"建构的过程。作为一种人类活动的政治传播，是指政治共同体内和政治共同体间的政治信息的扩散、接受、认同、内化等有机系统的运行过程[①]。从其诞生之日起，政治传播就承担着使政治权威得以实现的使命。伴随着人类文明的不断进步，政治中的权威建构对象和路径等均已发生深刻变革，这种深刻的变革过程，既是政治传播发挥重要作用的过程，也是政治要求与之匹配的政治传播的变革过程。

---

* 本文原载于《政治学研究》2021年第5期。
① 荆学民，苏颖.中国政治传播研究的学术路径与现实维度［J］.中国社会科学，2014（2）：79-95.

（一）制度权威：政治传播的目标指向

伴随着人类政治的发展，政治传播的权威建构对象发生根本性转变：具体来说，是从一种以"共同体权威为核心"的权威模式向以"制度权威为核心"的权威模式转变。

马克思指出，"现代国家"与"古代国家"有着本质的区别。"古代国家"以人的共同体存在为基础，"每一个单个的人，只是作为这个共同体的一个肢体，作为这个共同体的成员，才能把自己看成所有者或占有者"[①]。"共同体人"所身处的国家，基于血缘或地缘的自然关系纽带而形成，是人类组织的一种自然演化。在这种政治形态中，对于政治联合体的认同或自愿服从具有内在一体性，因而，权威建构的对象指向建构共同的信仰、文化与道德基础。或者说，通过共同的经验和记忆使成员形成关于正义、善好[②]的公共话语。人类历史早期的政治传播活动明确体现了这样的权威建构思路[③]。以城邦政治为代表的人类早期国家体现出一种亚里士多德所言的"自给自足"的品质，城邦成为一个足以信任、友爱、休戚与共、共同负责的共同体。[④]中国古代政治中"集家成国"的逻辑与这种权威建构的目标相似。孟子曰："天下之本在国，国之本在家，家之本在身。"（《孟子·离娄上》）所谓家国天下，乃是以自我为核心的社会连续体，在自我、家族、国家、天下的连续体中获得同一性。

与古代国家不同，现代国家以"个体人"的独立存在为基础。作为个体

---

① 马克思，恩格斯.马克思恩格斯全集：第30卷[M].中共中央马克思恩格斯列宁斯大林著作编译局，编.北京：人民出版社，1995：466.

② 本文刻意使用"善好"一词。"善好"的词意是：既追求自然的"好"，又追求人为的"善"。"善好"一词最早出自古希腊哲学家苏格拉底。在柏拉图撰写的《苏格拉底的申辩》一书中，苏格拉底借用诗人与政治家的区别说明了"善好"，强调政治家既要追求"美好"，更要追求"善好"，"善好"一词从此进入"政治""治理"话语体系。苏格拉底关于"善好"的思想，参见：柏拉图.苏格拉底的申辩[M].严群，译.北京：华夏出版社，2007：206.

③ 例如在古希腊的雅典，民主制度的领袖伯里克利在一次阵亡将士国葬典礼的政治演说中，通过与斯巴达的对比来论证雅典的伟大，认为"我们的勇敢是从我们的生活方式中自然产生，而不是国家法律所强迫的"。参见：修昔底德.伯罗奔尼撒战争史：上册[M].谢德风，译.北京：商务印书馆，2016：148.

④ 参见：亚里士多德.政治学[M].北京：商务印书馆，2012：360.

的人，从自然关系中抽离，通过抽象的"政治"得以结合，具有现代意义的"政治国家"出现。① 马克思明确指出："国家本身的抽象只有现代才有，因为私人生活的抽象也只有现代才有。政治国家的抽象是现代的产物。"② 现代意义的政治国家是抽象的、拟制的。诚如霍布斯（Hobbes）在《利维坦》中所洞察到的，作为主权者的国家，承担了超越每一个具体的人的抽象人格，是一个"人造的人"，是"活的上帝"③。现代国家通过一套制度将一定区域的人民整合为一个能够共享制度安排的统一共同体。④ 在这种政治形态之下，权威建构的对象指向一个抽象的权威，即制度权威。⑤ 所谓"制度"，是指政治体制或者一套执行政治功能的结构，以及指导这些执行活动的规则。制度有根本制度、基本制度和其他一般性制度的层次之分。当前政治传播致力于建构的是根本制度层级的权威性，因为这是现代国家中与善好、正义相关的公共理性的集中体现，也是"国家意志"的集中体现。所谓国家意志，是指伴随着现代国家与社会的分离，国家所具备的脱离于社会及其相关行动者的"自主性"意志。

但是，以制度为内核的现代国家需要面对的是古代世界没有的价值困境：在霍布斯的逻辑中，这种国家本身是一种仅存"秩序"这种"基本善"的"利维坦"。或者说，现代人所理解的国家之"善好"，不再是自然形成的公共善好，如亚里士多德所言的城邦之"至善"；它在内核中是一种"次好"，甚至是"不坏"，其存在是为了避免更可怕的结果出现，即陷入"一切人反对一

---

① 在人类的思想史中，许多思想家亦通过社会契约论的形式完成了以上命题的理性论证。在这种逻辑中，作为个体的人将一定范围内的个人权利的转让给一个抽象的权威，赋予其在一定空间范围内实现秩序或自由的能力。当然，不同的思想家在权利转让的范围、目标等问题上存在差异。
② 马克思，恩格斯. 马克思恩格斯全集：第3卷［M］. 中共中央马克思恩格斯列宁斯大林著作编译局，编. 北京：人民出版社，2002：42.
③ 霍布斯. 利维坦［M］. 黎思复，等译. 北京：商务印书馆，2015：132.
④ 林尚立. 现代国家认同建构的政治逻辑［J］. 中国社会科学，2013（8）：22-46，204-205.
⑤ 马克斯·韦伯在其经典研究中将这种权威模式定义为"法理型权威"，并使其与根植于历史与传统的"传统型权威"和源于人格力量的"魅力型权威"相区别。参见：韦伯. 经济与社会：上卷［M］. 林荣远，译. 北京：商务印书馆，1998：67，238-250.

切人的"的战争状态。对于政治传播来说，这意味着，现代意义的政治传播可能与古代世界有着某种本质上的区别：公共善好观念的传播已经不足以凝聚一个共同体，而是需要通过对制度权威的建构来凝聚，即在人为建构而非自然生成中寻找制度的公共之善。

当然，虽然现代国家不够"好"，但是以制度为目标的权威模式至少否弃了那些将正当性根基附着于君主人格、神圣权力等的做法，这亦构成了现代国家以及运作中的政治传播的基本价值底线。①

（二）民众认同：政治传播对制度权威的建构依据

以"基本善"为价值内核的国家建构逻辑内含一定的专制取向，其结果对应"霍布斯式的哲学困境"：或者建立"利维坦式"的专制国家，建立一种以强制力为主导的"刚性"秩序；或者回到"一切人反对一切人"的"全面恐惧"的"自然状态"，社会秩序走向崩溃。②这实际上构成了具有普遍意义的现代性困境。为了走出这种困境，诸多思想家曾从不同的角度试图解决这一难题。其中一种消解专制的方案是从国家的对应面，即社会中寻找答案。譬如，马克思主义认为，具有自主性和独立性的"市民社会的成员，是政治国家的基础、前提"③。这意味着，现代国家以现代社会为基础，以构成国家的每个人拥有的政治平等的政治解放为历史和逻辑前提。由于前提的变化，权威的建构路径完成了从"自上而下、自外而内"向"自下而上、自内而外"的转变。

在古代，权威建构的依据，通常来自某种外在于人的主观态度和政治制度本身的客观规范，诸如"父权制、神权中心、神圣的权利、某些优异人群的自然优越性、政治生活的自然性、必然性、习惯、便利、心理的强制或者

---

① 例如对王道政治的宣传或传播等，就突破了这一底线。
② 霍布斯.利维坦[M].黎思复，等译.北京：商务印书馆，2015：141.
③ 马克思，恩格斯.马克思恩格斯全集：第3卷[M].中共中央马克思恩格斯列宁斯大林著作编译局，编.北京：人民出版社，2002：187.

任何其他基础之上"①，等等，其权威建构遵循自上而下的路径。而在现代，这种论证则依据来自民众认同，遵循自下而上的路径。在现实经验中，民众认同有积极与消极两种形式：积极认同表现为一般性的同意，通常被制度化为投票这种积极行动所形成的肯认。消极认同表现为一般性共识，是指一定时空环境内民众对秩序、正义等价值理念、达成价值理念的方式的公共认可，表现为承认的态度与服从的行为。相对来说，后者是更为普遍的民众认同形式。②

古代国家与现代国家的以上不同意味着，伴随着人类政治文明的进步，权威建构正在由"统治模式"向"治理模式"转变。治理模式强调建设"有能力的有限政府"，将"治理的有效性寓于政治制度与公共生活协调互动的过程中"③。

（三）致力于解决多元共识困境的政治传播

当前的权威模式以制度权威为内核，而民众认同这一建构依据，决定了制度权威的建构不仅关涉现实中的制度建设，而且需要转化为民众所共同认可的共识的一部分，亦即，这是一个将成文的程序或法规转变为社会深层观念，从而获得价值观与观念上的稳定性、完成"制度化"的过程。④ 就此而论，制度本身与制度权威并不是一个自然的"闭环"，即并非有制度就会自然产生制度权威，而是需要政治传播来建构制度权威。

但是，"共识"并非"统一"。"人"是政治传播面向的对象，作为"个体"的现代人有着基于自身的经验与记忆，其人生的需求与选择是个体化的，

---

① RILEY P. Will and political legitimacy [M]. Cambridge, MA: Harvard University Press, 1982: 1.
② 参见：沃尔夫. 政治哲学导论 [M]. 王涛，赵荣华，陈任博，译. 长春：吉林出版集团有限责任公司，2009：34-66.
③ 夏志强. 国家治理现代化的逻辑转换 [J]. 中国社会科学，2020（5）：4-27，204.
④ 诸多学者均曾强调制度作为一种规则由观念构成，所以制度本质上是观念的化身或者是被规制化、条文化的观念。参见：哈耶克. 自由宪章 [M]. 杨玉生，译. 北京：中国社会科学出版社，1999；唐世平. 制度变迁的广义理论 [M]. 北京：北京大学出版社，2016：5.

这一前提决定了现代政治中的思想、意识、话语，包括小单元的"共识"都必然是多元的。面对多元的"个体人"，如何在"承认社会现存差异的前提下来努力消解或弥合各阶级、各阶层的分歧"①，成为政治传播必须面对的难题。

那么，多元能否形成必要的"共识"？以及通过何种途径才能形成必要的"共识"？这就需要对"共识"进行多层次的分解。多元共识的聚合，并非寻求多元化文化与价值的同意，而是在不同的层次上，明确并区分可能共有或可能一致的对象。借鉴戴维·伊斯顿（D. Easton）、萨托利（Sartori）等学者的国家与社会共识的分层理论②，本文将政治传播对制度权威的建构分解为国家意志（Y）、社会共识（X）、政治传播（Z）三个要素，并分别作分层处理，由此呈现政治传播建构制度权威的三条进路：在制度层次，政治传播对民主与法治制度性质的建构；在执政者层次，政治传播对制度有效性的建构；在共同体层次，政治传播对制度公共性的建构（如图1所示）。

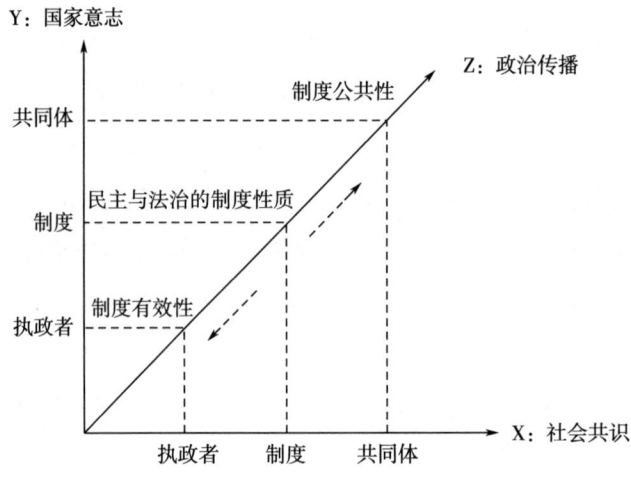

图1　政治传播建构制度权威的三条进路

---

① 李普塞特.共识与冲突[M].张华青,译.上海：上海人民出版社,2011：译者序.
② 伊斯顿将国家区分为三个层次：当局、政体与共同体，参见：伊斯顿.政治生活的系统分析[M].王浦劬,等译.北京：华夏出版社,1999：321。萨托利将"多元社会中的共识形态"区分为针对当局的共识、针对制度的共识和针对政治共同体的共识，参见：萨托利.民主新论[M].冯克利,阎克文,译.上海：东方出版社,1998：139。

本文依据上述理论分析框架，围绕政治传播对制度权威建构的三条进路逐一展开论述。

二、制度层次：政治传播对民主与法治制度性质的建构

现代政治依据一套维护和推进整个共同体发展的制度体系而运行。政治传播在制度层次建构制度权威，即致力于塑造民众对政治系统及其运作程序的认同。从社会共识的角度来看，面对纷繁复杂的充满冲突的现代社会，几乎只有为解决冲突而设置的游戏规则，即程序，能够成为社会可能提炼的基本共识。因此，程序共识是民主社会存续的必要条件[①]。如果没有对程序本身的认同，"任何民主的体制都不会长久地经历选举和政党竞争所带来的无休止的刺激与挫折而依然生存下来"[②]。因此，当关于程序的观念聚合成某种社会共识，且当社会认为国家制度与其程序共识相吻合之时，权威即得以形成。

从权威建构路径来看，现代政治要求自下而上的权威建构路径及其制度保障的确立，奠定了"民主"作为一种现代价值的重要意义。在这个意义上，政治传播对制度权威的建构，指向一种特定的制度——基于人民认可的现代民主制度。与民主相关的程序，在现代国家大体表现为两种制度设置：一是聚合"同意"的程序，如基于多数或比例代表规则的投票制度等；二是聚合"共识"的程序，如民主集中制、民主协商制度等。基于以上思路，政治传播需要挣脱外在规范的依附性，为制度权威提供足够支持，其内核是以民主程序相关的传播作为政治传播的重点推进方向，从而在制度层次建构其民主属性，建构制度权威。

（一）对执政者经由真实的民主程序与规则而产生的事实传播

建构民主权威的最基本的做法，是从经验上传播民主程序及其相关规则。

[①] 萨托利. 民主新论[M]. 冯克利, 阎克文, 译. 上海：东方出版社, 1998：139.
[②] 达尔. 民主理论的前言[M]. 顾昕, 译. 北京：生活·读书·新知三联书店, 1999：182.

这个层次的传播通常与执政者层次的角色权威紧密结合,是对执政者经由真实的民主程序与法律规则而产生的事实传播。比如,美国总统制的核心民主程序是总统选举,因此,其政治传播主要应用于政治竞选,尤其是总统竞选中,这个过程亦是代议制民主经验的体现。而英国议会制的核心民主程序是议会,尤其是下议院的辩论,因此,英国广播公司已经形成了全方位现场直播下议院"首相问答时间"的惯例。以上呈现的是英国与美国的政治传播对于民主程序传播的不同侧重。在中国的政治传播中,近年来关于"两会"、重大政治决策、基层选举及其背后所体现的党内民主程序、协商程序的新闻纪实报道是值得关注的新趋势,这些报道亦是从经验层面,向公众传播国家的制度经验,符合程序民主的要求。当然,现代民主本身是一个复合概念。与民主密切相关的法治传播、对公众舆论的响应和负责等相关经验事实的传播,亦能进一步确认制度的民主性质。

需要强调的是,政治传播对民主经验的传播并非指向某种虚幻的未来,也并非一种抽象的价值与原则的表达,而是必须落实到具体国家与民众的互动中,以一种真实的制度建设及其成就为基础。

(二)对制度之民主与法治价值的建构与传播

在以法理型权威为基础的现代社会中,程序本身内含特定的价值规范。按照罗尔斯(Rawls)的说法,如果能依据"纯粹程序正义观念"来设计社会系统,无论出现什么结果都是正义的。① 因此,政治传播对制度权威的建构,最核心的实践路径,是通过政治传播将经验层次的与民主相关的程序上升为一种制度价值。这基于两方面的原因:一是政治传播致力于建构权威,权威不仅仅是经验意义上的,同时亦是价值意义上的,是一种以道德主张形式呈现的"统治的权利"②,只有在这个意义上,权威才能获得"应该被"③遵从的

---

① 罗尔斯.正义论[M].何怀宏,译.北京:中国社会科学出版社,1988:85.
② 海伍德.政治学核心概念[M].吴勇,译.北京:中国人民大学出版社,2014:7.
③ 哈贝马斯.交往与社会进化[M].张博树,译.重庆:重庆出版社,1989:188–189.

意义。在政治传播中，规范指向的权威机制，与交易机制、说服机制相区别，通过作用于大众的社会态度，成为政治系统政策执行与谋求认同的重要资源。二是从传播规律来看，价值比经验更具备可传播性。经验总是基于具体的、特殊的政治现实，只有在具体的环境中才具备解释力，因此，只有将经验抽象为某种价值，才能摆脱政治现实的制约，超越地区、国家的特殊性，在更广的范围传播。

这方面的工作，不仅需要理论界通过高度理性化的论证完成一种制度合理的证成，同时需要政治传播这一中介以更加切实鲜活的方式进入公众舆论，完成公众舆论内部的价值证成过程。在人类政治传播的历史上，17世纪中叶的英国内战时期，关于国家制度理想的论战性文献广泛流传于议会内外，其数量之巨大，甚至远远超过了法国宗教战争时期的论著数量。这些小册子讨论国家建构的基本理念及其对国家治理的适用问题，讨论宪法，赞成或反对宗教宽容，抨击或维护教会统治并检讨其与世俗执政者之间的关系，主张或否定各种形式的公民自由，提出一个"民主"的政府需要的政治举措。对此，萨拜因（Sabine）感慨道："这种以小册子的形式进行的论辩乃是利用作为政府机构的出版社并通过讨论的方式进行民众政治教育的首次伟大试验。"① 这种政治传播活动在一定程度上将思想指导引入民主的政治生活中，在英国君主制和一种和谐的权力观的传统之中，建构起了议会主权制的现代民主国家。

伴随着传播媒介与技术的革命，当前的政治传播与基于"个体人"的主体性相适应，公共舆论势必成为政治传播中更为重要的组成部分，并与国家制度建设深度融合在一起。② 政治传播对制度权威的建构必须重视公共舆论，因为民众内部的价值证成在此形成。

---

① 萨拜因，索尔森.政治学说史·民族国家：上［M］.邓正来，译.上海：上海人民出版社，2015：203.
② "以个体为主体"形成了政治传播的新形态和新领域，即"微观政治传播"。参见：荆学民.微观政治传播论纲［J］.现代传播（中国传媒大学学报），2021，43（7）：16-27.

（三）程序正义之制度观念的生成

民主制度的权威建构还需要使其象征化，从而在文化意义上生成一种民主与法治的信念。所谓"生成"是指，这是一种类似于哈耶克（Hayek）所说的文化意义上的自发秩序的形成过程，而不是一种纯粹的自上而下的理性建构过程。

以法理为基础的制度权威建构必须以理性为基础，但仅诉诸理性是不够的。对于制度观念的象征化建构还须通过影响人的情感来完成，它在实质上是通过象征化的方式，将政治认同从一种理性认同转化为一种情感认同，甚至可能上升为一种信仰状态。这与当前全球的后现代转向中公众对于平等、尊重的强烈诉求相呼应。在日益媒介化的政治环境中，权威与公民之间由情感激发的这种象征主义的权威结果愈发重要。①但是，这种被认同驱动的情感并非与理性相对立，其符号化运作的逻辑是一种"动情的理性"②。这意味着，符号化虽然挑动情感，但是理性进一步发展的产物，而不能与理性相对立。

这个层次的传播与共同体层次的文化权威密切相关，它致力于运用文化的逻辑，生成一种与程序正义相关的制度观念。这些涉及制度本质的情感支持，或者说对民主与法治本身的信仰，类似于伊斯顿所说的"合法的意识形态"③。因此，现实中，许多国家都会不遗余力地通过与信仰密切相关的仪式化的方式进行传播，例如中国共产党的党章宣誓和宪法宣誓制度等，都是这种运作的典型代表。在一种日益媒介化的政治环境中，这些仪式通过新闻媒体进行广泛传播。尤其是，对于诸多制度化程度不高，甚至难以维持秩序的发展中国家来说，通过仪式的运用来表现出一种制度化的统治，将有利于该国

---

① 相关研究显示，在当前政治传播中，以理性为基础的政治的实质性绩效指标在逐渐边缘化，而政治与文化、社会、心理相关联的符号意义凸显出来。参见 BLUMLER J G. The fourth age of political communication [J]. Politiques de communication, 2016（1）: 19-30.

② 这类似于柏拉图所说的"灵魂的第三部分"：虽以情感为表达，但亦是理性的盟友。参见：柏拉图. 理想国 [M]. 张竹明, 译. 南京: 译林出版社, 2012: 150-151.

③ 伊斯顿. 政治生活的系统分析 [M]. 王浦劬, 等译. 北京: 华夏出版社, 1999: 321.

家的生存与发展。①

三、执政者层次：政治传播对制度有效性的建构

执政者是指权威角色的承担者，即具体的政治权力的掌握者。执政者层次所凝聚的共识是针对统治者（而非统治形式）的公共认可。政治传播在这一层次建构致力于塑造对执政者及其领导的当届政府的认同，即角色权威。政治传播在执政者层次上对于角色权威的建构，将为制度有效性及其价值带来重要支持。所谓"有效性"是指执政者满足政治系统基本功能的程度②，它与法律性并立，一直被自韦伯以来的学者们引述为法理型权威的合法性基础之一③。执政的有效性，被认为能够保证政治秩序和国家的整体进步，对于发展中国家的合法性积累有着尤为重要的意义。

在制度有效性建构方面，有以下几个需要注意的前提：其一，现代权威模式以制度权威为核心，这一核心为角色权威和文化权威建构确定了方向。即为了形成以制度权威为核心的现代权威模式，其他权威建构方向应与制度权威建构相向而行，而不应相悖，或者更改制度在现代权威中的中心地位。其二，在执政者层次，社会共识很难达成一致，甚至多以"异见"的形态存在。例如，在一些西方国家，人们对于"一人一票、多数胜选"这种竞选规则已经形成了稳固的制度共识，但是对于参与竞选的候选人却无法避免地存在各种异见。任何身处现代情境之下的国家，在寻求稳定的权威建构的进程中，均需要承认多样化的社会舆论这一前提，尤其应当在执政者层次为民众争议留出空间。其三，角色权威中的"角色"并非一个整体。根据角色承担者的不同，角色可区分为政党、政府和领导人三类；根据层级的不同，角色

---

① MEYER J W, ROWAN B. Institutionalized organizations: formal structure as myth and ceremony [J]. American journal of sociology, 1977, 83 (2): 340-363.
② 参考：李普塞特. 政治人：政治的社会基础 [M]. 张绍宗, 译. 上海：上海人民出版社，1997: 55.
③ 韦伯. 经济与社会：上卷 [M]. 林荣远, 译. 北京：商务印书馆，1997: 238-250.

又可区分为中央与地方。角色权威中的一部分，比如中央层级政党的权威，由于与制度权威深度融合，甚至已经成为制度权威的一部分。在承认以上前提之后，政治传播对制度有效性的建构有以下实践路径。

（一）对执政者治理有效经验的传播

对执政者治理有效性的传播，其直接目标是建构角色有效性。这种政治传播需要对政治运行中的政治制度、政治现象中的有益经验进行概括总结、传播扩散。

治理经验的传播关涉实然方面，它的传播风格是确切的、鲜活的，多以案例、故事等形式表现。但是，更为重要的是，对于治理有效的传播，不仅关涉事实，也具有目标取向。在实际应用过程中，其话语策略通常表现为：为了达到制度的价值目标，国家"正在做什么"。① 亦即，治理有效的经验传播，其目标不仅仅指向事实有效而已，而且指向民主、法治等制度价值目标。由于事实与价值之间存在张力关系，治理经验的传播，通常表现出一种"可完善性"，即对变化具有某种开放性，以应对外部条件和新形势可能的变化。

在内容方面，政治传播对执政者治理有效经验的传播，主要从以下四个方向进行：一是秩序有效的传播。维持社会稳定与秩序是国家最基本的功能。社会中最广泛的共识，是对于秩序有效的认可，具体包括常态和紧急突发状态中社会秩序的稳定性等相关内容的传播。二是经济绩效传播，包括对国家宏观经济水平的绩效表现与个体微观经济水平的绩效表现的传播。三是关于政府效率的传播，包括对政府行政效率、服务质量与政策执行效果等内容的传播。这个方向中，政府的高回应性，不仅是政府效率的表现，也与民主权威相关，应该成为政治传播的一个新的着力点。四是关于公平正义的传播，主要包括对社会经济水平的差异性、公共服务供给的公平性、社会福利的完善程度等方面内容的传播。

---

① HU Y. Refocusing democracy: the Chinese government's framing strategy in political language [J]. Democratization, 2020, 27（2）: 302-320.

需要注意的是，治理有效经验的传播，巩固的是一个国家的"正义"之根基。在现代社会中，民主成为制度权威的核心内容，而正义、民主与法治是不同范畴的问题，因此并不一定完全契合（例如，有些国家福利程度高，但民主化程度不高等；或者有些国家民主化程度高，但经济、福利发展均很薄弱）。但是，从经验来看，国家正义根基的巩固肯定有助于提高角色权威，从而能够在有效性上支持制度权威。

（二）对制度有效性及其价值的建构

对经验上的执政有效性的传播存在一定的局限性。一是从价值来看，执政有效性所建立起来的正义基础，虽然可以有效地支持制度权威，但不能替代制度权威。二是从效果来看，所有的执政绩效的作用都是有限的、短期的，可能出现亨廷顿（Huntington）等学者所关注的"政绩合法性困境"。有鉴于此，从传播战略来看，执政者有效性应从绩效层次升华至制度有效层次，并且赋予这种制度有效性以价值性。

基于以上逻辑，政治传播在此的主要目标是：通过传播技巧和文化机制将经验上的执政有效性上升为制度有效性。第一，从话语角度看，需要建构能够突破"执政者—制度—共同体"之间界分的新政治话语。要通过执政者层次相关内容的传播，来建构与制度有关的权威，就需要一个能够嵌入两者的政治话语。当前的国家治理、国家能力、政党自主性等话语都具有达到这一目标的潜力。以"治理话语"为例，治理是一种关涉"宏观—中观—微观"的总体治理[①]，作为一种话语，可以同时嵌入执政者与制度层次，甚至亦呼应共同体层次。第二，从内容来看，政治传播需要以跨越执政者与制度的政治话语为载体，在话语上将执政者绩效逐步转化为一种制度绩效。与制度层次对民主与法治权威的建构类似的思路是，政治传播对制度有效性的建构，需要建立在真实的制度绩效的基础之上，并且以中立性的、问题导向的、理性

---

① 王浦劬.国家治理、政府治理和社会治理的含义及其相互关系[J].国家行政学院学报，2014（3）：11–17.

化的话语叙事风格为主。第三，从传播技巧来看，需要充分运用文化机制的作用。所谓文化机制，与意识形态机制相区别，它以特有的心理感召力，为政治系统的权威提供道义解释和说明，增强人们对于政治体系的权威情感和支持。在这个意义上，政治传播甚至需要特意削弱本能出现的在政治上过"硬"、过"锐"的传播品貌。

（三）对制度的现实合理性之重要性的信念的生成

政治传播对制度有效性的建构，在信念层次的目标是，推进对制度的现实合理性之重要性的信念的生成。

民主制度必须建立于一种卢梭（Rousseau）所言的"习俗"、托克维尔（Tocqueville）所言的"社情民意"等特定的历史、社会与文化之上。这就意味着，真正的民主建构，一旦落实到具体的国家，不仅要考虑民主内在价值与原则的要求，而且要充分尊重社会现实。基于纯粹的民主的价值和原则，而不是基于现实社会所产生的国家制度，一定是无根无源的，能给人们带来幻觉，但是不能得到人们的最终认同。就此而言，政治制度的有效性，就不仅仅完全是工具性的，在一些强调制度的现实合理性的国家中，它亦能转化成一种价值，甚至可以产生一种合法性的功能，即李普塞特（Lipset）所言的"政治系统使人们产生和坚持现存政治制度是社会的最适宜制度之信仰的能力"。①

总之，制度有效性及其带来的制度权威，主要来自现实政治秩序与发展成就。在国家的成长过程中，制度的现实合理性之重要性的信念自然生成，也自然带来权威。政治传播需要做的，不过是前面两项：一是记录与传播执政者绩效，二是通过话语和传播机制将执政者有效性上升为一种以真实性为基础的制度有效性。

---

① 参考：李普塞特.政治人：政治的社会基础［M］.张绍宗，译.上海：上海人民出版社，1997：55.

四、共同体层次：政治传播对制度公共性的建构

共同体层次的共识是指社会从整体上共享的价值信念和价值目标，大体类似于阿尔蒙德（Almond）所言的政治文化的同质程度。① 对于一个共同体来说，政治文化可能是同质的，也可能是异质的，它并非现代国家的必要条件，但是，同质的政治文化显然是形成国家凝聚力的一个有利条件。在以制度为核心的政治权威中，政治传播对于制度权威的建构在这一层次指向一种文化性质的制度观念的形成，具体来说，即建构制度的"公共性"。因为，国家意志在共同体层面指向一种公共性——国家意志必须体现人民意志才能具备权威性。在这样的国家建构逻辑中，国家意味着全体人民基于对作为共同意志产物的国家主权的认同而汇聚到一起。

从传播规律来看，纯粹意义的文化形成有不同于政治形成的独特逻辑：前者是一种自发秩序，自发而成；后者是一种人为秩序，建构形成。制度公共性观念的形成，是文化的生成逻辑和政治的建构逻辑相融合的结果。政治传播对它的实现有以下路径。

（一）民族信念的生成

现代国家在共同体层次几乎无一例外地指向一个共同的对象——民族。国家与民族相结合而形成的现代国家，被称为"民族国家"（nation-state）。对于制度权威来说，"民族"能够凝聚一种"我们"不同于"他们"，即我们相互联结且休戚与共的公共的信念，这将对制度权威产生重要支持。

"民族"信念，意味着民族成员对自己的文化一致性和民族历史有着强烈的自觉意识。因此，与民族有关的信念，主要考虑的是文化认同等问题，遵循文化生成的逻辑。这种逻辑在政治传播中意味着：一是民族信念的生成，并不仅仅依靠政治精英的理性设计，而是国家与社会长期互动、相互建构的

---

① 阿尔蒙德，维巴. 公民文化[M]. 徐湘林，译. 北京：东方出版社，2008.

结果。二是民族信念的建构，绝不是宣传一种狭隘的民族主义，而是将民族作为公共文化和政治象征的表现形式，最终寻求一种民众热爱国家、遵守法律和保卫自己的祖国的政治性的大众文化。三是民族信念需要高度情感化、参与性的仪式来维系。例如，诸多的传统民族节日庆典仪式，乃至于基于民族国家的阅兵仪式、国庆典礼等，均属于这种政治传播活动。

（二）以民族为凝聚力量对制度公共性的价值建构

现代化日益将全球社会凝聚成一个共同体，任何个人都可以在全球空间中安排自己的生活，但是，这种自主与自由，必须以拥有特定的国家国民身份为前提。民族的政治形态的这一面，决定了政治传播对于民族观念的建构，不仅遵从文化上的"民族逻辑"，更重要的是融入政治逻辑，将一种民族身份转化成一种国民身份，将一种"民族话语"最终转化为一种"人民话语"，在更为抽象的层次上凝聚公共性。①

民族国家的建构从根本上是通过制度的变化来推动的，政治传播在此过程中发挥着重要的作用。比如，美国作为一个移民为主的国家，美利坚民族意识的形成就是一个强建构的过程。不论在制度确立阶段还是在实践阶段，民族建构都不仅仅是政治精英的内部行动，政治传播在其中起到了国家与社会的勾连与沟通的作用。② 在中国的现代民族国家建构过程中，政治传播与中国共产党领导中国人民追求民族独立、国家富强的历程相伴相生，在社会主

---

① 任剑涛. 从"民族国家"理解"中华民族"[J]. 清华大学学报（哲学社会科学版），2019，34（5）：1-27，198；肖滨."一体双权"：中国政治学的一个分析框架——与景跃进教授商榷和对话[J]. 政治学研究，2020（1）：57-65.

② 1787年，美国宪法在历经127天的议会辩论后得以签署。但是，这仅仅是一个开始，联邦大会通过的宪法草案需要获得各州的同意，争取民意的支持。这个时候，曾经聚集于议会厅的政治精英转战各大媒体。以麦迪逊、汉密尔顿和杰伊等为代表的联邦党人与罗伯特·雅茨等为代表的反联邦党人面向社会公众在报纸上继续展开激烈的论辩。不难看出，政治精英的理性设计只是民族建构的第一步，而更重要的是相关思想面向全体民众的传播，以及这种传播在公众中所逐渐凝聚的社会共识，这才是美利坚民族得以建构的更为重要的耦合力量。参见：鲍恩. 民主的奇迹：美国宪法制定的127天[M]. 郑明萱，译. 北京：新星出版社，2013.

义革命、建设、改革和治理中，发挥了积极而巨大的历史作用。中国的政治传播起到了重要的"唤醒国民"的作用，它使国民对于参与政治的结果有了积极的判断，使之成为某种现代意识形态的信仰者和实践者，并且通过现代传播媒介技术使个体相互连接，从而建立起一种阶级或文化共同体的想象。

（三）"执政者是民族的代表"的定位与传播

从政治实践来看，执政者通常被认为是民族的代表，即执政者不仅是经由民主程序而选择的在职领导者，也是获得全体人民授权的民族的代表。又由于民族国家的政治之维，执政者通常成为"人民"的代表。在这种逻辑之下，政治传播对于执政者角色权威的塑造，理应将其定位为民族和人民的代表，以此为制度公共性的建构提供现实的微观基础。

综上所述，国家通过民族凝聚了一种公共意志，对于一个国家的制度来说，这可能带来一种公共取向的价值观。一旦这种价值观转化为一种文化性质的权威，即成为一种公共价值取向的政治文化，就会对执政者权威、仅提炼最小共识的制度权威产生不可或缺的补充作用。

五、结语

从政治传播这一独特视角审视政治权威的建构，可知：政治传播中的"政治信息"并不是抽象的、笼统的，而是具有特定内涵和指向的。它可以包括经验、价值与信念三个层次，因此，下沉到政治传播对制度权威的建构，在内容上可以延展为制度经验、制度价值与制度信念三个层次。三个层次交融，使政治传播对制度权威的建构，呈现出以"制度之民主与法治价值的建构与传播"为核心的综合模型。模型中，各要素的重要程度，从制度性质的价值向外扩散（如图2所示）。

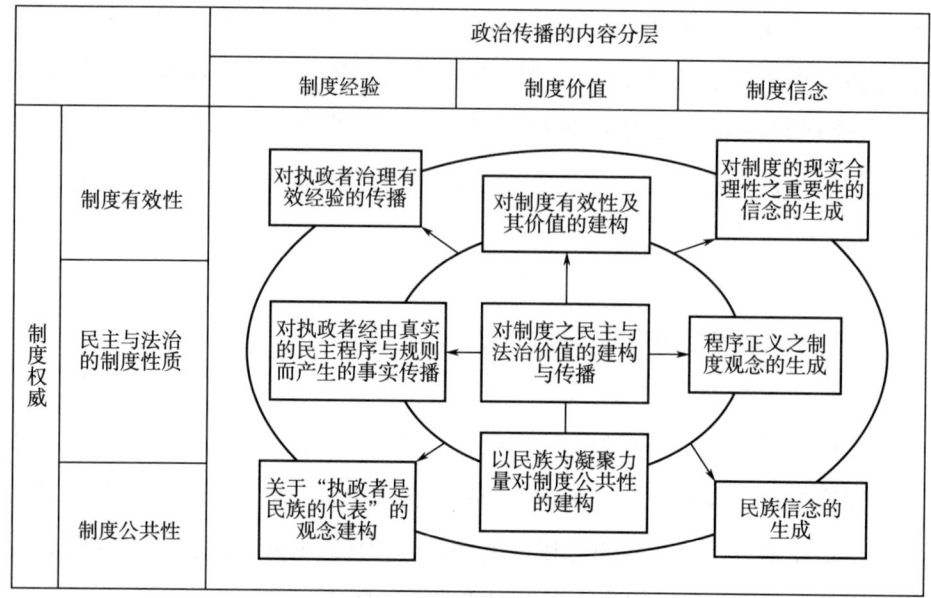

图 2 政治传播对制度权威的建构模型

可以看出，这种研究，大体上可以一般性地说明政治传播构建制度权威的学理机制。但是，世界上并不存在完全相同的单纯的政治体制，现实的政治体制总有其特殊性或差异性。因而，任何一般性的理论，均应在普遍性的基础上对这种特殊性和差异性予以适当说明。对于"政治传播对制度权威的建构"这一理论来说，我们还须从宏观比较视野，对不同政治文化和不同政治体制中的政治传播对制度权威建构的差异性予以延展补充性的说明。

政治传播谋求制度权威可以浓缩为两种类型：一种是以民众的"同意"（consents）行为作为唯一可以承认的制度权威依据的理论原点，进而建构以比较单一的"代议制民主"为内核的"合法性"（legitimacy）权威；另一种是以"共识"（consents）这种普遍的民众认同形式作为制度权威的依据，进而形成一种"复合式"的权威。后者，既坚守民主与法治这一现代制度性质，同时又涵盖制度有效性与公共性的权威模式。

以此为基础，两种类型权威模式中的政治传播在各方面呈现相互对照的不同面向：从传播目标来看，前者与政治竞选（作为一种凝聚同意的制度机制）相互交融，其主要目标是争取选票，获得民众的同意；而后者不仅致力于获取政治竞选所产生的选票同意，更为本质的是，它致力于一种消极认可的实现。前者是一种积极行为，而后者更通常表现为一种精神上的认可态度。从传播内容来看，前一种类型的政治传播对制度权威的建构，主要依赖由韦伯传统而来的法理基础的单一基础，而后一种类型的政治传播包括合法性（明确同意）、证成性，甚至正义（福利）、有效性（经济发展）等多方面内容的传播。从传播方式来看，前一种类型的政治传播活动主要表现为政治广告、政治辩论等竞争性的政治营销活动；而后一种类型的政治传播的活动更为丰富多样，不仅吸收了政治营销的经验，而且通过政治宣传、政治沟通等政治传播活动，实现制度之"观念之维"的建构。从传播效应来看，两种模式虽然同样以制度权威为核心目标，但前者通过单一的形式上的程序民主即可获得合法性，难免具有"虚伪的肤浅的民主"之嫌；与之相较，后者以实质上的，真实的，同时体现民主、正义、有效等多种价值维度的制度本身为支撑，这种类型的政治传播，不仅具有形式意义，更是一种实质民主。

以上两种模型虽然基于理论推导而出，但是基于一定的经验事实。对应现实来看，很明显，西方国家，尤其以所谓自由主义为主导意识形态的西方国家对应第一种类型，其弊端和恶劣后果已经被实践验证。比如，现在的美国，无论去发动什么样的政治传播"浪潮"，来鼓吹自己的"民主"，世界民众，包括美国民众对美国的所谓"民主制度"恐怕是越来越不相信、不认同了。相比较而言，中国共产党领导的制度权威建构的现实经验支持了第二种类型。中国的经验，突显了执政者、制度与共同体这三个维度互补共强的权威结构。

在全世界风雨不宁、局势动荡的不确定性的发展环境中，中国特色社会主义伟大成就大放光彩，彰显了中国特色社会主义的制度权威，为本文的理论模式提供了经验上的有力证明；关于其在政治传播构建制度权威方面的"人类命运"层面的理论贡献，我们将另撰文呈现。

论中国政治传播研究向纵深拓展的三大进路*

阅读提示：到了2018年，中国特色的政治传播研究一路高歌猛进，进入"新时代"。但对于中国的政治传播的实践和研究来说，其向纵深拓展的进路是什么？本文基于之前的观察和研究，提出了"三大进路"。直到2024年本书收录这篇论文的6年的实践，基本证明了这种"指向"的正确性。当然，也有新的景象和"路径"出现。其后的研究，本人也相应地拓展和深化。

立足于中国特色社会主义政治传播实践的政治传播研究，经过改革开放以来学界和业界的辛勤耕耘和潜心钻研，已取得了丰硕的成果。中国特色的政治传播理论体系正在形成，并逐步在现实的政治传播实践中发挥着指导和引领作用。在这个时候，冷静而理性地观察和分析中国政治传播研究的未来进路，并在此基础上作出必要的反思性判断和前置性引导，具有十分重要的价值和意义。

一、进路一：持续聚焦高势能运转的政治宣传研究

政治传播的基本形态是政治宣传，这个判断是对古今中外政治传播实践的理论总结①。现代政治中政治宣传的正当性与合法性，并不因为在第二次世

---

* 本文原载于《现代传播（中国传媒大学学报）》2018年第1期。
① 从学理上讲，政治传播包括政治宣传、政治沟通、政治营销三种基本形态。这是我一直着力宣讲和推广的学术观点，几乎每篇学术文章都要借机从不同的角度论证一番。最基本的规范性论证，请参阅：荆学民，段锐.政治传播的基本形态及运行模式[J].现代传播（中国传媒大学学报），2016，38（11）：8-15.

界大战中法西斯对其的"恶劣使用"就自然消解。恰恰相反，人们应该理性地剥掉那些人为地缠绕在"宣传"身上的种种"恶名"，恢复它的本来面目，让它能够在人类的政治传播中发挥正当的、正面的作用。

这个道理，在学理上需要从人们貌似熟知的"政治"讲起。著名政治学家达尔曾说："确切地说，任何人都能懂一些政治，但政治是格外复杂的事物，很可能还是人类所遇到的最复杂的事物之一。如果不具备处理政治复杂性的技能，人们就会草率或过分地简化政治，这就是危险。公正地说，我们认为，大多数人确实都把政治简单化了。"① 现实中确实如此。人们对政治的认知，仍存在种种误区。其中一个主要的认知误区是：从现实出发，把政治看作一种纯然的现实活动。但其实深入考察人类政治的起源和本质就会发现：政治乃是一种从理想出发的不断实现理想的现实活动，也就是说，政治是具有理想性和现实性双重属性的人类活动，并且现实中的政治始终保持其理想性和现实性的合理张力。

从一般的学理上讲，现代政治中政治宣传的正当性与合法性，正是来源于人类政治的"理想性"与"现实性"的双重属性及其张力关系。其中，正是人类政治的理想性及其不断实现这种理想的永不间断的渴望和努力，决定了人类政治首先近乎本能地和自觉自愿地选择政治宣传来推展自己的政治理想。政治宣传就是用政治的未确定的理想性来引领、感召、鼓动受众，通过行动使政治的理想性不断地转化为现实。②

基于理想性和现实性的双重属性，我们可以把政治在现实中的运行图景划分为"宏观政治"和"微观政治"两个层面。所谓宏观层面，是指政治在国家层面的运行，亦可称为国家政治；所谓微观政治，是指浸透在社会层面的政治，本来可以对应性地称为"社会政治"，但是，因"政治"其起源之时的"公共"意涵与"社会"的"公共"意涵重叠——那时的"政治"就是"社会"——这样一来，现在再使用"社会政治"一词，就反而无法表达区别

---

① 达尔.现代政治分析[M]第六版.吴勇，译.北京：中国人民大学出版社，2012：3.
② 关于政治宣传的更为仔细的学理性论证，请参阅：荆学民，段锐.政治传播的基本形态及运行模式[J].现代传播（中国传媒大学学报），2016，38（11）：8-15.

于国家政治的微观层面的政治了,所以,我们还是直接称之为"微观政治"。从功能发挥的角度看,政治的主要功能,是按照一定的政治理想调节现实中人与人之间的关系,并通过不同形式的制度安排调控现实社会秩序,质言之,政治的核心是权力和控制。所以,所谓政治的宏观层面,是指国家的政治理想推展、政治制度安排、政治权力运行、政治秩序控制等;所谓政治的微观层面,是指一般社会活动和百姓日常生活层面的弥散化的权力结构和控制机制。"在现代性的视域中,宏观政治主要表现为理性化的权力运作和制度安排,而微观政治既包括不同形式的知识权力,也包含自发的文化权力。"①

政治宣传天然性地存在于国家政治之中。国家政治所依赖和使用的主要工具或传播路径,正是政治宣传。政治宣传之所以具有意识形态本质特征和强大的国家机器功能,就是因为它是国家政治存在和运行的必不可少的组成部分。这一点正如欧根·哈达莫夫斯所言:"事实上,从一开始就没有纯粹的宣传可言。宣传的目的就是要取得权力,宣传只有被当成意识形态的工具才算取得胜利。若意识形态的工具被剥夺,将导致权力结构的瓦解。意识形态、宣传和权力三者不可分。"②

这就是说,国家的存在,决定着国家政治的存在;国家政治的存在,决定着特定意识形态的存在;国家特定意识形态的存在,决定着国家宏观政治运行机制的存在;国家宏观政治运行机制的存在,决定着政治宣传的存在。国家政治的强大性,国家特定意识形态的重要性,决定着政治宣传永远都是在国家宏观政治的层面上"高位势能"运行。"高位势能"是一个借用了物理学概念的形容性质的概念,国家政治的运行中,政治宣传所处的地位之高、所具有的控制力之强、所产生的动员力之久、所发挥的作用之大,乃是其他政治传播形态所无法比拟的,更是其他政治传播形态所无法取代的。

现在,我们需要把这种抽象的学理"降落"到现实的中国,理性地聚焦于党和国家的政治宣传之现实思考一下。众所周知,马克思主义是一个立足于共

---

① 衣俊卿.论微观政治哲学的研究范式[J].中国社会科学,2006(6):23-28.
② 转引自:福特纳.国际传播:"地球都市"的历史、冲突与控制[M].刘利群,译.北京:华夏出版社,2000:97.

产主义远大理想并引领和指导人类朝着共产主义迈进的科学理论体系；中国共产党是一个以马克思主义为指导理论、以共产主义为政治信仰的伟大的政党；中华民族是一个在中国共产党领导下站立起来并迈向伟大复兴的民族；新中国的建立、建设、改革、富有、强大，最有力地体现了政治的理想性通过政治宣传的强大引领功能，这一切就决定了：中国共产党的政治宣传在上述的过程中发挥着无以取代的伟大作用。历史是如此，现实是如此，未来也是如此。

"革命理想高于天"，正是基于坚定理想信念的政治感召；坚持正确的方向，以新的精神状态和奋斗姿态，继续引领历经沧桑的东方大国走向复兴，完成"两个一百年"奋斗目标，这种"高于天的理想"，要沁润在共产党人和普通民众的心间，需要的是有气势、有感染力的政治宣传；"中国梦"对中国人民的感召，"人类命运共同体"对全球民众的呼唤，需要的是有温度、有效度的政治宣传；中央和国家的种种宏大政治战略的大政方针的解读和深入人心，需要有目的、有目标的政治宣传……

展望未来，中国的政治宣传，仍将是中国政治传播的主要形态，以政治宣传为主轴的政治传播模式仍然不会改变。政治宣传将一如既往地在中国的国家政治中持续高位强势运行，亦将继续释放巨大的传播能量。

当然，现代政治中的政治宣传也是一个与时俱进的开放系统，随着进入互联网自媒体时代，其固有的种种弊端也会不断地得以矫正和改正，传统的政治宣传也会不断地"蜕变"成为"新宣传"[①]。中国的政治宣传更是如此，虽然，进入改革开放后的新时期以来，中国特色社会主义政治文明在全世界绽放异彩，随着传播技术迅猛发展和媒介地位的突出变化，互联网时代所要求的传统媒体与新兴媒体的融合，使中国的政治宣传也焕发出一定的新的活力，对全党全国人民的意志鼓舞和中国政治文明的国际影响力作出了不可磨灭的贡献。但是，坦白地说，现在的政治宣传的态势与效果，还远达不到党中央领导中国人民实现"两个一百年"伟大奋斗目标的宏大政治战略的要求，远达不到国家治理现代化伟大战略的要求。

---

① 关于"新宣传"的论证，请参阅拙文：荆学民.探索中国政治传播的新境界[J].中国人民大学学报，2016，30（4）：74-81。

正因如此,中国政治传播研究向纵深拓展中,聚力于高大宏远政治理想的政治宣传,将继续高位势能运转这一面向和进路,要求理论研究者高度重视这一领域,不断提供改进党和国家政治宣传所需要的新思想、新理论。

二、进路二:高度关注方兴未艾的微观政治传播研究

从政治学角度思考中国改革开放以来的深层变化,应当说是国家与社会关系的持续变革。国家与社会的关系,虽然涉及诸多方面,但观察和领略其变化机制和轨迹的主轴,乃是"政治"。政治的变化和国家与社会关系的变化,二者是相辅相成、互为因果的。变化的不可逆的趋势是:随着国家与社会关系的逐步分离和良性互动,"政治"不断地从"国家形态"向"社会形态"回归和迈进①,伴随着这种回归和迈进,微观政治越来越凸显出来。

有学者从理论角度描述了基于全球化和信息化时代的国家与社会关系变迁所引发的社会结构变化:第一,是从社会结构或构成上来看,由于信息化背景下的文化整合,伴随着工业文明而彼此分化的社会诸领域呈现"再一体化"和相互渗透融合的趋势,从而导致各领域之间界限的模糊,并使社会构成呈现内在差异化和多态化,消解或削弱了主导型领域的统治地位或控制作用。第二,从社会运行和控制机制来看,由于社会诸领域的"再一体化"和相互融合,社会的主导型、中心化的宏观权力逐步分化为非中心化的、弥散的微观权力,从而使社会的控制机制由几种宏观权力的彼此冲突或相互博弈逐步让位给多态化的微观权力的相互制约和差异化共生。"在信息化时代或者

---

① 之所以使用"回归"这个词,是因为从历史和历时的角度看,政治本来一开始就是公共的,就是社会的。人类早期的"政治""社会""公共"是同一个含义。在国家与社会的关系上,马克思和恩格斯的主要观点是:从人类历史的长河来看,相对于国家而言,社会是基础,国家源于社会,是社会决定国家,而不是国家决定社会。在阶级社会中,国家作为统治阶级的总代表,凌驾于社会之上,国家控制着社会,社会从属于国家。作为人类生存的基本组织方式,社会与人类共存,只要人类存在,社会便存在,而国家只是人类社会中的一个过客。国家最终要回归社会,国家的消亡过程,就是回归社会的过程。马克思主义认为,政治历经"国家"形态最终将走向没有"国家政治"的"自由人联合体"的社会。

在后现代的背景中，构成社会运行、控制和治理机制的要素除了宏观的政治权力或者宏观的经济力量外，越来越多地大量涌现出非中心化的、分散的、弥散化的、多元差异的微观权力。这种内在于社会生活和日常生活所有层面的弥散化的、微观化的权力结构和控制机制形成了所谓微观政治，而社会的运行和控制机制开始表现为这种中心化的宏观权力和多态化的微观权力相互交织、相互制约的网络。一般说来，这种政治、经济、文化相互融合，真实与符号（符码）彼此渗透的多态化的微观权力结构或者微观政治结构，既可能为个体的自由和个性发展提供空间，也可能使理性对人的统治渗透生活的每一个角落。而对这种控制机制的抗拒和改造往往同样需要各种多态化的、边缘化的微观权力的多维反抗，而无法沿用传统的宏观政治变革模式。"①

从政治学的学理上讲，微观政治的凸显有其内在的根据，是如前所述的政治的理想性与现实性双重属性及其张力关系使然。政治始于理想，决定了宏观政治的强大运行与强力覆盖，但是，特定的宏大政治理想总是在不断地向现实转化，正是在这种永不停顿的转化中，政治的理想性不断地"减弱"，现实性不断地增强。理想总是不断地被现实所检验、所修正，在理想性与现实性的张力关系中，理想性总是不断地向现实性这一极倾斜。现实是"鲜活"的，现实是具体的，现实是弥散的，因此，各种不是从理想出发的"微政治"就会应运而生。

从传播学角度看，互联网时代传播技术的迅猛发展导致了时代跃迁。传播学家麦克卢汉曾提出一个著名的观点："媒介是社会发展的基本动力，也是区分不同社会形态的标志，每一种新媒介的产生和应用，宣告我们进入一个新的时代。"② 从传播技术发展和媒介革命所引发的时代变迁这一特定角度

---

① 衣俊卿.社会历史理论的微观视域：上[M].哈尔滨：黑龙江大学出版社，2011：14-15.
② 参见：莱文森.数字麦克卢汉：信息化新纪元指南[M].何道宽，译.北京：社会科学文献出版社，2001：12.应当注意的是，这段话中，麦克卢汉使用的是"媒介"，"媒介"与"媒体"还是不同的，媒体是媒介的一种物质性的载体，因此，媒介的发展往往主要体现在媒体上，媒体的发展和变革成为媒介发展的表征和标志。在很多的时候，人们并不刻意地区别二者，而是自然地含混使用这两个概念。（关于中介、媒介、媒体之间关系的具体论述，参见：荆学民.政治传播活动论[M].北京：中国社会科学出版社，2014：121-127.）

看，互联网的发展，正有力地推动着传统媒体与迅猛崛起的新兴媒体融合转化为"自媒体"，可以说，"自媒体时代"已经到来。自媒体时代有种种特征，但是，传播进入以微博、微信以及未来不可预见的"微传播"① 形态无疑是其最为显著的特征。微观政治与"微传播"的镶嵌与耦合，迅猛激活了微政治传播。

自媒体时代的微传播，通过改变人类的交往方式，重置着过去的国家与社会的关系，重塑着政治传播形态。第一，基于自媒体的微传播，"赋权"社会以某种难以定性描述的政治权力，从而使社会获得一种可以与国家政治对应的力量。第二，基于自媒体的微传播，使社会民众从一种新的途径获得宏观政治宣传以外的各种政治信息。第三，基于自媒体的微传播，使社会民众有权力有能力，能够依据自己的理解来解读和评论从宏观政治宣传中所获得的各种政治信息，使其产生新的"蝶变"效应。第四，在这种特定的意义上，基于自媒体的微传播，其赋权的"社会"具有越来越强大的"政治构建"功能，各种区别于国家宏观政治的"微观政治场域"将通过迅捷的传播应运而生，茶余饭后，休闲养生，甚至娱乐八卦，都可能弥散着政治气氛，传播着政治信息，成为无所不在、无处不有的宏大政治的"神经末梢"，现在，人们的日常生活领域已然成为"参政议政"的新场域、新形态、新途径。

当然，必须清楚的是，通过迅猛发展的传播技术而生成"微政治传播场域"是一把双刃剑，当它们所谋求的政治目的与国家宏观政治理想一致或接近时，二者便会相向而行，成为一种政治正确的正能量；相反，一旦"微观政治传播场域"的诉求与国家宏观政治的理想反差过大，二者的能量就会相互抵触和磨损，在某种条件下，甚至会导致整个国家和社会的政治危机。

从理论上讲，微观政治传播与国家宏观政治中的政治宣传的"行进逻辑"是不一样的。简单地说，政治宣传中的主导逻辑是"政治的"，所谓政治的逻辑，就是政治权力主导的遵循既定政治目标和政治理想的行进机制。所以，我们一般才会认为，政治宣传总是理想的、感性的、强行的、灌输的、组织

---

① 关于"微传播"，目前学术界谈论得很多，但尚无共识，篇幅有限，此文略论。

的，等等。而微政治传播，基于自媒体的自主性的特质，其主导逻辑是"传播的"，所谓传播的逻辑，就是媒介权力主导的遵循即兴事实和具体事件的行进机制。传播逻辑注重于从现实的具体事物出发，通过细微的传播图景，深入其社会背景，展现其具体过程，演示其构成细节，聚焦其核心诉求，放大其影响效果，通过引发到某种政治层面而发酵和延伸，形成一种强大的反作用于国家政治的社会影响。在这种情况下，微政治传播就可能会提升到国家政治的宏观层面，引发宏观的政治变革。

所以，所谓国家与社会的"分离"并不是国家与社会的割裂；现实中，不存在没有国家政治的社会，也不存在没有社会的国家政治；所谓国家宏观政治与社会微观政治，也不是互不相干的两个领域，现实中，没有脱离宏观政治的微观政治，也没有脱离微观政治的宏观政治。正像列菲伏尔在他的著作《日常生活批判》中所言："'宏观'和'微观'层面之间虽然存在着间距和鸿沟，但这并不意味着容许我们把其中的一个层面与另一个层面二分开来，更不容许我们'忽视'其中的另一个层面。不可还原性并不等于截然分立。在'宏观'和'微观'层面之间，存在着多种多样分关系、对应性以及同源性。"[①] 说到底，它们是同一个"政治"、同一个"国家"、同一个"社会"。比如，我们现在说的是同一个、仅有一个的中国政治、中国社会。

把上述这种理论思考落脚到当下的中国，完全可以说，伴随微政治传播领域的方兴未艾，政治传播研究聚焦和着力于这个新兴领域，是一种历史的必然，也应是一种理论自觉。

中国共产党是一个按照马克思主义政治理想创立的政党，新中国也是一个在中国共产党的领导下依靠政治理想建国的国家。中华民族在中国共产党的领导下复兴的辉煌历史，新中国从大到强的成长历史，是中国共产党领导中国人民不断地实现政治理想的历史。这种历史也是一个政治理想不断地从国家宏观政治走向微观现实的历史，是一个不断地根据现实"与时俱进"的

---

① 转引自：衣俊卿.社会历史理论的微观视域：上［M］.哈尔滨：黑龙江大学出版社，2011：24-25.

历史。马克思列宁主义、毛泽东思想、邓小平理论、"三个代表"重要思想、科学发展观、习近平新时代中国特色社会主义思想等,展示着中国共产党的宏观政治理想不断地结合中国国情、"落地"成为可见可实现的具体现实目标的实践过程,是一个政治传播活动中宏大政治宣传不断走向微政治传播的过程。现在,进入以互联网为基础的自媒体时代,随着国家与社会关系及与之相应的人们政治交往方式的深刻变化,微政治传播领域必将遍地开花。与之相应,探寻微政治传播的重要机制及其种种重大问题,必然是中国政治传播研究的重要聚焦领域,也可以预见这将是取得重要研究成果的主要进路。

三、进路三:深度融合迅猛兴起的政治传播交叉学科研究

无论被理解为"政治的传播"还是"传播的政治",对政治传播的研究来说,古往今来都不是也不可能只是政治学和传播学可以完全为之。现在,伴随着政治传播由国家宏观政治向微观政治领域的延伸和拓展,这方面更需要诸多学科的合力关注和研究。事实上,诸多学科所聚焦的政治传播的新的学科方向、新的"交叉地带"已经形成或正在形成。

20世纪以来,"与社会结构和运行机制从自律的宏观领域和宏观权力向多态化的微观领域和微观权力的这一深层次转变相适应,当代哲学社会科学的思维模式也经历了从宏大叙事向微观叙事,从宏观理论范式向微观理论范式的自觉转变"[①]。从国家宏观政治这一角度看,社会科学对政治的研究,在关注类似于"公平""正义"这样的宏大抽象的"政治哲学复兴"的同时,就已经开始转向微观政治的研究。比如,之前,传统的政治学更多地关注国家权力的运作、政治制度的安排、政权的更迭等,而20世纪出现的多种形式的微观政治学,则或者主张从日常生活的机制去思考制度安排问题,探讨微观权力秩序的重建问题,或者像福柯那样,从监狱、医院、军队、学校等被传统政治学忽略的边缘领域,开展了关于权力结构的微观政治学的批判,揭示分散

---

① 衣俊卿.社会历史理论的微观视域:上[M].哈尔滨:黑龙江大学出版社,2011:16.

的、不确定的、形态多样的、无主体的、弥散于日常生活和不同社会层面的微观权力。

进入互联网时代以来，在传播技术作为"主变量"的推动之下，政治传播从高大宏远形态走向弥散性的微观形态所显现出的一个最为显著的特征是：那种来自宏大政治理想的全部政治信息被现实的种种政治诉求揉成了"碎末"，同时，来自现实政治生活的种种新生的政治诉求，又形成强大的"政治泥石流"，反冲那种高大宏远的政治理想。毫无疑问，产生于弥漫性日常生活中的微观政治是与经济、历史、文化、科技、教育、宗教等社会生活"镶嵌"在一起的，如此一来，微政治传播领域就不能只是政治学与传播学的研究所能覆盖的。甚至，在国家宏观政治传播即政治宣传中的"政治统摄传播"这一规则的效力也会大大减弱。

传播技术发展所引发的政治在微观领域被"碎末化"和"再生化"的现象，使人们深刻地反思着人类的政治和以往人们对政治的研究。比如，佩里·安德森在《思想的谱系——西方思潮左与右》中就指出："政治不是一种自我封闭的行为，不能够自行孕育出一个内部的概念体系。与某一时期一系列被视为政治冲突有关的观念的东西，是因时因地而变化的。时至今日，它已经远远超出了政治科学的范围。哲学、经济学、历史学、社会学、心理学，更不要说地理学、生命科学和艺术，在经典定义中都与政治领域有着各自不同的相交点。正式的政治理论虽然远远谈不上消失，但它也只占据一部分领地。"[①] 用哲学、经济学、历史学、社会学、心理学等超越传统政治学和传播学的学科视野，来研究被"碎末化"和"再生化"的政治传播，既是在自媒体时代政治传播由高大宏远形态迈向社会微观形态的要求，同时也反过来使政治传播在社会微观领域门洞大开。想象一下，当哲学、经济学、历史学、社会学、心理学、地理学、生命科学、艺术学聚焦于政治传播的某一特定领域、事件或对象，政治传播的新领域乃至新学科岂不万象丛生？政治传播的研究

---

① 安德森.思想的谱系：西方思潮左与右[M].袁银传，曹荣湘，译.北京：社会科学文献出版社，2010：前言1-2.

成果岂不百花齐放？

当然，必须指出的是，政治传播就是政治传播，它有着自己特定的基础、轴心和学科边界[①]，并不是随意贴上"政治传播"的标签就成为一种政治传播研究。我们这里所强调的所谓政治传播的"交叉学科"是指一定要"交叉"在政治传播这个研究对象上。事实上，在对政治传播交叉学科的研究上，我们急需的是学科视野和研究方法的自觉的深度融合。

我们可以预见的是，政治传播研究的新兴交叉领域会在两个维度上延展。

第一，基础学科，比如哲学、历史学等，对政治传播的关注，会进一步使政治传播的"学科高度""学科厚度"大大增加。哲学作为一种世界观和方法论的学科，其巨大的优越性首先是要求廓清和厘定任何研究的"研究对象"，并对研究的"核心理念"进行"前提性批判"，这一点就会使以往政治传播研究往往经不起深究的"前提观念"得以澄明。众所周知，以往我们很多的政治传播研究不太考虑研究前提的意义，往往费尽周章却研究了一个毫无意义的问题。其次，哲学研究方法的"抽象"能力，可以使以往政治传播研究的杂乱无章、华而不实的种种貌似方法的"方法"，得到提炼和升华，成为一种更具普遍性的、更有解释力和说服力的研究范式。毋庸讳言，以往政治传播研究缺乏的就是稳定的、具有解释力和说服力的研究范式。

说到历史学对政治传播的关注，则更是令人期待。传播技术的发展带来了这个时代的"躁动喧嚣"，热切关注浮于"躁动喧嚣"表面繁华的传播研究、政治传播研究，由于没有什么"历史"的支撑而往往昙花一现。历史学的介入，思想史、概念史、形态发展史的梳理和研究，会使当下的政治传播研究通过"走向历史深处"，对时代作出富有翔实史料支撑、具有"历史纵深感"的批判和解释。在这个方面已经有成功的案例，那就是福柯运用和借鉴历史学研究方法对微观政治的研究。福柯本人承认他的微观政治学受到了年鉴学派史学范式的影响。他在《知识考古学》的引言中，特别分析了法国年

---

① 参阅拙作：荆学民. 中国特色政治传播研究的基础、轴心与边界[N]. 中国社会科学报，2015-04-10.

鉴学派的"长时段"史学方法的重要理论意义。他指出，年鉴学派的新史学家强调从政治事件的变幻不定的背后揭示一些在较长历史时段中相对稳定的、深层次的现象，"一些因传统叙述的混乱而被掩盖在无数事件之下的静止和沉默的巨大基底"。① 福柯在历史学最擅长使用的"确定一种不变的、决定性的和连续性的结构和力量"方法的深处，另辟蹊径，在这种历史的连续性中发现各种"断裂"的"横切面"和"沉积层"，奥妙无穷！他有一段非常精彩的表述："这些方法使历史学家们能够在历史范畴中辨别各种不同的沉积层。过去一向作为研究对象的线性连续已被一种在深层上脱离连续的手法所取代。从政治的多变性到'物质文明'特有的缓慢性，分析的层次变得多种多样：每一个层次都有自己独特的断裂，每一个层次都蕴含着自己特有的分割；人们越是接近最深的层次，断裂也就随之越来越大。"② 说到此，我们可以把福柯与我们现在所坚持的马克思主义勾连一下，事实上，马克思、恩格斯在致力于揭示人类历史发展的"宏观规律"的同时，明确地把"现实的生活生产"当作历史的基础，反对脱离日常生活的历史观。在《德意志意识形态》中，他们这样批判传统历史观："迄今为止的一切历史观不是完全忽视了历史的这一现实基础，就是把它仅仅看成与历史过程没有任何联系的附带因素。因此，历史总是遵照在它之外的某种尺度来编写的；现实的生活生产被看成某种非历史的东西，而历史的东西则被看成某种脱离日常生活的东西，某种处于世界之外和超乎世界之上的东西。"③

第二，与时俱进的种种新兴技术性方法聚焦于政治传播研究，自然会带来前所未有的新气象新景观。现代政治传播研究基于现代政治和现代传播的无限开放性，尤其是现代传播技术的迅猛发展，种种难以预见和难以框限的新技术新方法会迅速介入和浸染政治传播的研究，微博、微信、大数据、云计算、穿越历史、跨越国界……会使政治传播出现什么样的变化、什么样的

---

① 福柯.知识考古学[M].谢强，马月，译.上海：上海三联书店，2003：1.
② 福柯.知识考古学[M].谢强，马月，译.上海：上海三联书店，2003：1.
③ 马克思，恩格斯.马克思恩格斯选集：第1卷[M].中共中央马克思恩格斯列宁斯大林著作编译局，编.北京：人民出版社，1995：93.

效果？聚焦新的研究领域，追求新的研究样态，使用新的研究方法，形成新的研究领域，必定是全球化、信息化时代的中国政治传播研究的新的进路。

总之，当前全球政治的不确定性、不相融性、不靠谱性，国内政治的正向性、敏感性、紧迫性，持续加强着对政治传播研究的依赖，政治秩序规制者角色的争夺、政治话语定义权的争夺、传播技术控制权的争夺，等等，这一切，将赋予政治传播研究以艰深的风险和无穷的魅力，有志者，定将是，在艰深的风险中绽放其无穷的魅力！

国际政治传播中政治文明的共振机制及中国战略*

阅读提示：这篇文章发表于2015年，是国内学术论文中首次提出并论证"国际政治传播"概念的。文章把中国特色的政治文明置放于国际政治传播的机制和语境中，论证了"中国梦""一带一路""人类命运共同体"这些重大议题的国际传播战略问题。其中，"共振机制"具有学术原创意义。

国际政治传播本应是人类共同创造的政治文明反哺人类、不断给人类带来福祉的普惠过程。但是，由于民族地域、国家形态以及历史文化的差异性，"政治"又总是以强硬的姿态乃至于"狰狞"的面目突破文明的面纱，致使政治文明在国际之间的传播总是抗拒多于接纳。很多国家非常乐于接受别的国家的所谓经济的、文化的经验，但是似乎不大愿意接受别的国家所创造的政治文明。这就使得现在的国际政治传播总是在一种冲撞砥砺中缓缓前行，乃至于很多的时候要采取所谓"去政治化"的伪装甚至虚假的形式来传播，其效果可想而知，多数情况下是"传而不通""播而不果"。出现这样的结果有广泛而深刻的原因，值得我们深入而细致地研究，本文就国际政治传播中的政治文明的共振机制进行初步的探讨，并对"中国梦"和"一带一路"的国际传播提出粗浅的建议。

---

* 本文原载于《国际新闻界》2015年第8期。

一、国际政治传播的几个基本概念辨析

国际政治传播中政治文明的共振机制这样的论题，当属于我们通常所说的"国际政治传播"领域之中。近几年来，由于对历史时代变迁与人类政治发展格局的认知不同，"政治传播""国际政治传播""对外传播""国际传播"及"全球传播"等几个重要的基本概念交织在一起，使"国际政治传播"这个领域的许多基本理论陷入"语义不确定"状态，进而不同程度地制约了理论探索所必需的明晰度。所以，我们首先需要辨析这几个概念。

所谓政治传播，其基本含义是指政治共同体内及政治共同体间政治信息的流动、扩散、接受、认同、内化等有机系统的运行过程。我们已经多次对政治传播概念进行了深度解析。① 与政治传播概念相一致，所谓"国际政治传播"就是以"国家"为政治共同体即传播主体的国际间的政治传播。由于现在人类政治的主要现实形态仍然是以民族国家为主体和边界，所以，在现代传播语境中，所谓国家的"对外传播"就是国际传播，这里预设的"传播主体"是"国家"——在政党领导的国家中，政党、国家、政府往往三位一体，成为"国际传播"的最小单位的传播主体。② 当然，我们使用"对外传播"的时候，更多的是站在某一个国家的立场上，而我们使用"国际传播"的时候，泛指所有国家，而不是特定国家。

"对外传播"在更多的时候指"国际传播"，这一点大家并无太大的异议，在具体地使用和理解中也能够自然转换。现在学术界主要的争论体现在所谓"国际传播"与"全球传播"这两个概念上。在我们看来，争论的背后折射的是传播背后的政治认知和政治理念之争。一些学者认为，全球化的浪潮中，

---

① 荆学民，施惠玲. 政治与传播的视界融合：政治传播研究五个基本理论问题辨析[J]. 现代传播（中国传媒大学学报），2009（4）：18-22；荆学民. 政治传播活动论[M]. 北京：中国社会科学出版社，2014.
② 荆学民，苏颖. 中国政治传播研究的学术路径与现实维度[J]. 中国社会科学，2014（2）：79-95.

信息的传播早已突破国界,"国际传播"这个范畴已然不能解释当前整个世界的信息传播,加之人们对国际之间传播霸权和规则不公平的反感,应当摒弃"国际传播",用"全球传播"取而代之。

可以看出,这种认识基于对世界政治文明进步和技术发展给传播所带来的同步影响的判断。在我们看来,这种判断却有失偏颇。就现在世界的政治格局和政治运行机制而言,虽然"全球化""区域化"给"国家"带来一定的改变和挑战,但是,"国家"主宰世界政治的性质和局面并无本质性的改变。在政治学界,20世纪七八十年代前,伊斯顿的政治系统理论试图通过"高度柔塑性"的方法论把人类政治活动"去国家主体化",但是在政治运行仍以国家为主宰的事实面前遭遇了失败。所以,20世纪七八十年代,政治学研究就出现了强烈的"将国家带回来"的浪潮。这种情形之下,伊斯顿自己也重新提出了"政治当局"这个概念,实际上更为强化了政治中国家的作用,他说:"系统分析概念化伊始,所谓'国家'便担任着至关重要的角色。不过,鉴于系统整局设计的着眼点,国家未曾成为这样一个中心范畴,而是被分成了几个组成部分,其中之一即'政治当局'。举凡谙熟系统分析的人都知道'政治当局'这一概念是何等的重要,其原因特别在于:为政治系统制造并实施政治输出、充任政治系统和其他社会系统之间中介行为者的,正是政治当局。"[①]即便是从传播学角度而言,诚如有学者所认为的:"'全球传播'所试图传达的信息自由、平等传播的乌托邦式的图景,难以在媒体机构愈发集中和商业化的现实中得以存在。信息流通背后所依附的政治和经济权力结构在'全球传播'的概念中难以被涉及和讨论;概因民族国家与这一结构密切相关,而'全球传播'所倡导的'无国界'则忽略了媒体集中和资本的全球流通带来的不同国家所掌握的话语权力的差异在民族国家之间造成的信息资本的不平等和传播能力的不平衡。"[②]

国际传播概念之所以还不能被取代,是因为国家作为最大的政治共同体

---

① 伊斯顿.政治生活的系统分析[M].王浦劬,等译.北京:华夏出版社,1989:8-9.
② 崔远航."国际传播"与"全球传播"概念使用变迁:回应"国际传播过时论"[J].国际新闻界,2013,35(6):55-64.

所决定的国际传播的政治属性并没有改变。虽然国际传播还包括国际间的文化传播、经济传播甚至军事传播等等，但是，这些传播或直接或间接地承载了一定的政治传播功能。关于这一点，美国传播学专家罗伯特·福特纳进行了深入的研究。他认为"政治本质"是国际传播的最主要特点之一："从某种意义上说，所有的国际传播都具有政治性，都带有政治色彩，传播可以公开带有政治性质，也可以隐含政治色彩，或者只是受国家政治经济政策的影响。但是，国际传播的政治因素是其本质固有的。即使某些特殊组织，如国际宗教广播电台，虽然通常不以针对政权为目的，但仍有其政治性，这是因为政治因素跨越了国家和民族的界线，是因为不加控制的信息威胁到了知识垄断这一政权统治的基础。"①

就此而言，在一定意义上说，现在的国际传播主要还是国际政治传播，至少可以说，国际政治传播是整个国际传播的轴心，各种传播皆围绕特定政治目的和目标而旋转。

二、国际政治传播的本质及主要特征

国际政治传播与国际传播的政治属性还不完全是一回事。国际传播的政治属性所强调的是，所有国际传播或明或暗地都包含着某种政治目的或者为某种政治服务。而"国际政治传播"被我们理解为国际之间的特定的意识形态的传播。理解国际政治传播首先需要理解国际政治传播的对象的特殊性。

国际政治传播的对象，可从政治共同体内外角度分析。由于现实政治生活中，"国家"与"政党"是最稳定、最有政治权力，因而也是最现实可见的政治共同体，所以，政治传播对象的"内外之分"，实际上主要是所谓国内对象与国外对象或党内对象与党外对象之别。国家、（政府）、政党，作为政治

---

① 福特纳. 国际传播："地球都市"的历史、冲突与控制 [M]. 刘利群, 译. 北京: 华夏出版社, 2000: 8-9.

传播的主体，其传播对象或受众，一个明显的特征是内外区分，即所谓我们过去熟识的政治宣传的"内外有别"。从内、外维度对政治传播对象的分析，即可以划分出国家的对内、对外政治传播，政党的对内、对外政治传播。从一般传播与政治传播的关系上看，现在的国际政治传播都是以"国家、（政府）、政党"这个最大的"政治共同体"来划界的，也就是说，国际政治传播是最大体量和形态的政治传播。

国际政治传播对象，其特殊性正在于它是"政治性对象"。这种政治性主要体现在：作为一种共同体间的政治传播，主要是一种政治价值的输出，是一种政治意识形态的较量。所以，国际政治传播的对象就是典型的政治意识形态受众，不论这种政治意识形态采取什么样的形式和包装。国际政治传播的对象，一般是事先假设的、整体性的特定政治意识形态传播的对象。这里所说的整体性，是相对于国内的意识形态教育而言的，一般的情况是，特定政治共同体（比如国家或者政党）是在这个政治共同体的特有意识形态内进行教育；而国际政治传播对象，事先设想了别的国家的意识形态的不同，进行的是两个整体的意识形态之间的传播、交流、碰撞、砥砺。这种意识形态被冠之以"政治文明"的时候，就是不同政治文明之间的传播、交流、碰撞、砥砺、融合。所以，国内政治传播不是不同的意识形态之间的传播，其"受众"的分类也不能以意识形态为标准而划分。而国际政治传播对象的核心差异正是意识形态。这就是"国家间政治"对国际政治传播对象的制约。正如汉斯·摩根索所言："所有类型的政治而言，不管是国内政策还是国际政策，都有一个特点，即它的基本表现往往与其本来面目——对权力的争夺——不一样。更甚者，权力因素作为一项政策所追逐的第一目标会被伦理、法律或是生物学等理由加以解释和正名。就是说，政策的真实本质被意识形态方面的辩护和文饰所掩盖。……这些就是国际政策中不可避免地带有意识形态因素的精神力量，这些精神力量还把意识形态变成国际间权力斗争的武器。一个其外交政策能够赢得本国人民知识信念和道德价值支持的政府，就获得了相对于那些在选目标时未能成功地赢得或者表面上赢得这种支持的政府无可比拟的优势。意识形态，也像所有的思想理念一样，是可以提升国民士气和国家力量的武器,并在实际的行动中降低对手的士气。"① 摩根索进一步认为,通过对国际政治本质的分析,可以推论出帝国主义政策实际上也是以意识形态为伪装的,而维持现状政策则更多的是以其本来面目出现的。

"特定政治意识形态受众"是国际政治传播对象的一种本质的特征。需要说明的是,这种意识形态就是政治意识形态,而不是被人们泛化的类似于"文化"的所谓"广义意识形态"。超出意识形态即"政治"范畴的传播,就可能是国际间的所谓文化传播、知识传播之类,而不是国际间的政治传播。这一点,现在学术界的认识多少有些不到位。以美国为例,美国政治学家达尔就认为:"美利坚是一个重视意识形态的民族,只是作为个人,他们通常不重视(忽视)他们的意识形态,因为他们都认同同样的意识形态,其一致程度令人吃惊。"② 政治意识形态背后隐藏着国际政治权力的争斗和国家利益的争夺。因此,国际政治传播的对象的选择与国际政治权力及利益紧密相关。"有利可图""有权可掌"成为选定对象的通俗说明。与此相应,利益大小、权力轻重,是制定政治传播战略战术的基本依据。

国际政治传播对象的另外一个特征是"被选择""被教育"。造成这种情况的原因是国际政治传播主体的"帝国"心态。国际政治是一种实力政治,只有在政治上比别人"强大""优越"的国家,才会想着去向别人传播输出自己的政治价值观,才会以政治意识形态去劝服别人,才会是国际政治传播的"传者"。经济帝国、军事帝国、文化帝国中,最强大的还是文化帝国。文化帝国的实质是政治帝国,难怪有人称文化帝国就是政治意识形态帝国。"我们建议称之为文化帝国主义的东西是最难以把握的,并且,如果它能够独自获得成功的话,就将是最为成功的帝国主义政策。它要征服和控制的目标不是领土或经济生活,而是人的头脑,同时将之作为改变两个国家权力关系的手段。"③

---

① 摩根索.国家间政治:为了权力与和平的斗争[M].6版.孙芳,李晖,译.海口:海南出版社,2008:115.
② 转引自:罗赛蒂.美国对外政策的政治学[M].周启明,等译.北京:世界知识出版社,1997:354.
③ 摩根索.国家间政治:为了权力与和平的斗争[M].6版.孙芳,李晖,译.海口:海南出版社,2008:83.

一般来说，国际政治传播最强调内外有别，或者说，由于政治的差异性和不通融性，特定的政治内容才需要以内外不同的方式进行传播。而诸如文化传播、知识传播等则恰恰相反，强调传播内容、传播过程、传播载体、传播对象的一致性，强调要对政治共同体内受众的"不歧视"，可谓"所传无类"。但是，政治传播则不同，正因为知道其他政治共同体与自己的成员在政治的各个方面不尽相同，才试图通过传播而使其改变，使其在政治的各个方面理解自己、支持自己、认同自己，进而趋同自己。所谓国际政治传播就正是这样。所以，分析国际政治传播，其重点应是深入国际政治传播的对象。某种意义上说，"受众决定论"非常适合国际政治传播。现在的国际政治传播研究多少有些偏颇，往往忽略对国际政治传播对象的深度分析。原因可能在于，第一，认为与政治共同体内的对象即国内对象没有什么区别；第二，由于对外部了解条件的限制，寻找不出区别；第三，认为国内政治传播对象与国际政治传播对象就不应该区别。

毫无疑问，从人类政治文明的发展趋势看，随着人类的"类政治"的形成，政治传播的对象越来越没有区别。但是，这只是一种理想的目标，实现这种目标恰恰需要通过政治传播来逐步缩小共同体之间的政治差别。据此而言，要达到"内外无别"，目前尚需要的是"内外有别"。当然，进入互联网时代以来，国际政治传播的"内外有别"原则受到质疑和挑战，但是，还不能彻底放弃这一原则。我们的基本看法是：保其"战略地位"，放其"战术地位"，即从国家政治战略高度要"内外有别"，但是，具体的传播内容、传播过程、传播手段则不必刻意区分。还应该注意，强调国际政治传播对象的特殊性，并不是主张在对内政治传播与对外政治传播之间划一道鸿沟。事实上，对内政治传播与对外政治传播二者相辅相成。政治传播学者麦克奈尔对这一点讲得非常清楚，他说："国际关系就是一个国内问题。……在处理国际关系问题的时候，一个政府有机会登上国际舞台，在全球几亿观众面前献演。演出的好坏与否不可避免地将在国内观众中间引起反响。……整个20世纪以来，政府、商业、军队以及媒体领域的精英一直通过操纵'敌人'这一象征符号与形象来服务于国内政治目的。'敌人'的性质随着时间几经改变，然而这一种传播手段背后的原则却始终如一：那就是明修栈道，暗度陈仓，利用看上去瞄准'外国'敌人的宣传攻势来动员国内舆论支持带有国内政治目的的运动。"①

三、国际政治传播中政治文明的价值层级与共振机理

政治文明是人类各民族各国家历史悠久的政治文化中所积淀的有益于人类的积极成果。因而，政治文明的本质特征是没有"政治冲突性"。但是，政治文明并不据此成为远离人类生活的虚无缥缈的精神幽灵，而是通过各种载体外化和体现在人类的政治生活之中。因此，政治文明的另一个特征是"有国别而无国界"。国际政治传播中的意识形态、政治价值、政治思想、政治文化都程度不同、形态各异地承载和传播着人类的政治文明。正是由于意识形态的对立性、政治价值的层级性以及政治文化的民族性，国际间政治文明的传播与相融，需要形成"共振"才能实现。

"共振"是借用了物理学的一个概念，共振理论的核心是不同事物之间要有共同的基础、轴心和频率才能通过共振形成共鸣。从机械原理上讲，传播就是一种共振，共振也是一种传播。从理论上讲，政治文明的核心是价值观，意识形态的本质也是一种价值观②，那么，国际传播中政治文明的共振，实质上是一种不同民族和不同国家间，通过意识形态的砥砺与交融，彼此政治价值的传播和政治价值观的融合过程。

那么，国际间的政治价值的"共振"机理是怎样的？我们曾把价值的基本形态划分为经验价值、规范价值和终极价值：经验价值来源于人们的现实行为，缺乏必要的普遍性。规范价值超越现实时空，具有相对的普遍性；终

---

① 麦克奈尔.政治传播学引论[M].殷琪，译.北京：新华出版社，2005：184.
② 意识形态、政治思想、政治价值、政治文化彼此之间当然是有区别和联系的，但是，跳出特定的语境与语义，它们都可被视为价值和价值观。事实上，在本文的语境中，特定政治价值承载和体现着政治文明，政治文明的核心也是政治价值观。

极价值以其信仰式的超越性感召和牵引着经验价值和规范价值。[1] 无独有偶，美国政治学家达尔在对现代政治进行分析时，也曾提出"经验"与"规范"的价值取向问题。他说："每一个问题代表着对世界的一个不同的取向，提出第一个问题，人们的取向是要发现一项政策。提出第二个问题，人们的取向是要寻求规范，亦即价值或标准，去判断可供选择的政策。提出第三个问题，人们力图找出现实世界中各种因素之间的经验的关系。提出第四个问题，人们力图澄清意义。"[2] 研究政治价值在国际传播间的共振机制和融合过程，就需要区分和识别价值的层级性和不同的价值取向，并在此基础上弄清各种层级政治价值的可传播程度。但是，一种事物的"可传播性"，又取决于这种事物"有用性"的可扩展程度。有些事物十分有用，但是可能仅适应于其原发环境，而不适宜扩展。这里仅以"经验"和"规范"两种政治价值层级和取向，对国际间政治传播的共振机制予以分析。

一般来说，经验政治价值的可传播性相对较弱，因为它受到产生这种政治价值的政治条件的严格检验，其可传播性程度直接受制于"传者"和"受者"两种政治现实之间的相似程度。所以，由于各国历史传统、宗教信仰和政治制度的差异等原因，西方的经验政治价值很难直接转移到非西方国家中去，反之也一样。我们可以将经验层面的西方或非西方的政治价值视为一种"地方性知识"[3]。与经验政治价值不同，规范政治价值具有较强的可传播性，这种可传播性是指首先在西方或东方社会形成的政治价值具有普遍性。比如，首先产生于西方社会的"民主、自由、平等、人权"等术语所体现的基本政

---

[1] 荆学民. 人类信仰论 [M]. 上海：上海文化出版社，1992：160.
[2] 这里我们之所以引用了达尔《现代政治分析》的1987年的旧版本，即"第四版"，因为达尔在此后的新版本中删去了分析政治"四种取向"的理论。但我们认为，这个理论很有价值。达尔虽然不再提了，也不等于说就否定了这个观点。参见：达尔. 现代政治分析 [M]. 王沪宁，陈峰，译. 上海：上海译文出版社，1987：10.
[3] 景跃进先生在他主编的《政治学原理》中，借鉴了达尔的分析方法，我们这里的分析进一步借鉴了景跃进先生的分析。不过，他是用"知识的可转移性"来分析的。我们是直接分析政治价值的"可传播性"问题。景跃进先生在分析完政治"知识的可转移性"之后，针对中国，创新性地提出了"政治学国别风格"问题，很值得深入探讨。参见：景跃进. 政治学原理 [M]. 北京：中国人民大学出版社，2006.

治价值,许多东方国家也已经吸纳或逐步吸纳,已经努力使之成为自身文化的组成部分。规范政治价值不依赖经验政治的实证,它的有效性建立在超越具体政治经验的政治信念上。

虽然经验政治价值与规范政治价值的可传播性不同,但是两者不是割裂的。由特殊性(适应于地区政治)到普遍性(适用于所有政治)的传播和扩展,体现了人类的政治由具有巨大分歧的现实状态不断走向没有分歧的理想状态的进步过程。从价值取向上看,经验政治价值与规范政治价值也应是相辅相成的。正像达尔所说:"其一,关于政治的陈述通常包含着规范的和经验的双重成分;其二,即使是纯经验的研究或纯经验的陈述也无一例外地具有其规范的关切,从而把人们的注意力引向正在加以述说的经验世界的那个特定的部分。"①

当然,人类的政治传播,传播的内容归根结底是一种政治文明。若姑且把人类的政治文明用"西方"和"东方"做最简单的形态划分(当然不是最科学的,这里的"西方"与"东方"具有空间的、地域的、文化形态的、意识形态的等综合性的意义),那么,西方的政治文明发展至今,总结出了一些基本的理念和原理,同样,基于中国政治实践的中国特色政治文明也有一些基本的理念。从政治传播角度看,没有"政治性"的政治文明是特殊性和普遍性的统一,也是经验与规范的统一,无论是其特殊性还是其普遍性都离不开政治传播。特殊性意味着其在特定的经验政治中生成,这种生成的过程本身就是一个扩展和传播的过程;普遍性意味着其规范价值意蕴在其生成的政治系统以外被接纳、认同,这更是一个传播和共振的过程。这就是说,无论是在特定的政治系统中,还是在不同的政治系统间,政治文明与政治传播都是共生共荣的。在人类政治文明随着传播技术迅猛发展而不断走向深度融合的新时代,我们把来自某地区某国度的政治治理成果总结升华为政治文明的时候,所着力诉求的是其对于人类政治所具有的普遍指导意义,这种意义的

---

① 达尔,斯泰恩布里克纳.现代政治分析[M] 6版.吴勇,译.北京:中国人民大学出版社,2012:10.

实现依赖的正是政治传播。进而言之，支撑中国社会改革开放迅猛发展几十年的中国特色的政治文明，当通过有效的政治传播惠及全世界，造福全人类。

四、中国特色政治文明在国际传播中的战略选择

改革开放几十年的中国特色社会主义政治实践正在创造着绚烂的政治文明，中国共产党领导中华民族努力实现的"中国梦"正在为人类的政治文明增色添彩。从现实形态上看，"中国梦"作为中国特色政治文明的核心部分，并不是飘忽在中国大地上空的精神飘带，而是一场现实的需要付出艰苦卓绝努力的社会主义实践活动。从理论上讲，"中国梦"作为中华民族的政治和社会理想，是中华民族优秀的历史传承、厚重的现实展开和充实的未来理想的三位一体。在全球化时代，"中国梦"不是只关乎中国人自己的闭门想象，而是与世界各国人民在某种角度或多或少具有关联性意义的价值理想。所以，当我们扎扎实实把"中国梦"落实为现实行动时，中国作为在世界上具有举足轻重地位的负责任大国提出"一带一路"的伟大倡议就成为一种必然。这样一来，根源于中国特色社会主义实践的"中国梦"和"一带一路"作为一种政治文明在全世界的传播就具有重大的战略意义。

置放于政治传播理论中，作为一种政治价值的"中国梦"和"一带一路"虽然都来自中国经验，但是其逻辑起点和归宿点不甚相同。简单地说，"中国梦"是具有国别性质和地域性质的更多地承载着中华民族理想的经验价值，而"一带一路"则是超越国别和跨越地域的着眼于构建"人类命运共同体"的规范价值。据此，"中国梦"与"一带一路"的传播路径和传播机制也应是不大相同的。

前面我们已经说明，传播中的共振是政治文明在国际政治传播中由特殊性和民族性上升到普遍性和人类性的有效通道，是政治文明中经验价值上升为普遍价值的必经桥梁，是化解政治发展道路的"国别特色"与"人类命运共同体"意识如何相融之困境的思想杠杆。与此同理，反过来说，传播中的共振也是规范性的普遍价值转化和现实化为经验价值的桥梁和通道。基于此，

在国际传播中,"中国梦"与"一带一路"作为一种政治文明,其核心理念的诠释和信息流通路径是不一样的。对于"中国梦"的传播来说,是从"中国梦"精准提炼出"人类命运共同体"意识的普遍价值向全世界传播;而对于"一带一路"的传播来说,是把其中蕴含的"人类命运共同体"意识的普遍价值落实到中国以及相关各国的经验上来。二者相辅相成,使中国目前的伟大事业"中国梦"和"一带一路"成为一种政治文明,让全球共享。

"中国梦"在国际政治传播中由特殊性和民族性上升到普遍性和人类性,从而与人类政治文明形成共振的着力点,是对"中国梦"所蕴含和绽放的普遍性规范价值的精准诠释与释放。在这一点上,似乎我们还做得远远不够。"中国梦"虽然在形式上以中国为主体,但它全方位多维度地蕴含着全球共享的人类价值。从政治上讲,全球化时代的"新政治"的特点是超越领土地域性质走向全球共治。中国梦作为一种"国家梦"虽然具有中国国家的属性,但是,其所诉求和实现的"国家富强"价值理想无疑是全球国家所期待的。从这个意义上讲,"中国梦"与"美国梦"是共同性多于差异性,相通性大于阻碍性的。所以,就国际政治传播战略而言,大可不必大讲特讲"中国梦"的所谓中国特色、中国气派、中国风格,而应着力于"中国梦"的普遍价值和世界意义,从而与世界各个国家、各个民族所创造的政治文明形成共振,进而聚合为全球共享的人类政治文明。从经济、文化上讲,"中国梦"则更突出鲜明的人类理想价值,面对生态环境、经济危机、精神贫瘠、可持续发展等人类共性问题,"中国梦"更是一种"人民梦",其所诉求的最终理想,是人类所共同期待的经济社会发展的新文明所带来的人民大众的福祉。从这个意义上讲,"中国梦"所蕴含绽放的各种美好的中国故事向全世界的传播,并不能仅仅依靠国家政府来讲,人民大众、普通百姓的实实在在的生活才是最好的传者和讲授者。当然,从传播学的理论上讲,经验更多地依赖于特定条件和情景的体验从而并不十分有利于直接传播,而只有被抽象的"活的经验"即从"真实具体"中科学抽象出来的理论才能更加广泛地传播。就此而言,"中国梦"的国际传播战略的重心,仍然在于理论家们对"中国梦"所蕴含的具有更为广阔而久远的"精神公约数"进行精准而鲜活的理论总结,这种总结之所以须精准而鲜活，是因为它需要在不同的国家、民族和地域中"蝶化"为符合其条件和情景的具体的价值目标。

"一带一路"在"中国梦"之后提出，理论界多把"一带一路"理解为"中国梦"的具体落实或者进一步深化。因此，现在的情形是，人们把"中国梦"与"一带一路"并列在一起"打包"，向全世界去宣讲。一般来说，这种认识并无不妥，但是，从传播的角度看，还是未能做到差别化细分。"一带一路"从形式上看是一种具体的行动布局，但是，其实质是一种"人类命运共同体"意识的价值诉求与实现。与"中国梦"不同的是，"一带一路"价值的逻辑起点，是超越中国时空的"人类命运共同体"这个普遍性价值。所以，它才能仿佛是一条强劲的纽带，跨越亚欧大陆无垠的草原，跨越印度洋潮湿的季风，跨越乞力马扎罗山的雪，跨越安第斯山的云，激起了全球范围的广泛共鸣。要特别指出的是，"一带一路"虽然发端于"人类命运共同体"意识这个似乎比较抽象的哲学命题，却是具有历史必然性的价值选择。早在160多年前，马克思和恩格斯在《共产党宣言》中就已经揭示了人类社会不仅是一个具有全球化发展趋向的社会，而且是一个社会生活的各个方面互相往来和互相依赖日益拓展、增强的社会："过去那种地方的和民族的自给自足和闭关自守状态，被各民族的各方面的互相往来和各方面的相互依赖所代替了。物质的生产是如此，精神的生产也是如此。各民族的精神产品成了公共的财产。"①

"人类命运共同体"意识作为一种理念，所着力强调的是人类在漫长历史演进过程中"你中有我，我中有你""一荣俱荣，一损俱损"的命运悠悠相关性。落实在现代社会发展中，其展现的基本价值观是相互依存的国际权力观、共同利益观、可持续发展观和全球治理观，意味着政治多极、经济均衡、文化多样、安全互信、环境可持续等人类社会向更高文明形态演进的新范式。正因如此，中国应该率先把这种文明的新范式落实在具体的行动上，形成

---

① 马克思，恩格斯.马克思恩格斯选集：第1卷[M].中共中央马克思恩格斯列宁斯大林著作编译局，编.北京：人民出版社，1995：276.

"一带一路"理念的中国经验，进而为全世界提供成功而有效的示范。就此而言，"一带一路"的传播，是一个从规范到经验的价值下沉演绎过程，需要中国率先示范，然后扩展至相关国家乃至全世界。

以上我们只是聚焦于"中国梦"和"一带一路"，挖掘其政治文明的价值和意义，并将其置放于国际政治传播中，来探求中国现在的战略选择。当然，中国特色的政治文明远不是"中国梦"和"一带一路"可以包含的，因而，中国特色政治文明的国际传播的内容也远不是"中国梦"和"一带一路"的传播可以代替的。诸如民主、法制、政党领导等重大议题和内容都值得和等待着我们将其置放于国际政治传播的战略高度来深入研究。我们殷殷期待中国特色政治文明在全世界绽放绚丽的光彩。

论新时期国际传播的政治维度*

阅读提示：在我看来，所谓"国际传播"，其特质是"国家"所操持的"国家间"的信息传播，"国家"永远是"国际传播"的"主体"。这就是说，所谓"国际传播"，其本质就是国际政治传播。这么说，似乎有点"过分"，但符合国际传播的实际情况。这篇文章，本来的题目是"论国际传播的政治本质"，但是，考虑到多少年来，国际传播界不可思议地对"政治"的"敏感"乃至"反感"，我才把文章论述的立场和角度调整成"维度"。"维度"一词，一开始"审稿者"并不认同，但我还是坚持用。感谢《新闻大学》编辑部的学术宽容，使这篇论文得以问世。文章刻意有点用力过猛，把"政治文明的共享"提高到了"国际政治传播的至高境界"。我个人觉得，文章写作和发表以来，国际传播的实践似乎一直在印证着这篇文章的主要观点，当然，尚不知诸君的看法如何。

一、话题的提出

在人类社会发展处于"百年未有之大变局"，世界政治局势处于"极度不确定性"的情势之下，致力于"予人类社会以确定性"的国际传播，必然成为世界各国越来越重视的研究领域。在我国，中国共产党中央政治局举行

---

* 本文原载于《新闻大学》2022 年第 5 期。

"国际传播能力建设"的专题学习，习近平总书记发表讲话。这种重大举措本身，就具有强烈的"国际传播"效应，已然引起强烈的国际反响——全世界在凝思：中国要在"国际传播"上有什么战略行动？中国要向世界说明什么？其实，习近平总书记的讲话既是一种"政治举措"，呼吁从国际传播渠道讲好中国故事，同时也是一种"学理呼吁"，他明确地讲道："从政治、经济、文化、社会、生态文明等多个视角进行深入研究，为开展国际传播工作提供学理支撑。"① 可以看出，在这"五大视角"中，"政治"处于"首出"地位。那么，如何从"政治"的视角来观察和思考现在的国际传播？这就自然引发出"政治视野中的国际传播"或"国际传播的政治维度"这个重要的理论问题。本文以"国际传播的政治维度"为命题来展开思考。

"维度"是一个借用词，在此它有两层紧密联系的含义：其一是指构成"国际传播"整体的某个方面或面向；其二是指从某个方面或面向对"国际传播"的观察和思考。这就是说，国际传播的政治维度，既是指构成国际传播的"政治"方面，也是指从政治或政治学这一角度对国际传播的观察与思考。②

国际传播的政治维度问题并不是一个新话题或新问题，而是一个新近以来被有意或无意地悬置或回避的问题。稍加尖锐一点的表达就是：国际传播包括还是不包括"政治"内容？"国家形象"要不要从"政治"角度阐释和传播？国家间的政治有没有相通性和可鉴性？人类的文明体系中有没有政治文明的地位？等等。客观地说，在过去的一段时间内，恰恰是由于"政治"问题，比如意识形态的差异性和对峙性、国家间交往的"国家利益"的坚硬壁垒等等，人们在意识中、在思想里，一直在躲避"政治"，国际传播也一直在试图绕过"政治"前行。在通行的国际传播理论中，在所有的国际传播交

---

① 习近平．习近平在中共中央政治局第三十次集体学习时强调加强和改进国际传播工作展示真实立体全面的中国［N］．人民日报，2021-06-02（1）．
② 国际传播、国际关系、国际政治三大学科交叉将形成新的"国际政治传播"理论。随着新时期国际传播、国际关系、国际政治三大学科的剧烈变化，亟须我们重构新形态的"国际政治传播"理论。作者将专文论述。

流的对话中，"政治"一词似乎成为一种让人避之不及的"妖魔"。①

作为理论的"国际传播"研究，事实上无法继续走"去政治化""去国家化"的路径。这种情况甚至使我们有理由怀疑：国际传播中的"去政治化""去国家化"原本可能就是一个伪命题。因为，"国家""政治"甚至"意识形态"，是"国际传播"不可或缺的构成要素和不能被忽略的本质特征。时代发展变化的事实，亟须我们把这个问题和话题重新提上研究议程，重新审视国际传播政治维度的若干重要理论基点，以使国际传播的理论能够更加有效地指导国际传播的实践。

二、"国家"是国际传播的"操持者"

所谓国际传播，现在是在两个视野上被定义。狭义的国际传播，是指随着大众传媒的出现和发展以及信息全球化的逐步展开而兴起的，在大众传播基础上所进行的国与国之间的传播。②广义的国际传播，包括所有的国家与国家之间的外交往来行为，例如首脑互访、双边会谈、地区间峰会以及其他相关事务。③之所以出现这种狭义、广义之分，从理论逻辑演进的角度看，是因为人们一开始基本上是在狭义的角度把国际传播理解为：一种通过各国大众媒体而展开的国际信息交流和传播形式，它的主体单位是民族国家和一些有影响力的国际组织，它所关注的焦点是国际信息传播对民族国家和国际组织在国际政治、外交、经济、文化等方面所产生的影响和相互影响。但随着国家间交往的全方位拓展，随着"国家"在国家间交往中角色的"隐形性"变化，人们把大众媒体传播以外的诸如人际传播、组织传播甚至"物际传播"，也纳入国际传播的范畴之中，形成了所谓广义国际传播的概念。实质上，明

---

① 我们在中国知网上以"国际传播"为关键词，搜索了2000年以来的研究成果，共有13000多篇论文。其中，不到十分之一的论文涉及"政治"，而且"政治"因素只是作为国际传播的一个小的变量被提及。这些文章，即便是从"政治"角度研究国际传播，也偏向于策略性研究，理论性研究则非常薄弱。这不是偶然的，而是有一定的时代背景和现实原因的。

② 程曼丽.国际传播学教程[M].北京：北京大学出版社，2007：3-4.

③ 关世杰.国际传播学[M].北京：北京大学出版社，2004：1.

显可以看出,"广义的国际传播"后来就演变为"全球传播"。

"国家",无论从哪个维度去研究,从本质上看都是一个政治概念,是一个实体性的主体性概念;"国际传播",既涉及"国家",也涉及"传播",但"传播"是一个从属于某种主体的活动性或技术性概念,即"国际传播"中的"传播"是从属于"国家"这个主体的,因此,"国家"从来都是国际政治,因而更是国际传播的"操持者"(只要国家政治和国际传播存在)。

这一点,可以分别从政治发展和传播发展这两条线索或两个维度稍作展开。

首先,从国家政治以及国际政治这个维度看,"政治"自从"社会"这一母体中逐步分离出来以后,可以说就是国家政治。那种与"社会"相对分离的"国家",其"政治"是"国家政治"自不必说,就是那种早期"国家与社会合一"的政治,其形态(酋邦、城邦)也是国家政治。国家不但是国内政治的操持者,也更是国际政治的操持者。就像离开"政治"无法完整地言说"国家"一样,离开"国家"也无法完整地言说"政治"。当然,从理论逻辑来说,国家,尤其是现代国家,不是单一的政治实体,国家和国家事务还包括经济、文化、军事、外交等等,但国家与政治须臾不可分离,在国家的国内国际事务中,政治居于核心和统摄地位。

"去国家化"作为一种理论思潮,影响最大的是第二次世界大战之后自然科学中的系统论、控制论和信息论,包括伊斯顿的政治系统理论、阿尔蒙德的结构功能主义以及多伊奇的政治沟通理论等,它们构成了"政治系统理论"。这种理论,将自然科学中的系统方法运用于分析人类政治现象,将"政治"看作一个有自身边界并与外部环境发生输入、输出作用的有机系统。这种理论的特质,就是通过"高度柔塑性"的方法论,把人类政治活动"去国家主体化"。到了20世纪七八十年代,政治学研究就爆发了强烈的"将国家带回来"的浪潮。这种理论浪潮,尖锐地批评伊斯顿系统理论对"国家"的抛弃。被批评的伊斯顿为了回应这种批评,用"政治当局"这个范畴做了"泛国家化"的自我辩护,他说:"系统分析概念化伊始,所谓'国家'便担任着至关重要的角色。不过,鉴于系统整局设计的着眼点,国家未曾成为这样一个中心范畴，而是被分成了几个组成部分，其中之一即'政治当局'。举凡谙熟系统分析的人都知道'政治当局'这一概念是何等的重要，其原因特别在于：为政治系统制造并实施政治输出、充任政治系统和其他社会系统之间中介行为者的，正是政治当局。……从这一意义上来说，在人们尚未喧嚣着要求使'国家'回归时，它就已经是政治分析的一个内在组成部分了。"① 在伊斯顿之后，有学者对其政治系统理论进行改造，使其能充分反映出"国家"在政治过程中的重要性。国家理论经过政治系统理论的冲击重新被"召回"到分析人类政治生活的主导地位。

其次，就国际传播的"传播发展"这个维度而言，"国家"更是传播技术的发展者、使用者和控制者。美国国际传播学者罗伯特·福特纳专门描述过这个历史过程：1835—1932年可被看作"国际会议期"，电报、海底电缆、无线电、广播的发展，导致了第一个国际传播联盟即"国际电报联盟"的形成；1933—1969年是"国家的政治化和宣传时期"，英国广播公司、希特勒第三帝国、美国之音、莫斯科电台相继创建；1970年至今是"多元复杂期"，收音机、卫星频道、彩色电视等问世。罗伯特·福特纳精辟地总结道："经济和政治成为国际传播中的两大变因"，他的研究结论是："所有的国际传播都具有政治性，都带有政治色彩……国际传播的政治因素是其本质固有的。"②

政治与传播在国家行动中的"无缝融合"，书写了并继续书写着国际传播的历史、现实和未来发展。

三、政治效能是国际传播政治维度的重要基柱

国际传播是国家操持的全方位的国家间的交往行为。从宏观视角看，国际传播的行为中，首先"出场"的是彼此感知和体验中的所谓"国家形象"，在理论思考逻辑和实践行进次序上，"国家形象"可能是国际传播的出发点。

---

① 伊斯顿.政治生活的系统分析［M］.王浦劬，等译.北京：华夏出版社，1989：7-8.
② 福特纳.国际传播："地球都市"的历史、冲突与控制［M］.刘利群，译.北京：华夏出版社，2000：8-9.

但是，所谓"国家形象"，顾名思义是国家的"形"与"象"，它是对国家的"外观感知"，而真正形塑或支撑"国家形象"的，是它的实质性的、实践性的、具体的、可观察的、可体验的具体行为。也就是说，国家形象的本质，似乎并不在于国家整体性的、模糊性的、抽象性的"形"与"象"，相反，支撑"国家形象"这个大厦的是历史的、具体的、生成性的国家的种种行为。

长期以来，人们在国际传播中所构筑的国家形象"大厦"，更多的是经济、文化、历史、社会生活等方面的"质料"，有意无意地忽略了支撑这座大厦的"政治"基柱。然而，诚如有学者所言："国家形象是多维度的复合体，……思考国家形象仅有整体思维是不够的，要将研究推向深入、提升高度，就必须对整体加以剖析。"① "提升高度""推向深入"，就会指向国家的"政治"。正如我们在上面的论证中已经指出的，"国家"与"政治"几乎是同一个历史生成和发展的事物，"国家"的天然使命是政治活动，政治天然地就是"国家"行动的过程和结果。亚里士多德就说过："政治是人类社会活动、社会生活中的一个重要组成部分，它甚至在某种程度上起到关键的作用。"② 现在，"人类社会"早已进入"国家时代"，"政治"已然不是在"某种程度上"起到关键作用，而是全面地起着关键作用。

"政治"通常在多种立场、多重角度中被定义和解读，诸如：政治是一种社会价值追求和规范性道德；政治是对于权力的追求和运用；政治是公众事务的管理活动；政治是对于社会价值物权威性分配的决策活动；政治是一种具有公共性的社会关系；政治是经济的集中体现。在我们看来，政治的本质，其实就是一种运用权力建构社会秩序、统一思想认识、进行物质生产的社会活动。"政治"并不是一种静态的要素堆积，而是实际地发挥效能、产生效果的具体活动。这就是说，在国际传播中观察和判断一个国家的"政治"，并不能只停留在其整体性的"印"之"象"上，而是需要进一步"下沉"到

---

① 张昆，王创业.考量国家形象的政治维度［J］.陕西师范大学学报（哲学社会科学版），2017，46（1）：142-150.
② 亚里士多德.政治学［M］.吴寿彭，译.北京：商务印书馆，1983：4-5.

在国家交往过程中彼此可以观察和验证的具有"可视可感"属性的"政治效能"上。

在政治学的研究中,有"政治效能感"之说。顾名思义,"政治效能感"就是对客观的"政治效能"的感知和体验,这种感知和体验无疑可以通过"传播"而获得。但是,从本质上讲,"政治效能感"的物质基础是政治效能。这就是说,国际传播中其他国家对某一个国家的"政治形象"的观感、认知和体验,最终还是要落实到这个国家的"政治"发挥了怎样的作用、取得了怎样的效果上。

一般地说,"政治效能"是一个适应于特定政治共同体内或"国内"的政治话语,主要用于对国内政治治理实际效果的说明。从政治学上讲,作为一种"效果",政治效能的本质功能,是用来支撑"政治合法性"。在过去,这种合法性辐射到国内民众就够了,但是,现在,随着全球化的迅猛进展,随着国家间交往的全面拓展,这种"政治效能"越来越需要融入国家形象中向全球展示,以使政治效能所支撑的"政治合法性"的辐射和覆盖范围从国内向国际间延展。

现在,理论界已经关注到政治合法性的"国际来源"问题。伊恩·克拉克认为,任何国内合法性都包含"国际方面"的内容,并归纳了"国际合法性"的双重内涵,即"身份正当"和"行为正当"。[①] 国内也有学者明确提出,国家权力实现合法性要处理的"第三个层面"是"国家与国际社会的关系",认为在全球化时代,任何一个执政者要想维持和增强合法性,不仅要满足国内民众的需要,还要争取国际社会的支持。[②]

当然,政治效能也是一个发展着的事物,进入国际传播领域的政治效能,也有一个从"国内形态"向"国际形态"转化的问题。从现代国际政治和现代国际传播的要求看,"国家治理能力和体系现代化",可能是一种超越"国别差异"求得"国际认同"的政治效能的理论表达范式。这是因为,随着人

---

① CLARK I. Legitimacy in international society [M]. Oxford: Oxford University Press, 2005: 5.
② 杨雪冬. 论现代合法性及其实现 [J]. 中国人民大学学报, 2007(3): 93-103.

类社会的发展、人类政治范围的不断拓展、人类政治文明的进步，人类"政治"的性质正在由"统治"功能向"治理"功能转化。与此相应，其"政治效能"也由"统治"的单一形态，逐步向"治理"的国家综合事务形态转化。"国家治理能力和体系现代化"的程度，已然成为国际传播中展示国家的政治效能的主要标志和依据。

四、政治文明互鉴共享是国际传播的至高境界

如果说，政治效能所支撑的国家的"政治"问题，还只是国际传播中的"局部"问题，或者说，这只是国际传播的"政治维度"，那么，进入国际传播的"深处"，则进一步涉及"政治文明"的国际传播问题。换言之，它涉及我们对国际传播的"至高境界"的理解问题。

笼统地看，现在国际传播研究的热点，更多地聚焦在"传播战略""传播策略""传播途径""传播技巧"等方面，这些固然是重要的，但在我看来，似乎还没有抓住主要问题。我认为，主要问题恐怕还是出在"传播内容"上，这就是：国际传播的理论引导，大力主张国家间的经济、文化、贸易、艺术、科技、历史等方面的传播与交流，而很少主张和支持"政治"以及积淀在政治上的"政治文明"的传播、交流与互鉴。纵观流行的种种"国际传播"教材、专著、论文和智库报告，多数对"政治"选择了沉默、逃避和"忌讳"。然而，现实很残酷，如果说国际传播存有"传而不认""传而不同""传而不通""传而无果"等问题，那么应该说，在其背后作祟的是国际传播中的政治文明的"互否"。因而，要想实质性地提高国际传播的境界，就必须冷静面对和理性思考这个问题。

所谓文明，是指积淀在人类社会生活中有利于人类社会发展的积极性要素。"文明"范畴本身，就是相对于一切不利于人类社会发展的"消极性"的东西即"不文明"而言的。这也是"文明"与"文化"的本质区别。人们对"文明"的观察和认知，一般从"综合"和"总体"的角度进行，即以地域、国家、民族、特定的共同体以及特定的历史发展阶段等为"轴"来提炼、表

达文明,从"总体文明观"来看,虽然文明具有独立性、差异性、地域性、民族性甚至"国别性",但文明的"可传播性"与"可共享性"是毋庸置疑的。但是,在总体文明观以外,文明也被人们"横向分类",即同一地域、同一民族、同一共同体、同一国家的文明,被分为物质文明、精神文明、制度文明、生态文明和政治文明等。那么,分类的"文明"的跨国界即国际传播,既在理论认同上受到质疑,更在实践上遇到了极大的阻力。

亨廷顿提出的"文明冲突论"之所以在世界上产生强烈的持续性的影响,就是因为它触及了被分类的文明难以"国际传播"的"痛点"。亨廷顿的"文明冲突论",是从寻求国家政治冲突和斗争的根源出发,视所谓"文明冲突"为根源。但是,"文明冲突"的根源何在?亨廷顿并没有提供正确的答案。在我们看来,"文明冲突"的原因不在"文明"本身,而在"文明"以外。

这就需要我们再回到对"文明"的理解上。如果从横向分类的视角看,世界各个国家的政治生活中,有没有可以让其他国家借鉴或共享的积极性的"经验"和"智慧"?即文明的类型或领域中有没有"政治文明"的一席之地?答案显然是肯定的。所谓政治文明,"是人类各民族各国家历史悠久的政治文化中所积淀的积极因素的总和"(2015)[①]。比如,关于"民主",资本主义制度和社会主义制度都认为民主在规范价值意义上"是个好东西",但是,民主要"运转起来",则必须具体地转化为不同的民主制度运行机制。如此一来,不同的国家具有不同的政治文化和具体国情,有些国家实行"选举民主",有些国家实行"协商民主",他们都各自取得了人类政治民主的成功的经验,据此构成了不同类型的"政治文明"。比如,中国的"中国特色社会主义协商民主、全过程民主",已经取得了保持几十年长期稳定的世所罕见的奇迹,难道不是有利于人类共享的政治成果?难道没有值得其他国家经验借鉴和价值共享的文明基因?我们或者换个角度来表述:世界公认,改革开放以来中国特色社会主义建设取得了巨大的成功,这种成功,难道不包含"政治"吗?任何"国家"都是一个融合政治、经济、文化等要素的有机综合体,如

[①] 荆学民. 国际政治传播中政治文明的共振机制及中国战略 [J]. 国际新闻界, 2015 (8): 6–19.

果"政治失败",其经济、文化、社会发展怎么可能取得巨大进步?所以,在理论上,必须肯定政治文明是人类文明体系中不可或缺的重要组成部分,在实践上,必须肯定各国"政治"的积极成果和积淀于其中的共享价值。

现在国际传播中有关"政治文明"传播存在的问题是,个别国家出于其特殊的政治目的,倒过来把政治文明"意识形态化"。一些国家站在所谓"文明优越"的"道义高点"上,用意识形态作为思想和理论武器,用"抹黑""污名"等手段,把其他文明视为"洪水猛兽"加以排斥、打击。它们把意识形态的国别差异,拉升到"文明冲突"的高度,对其他国家进行否定和打击,以达到其"独霸世界"的目的。

从政治传播的视野看,当下国际传播的主要问题有两个相互联系的层面:第一个层面是把国际传播中的经济、文化、科技、社会等"意识形态化",即按照"政治"的标准和规则予以"过滤"和筛选,严重阻滞了国际传播的深化和发展;第二个层面是不承认"政治"的国别经验和智慧,即不承认政治文明的可传播性和可共享性。这两个层面统一起来,国际传播就找不到国家间可以"同频共振"的内容和机制①,陷入了"空壳"和"空转"状态。

所以,我们必须深刻地认识到:表面的、浅层次的、有限的经济、文化、科技、艺术的交流,是国际传播的重要内容,但并不是国际传播的应有境界,摒弃意识形态的偏见和对立,有效传播国家间的政治文明,实现人类的文明互鉴和智慧共享,才是国际传播应该着力追求的至高境界。

---

① 荆学民.国际政治传播中政治文明的共振机制及中国战略[J].国际新闻界,2015,37(8):6-19.

微观政治传播论纲*

阅读提示：自从有了互联网，人类社会信息生产和传播日新月异，突飞猛进，让普罗大众每天都拥有不一样的全新生活。全新生活多姿多态，全方位展现在人类社会的诸多领域。其中，极为引人注目的是，它激活了人类社会微观政治生活领域，形成了波澜壮阔、蔚为壮观的微观政治传播景观。正是迅猛崛起的微观政治传播，在改变着既有的人类社会秩序，推动人类社会进入"百年未有"的不确定时代。本文着力系统地考察和研究微观政治传播，但只能以"论纲"形态呈现，专门的著作还需时日。

互联网的发展，有力地推动着人类社会经济、政治、文化的跃迁。可以说，我们已经进入"互联网时代"。当下，基于互联网的"自媒体""融媒体""全媒体""社交媒体""智能媒体"等，[1]让普罗大众拥有了不一样的全新生活。全新生活多姿多态地在人类社会的诸多领域展现，其中，极为引人注目的是，它激活了人类社会微观政治生活领域，形成了波澜壮阔、蔚为壮观的微观政治传播景观。或许，正是迅猛崛起的微观政治传播，从特定的角度改变了既有的人类社会秩序，刷新了既有的政治运行机制，推动人类社会进入"百年未有"的不确定时代。于此情、此景、此时代，系统地考察和研究微观政治传播，必然具有理论价值和现实意义。

---

* 本文原载于《现代传播（中国传媒大学学报）》2021年第7期。
[1] 无论学界用什么概念来说明媒介的发展，基于互联网传播技术这一本质并无改变。

一、微观政治传播崛起的社会基础

微观政治传播领域的崛起，绝不是凭空的精神想象和纯粹的理论演绎，而是具有坚实的社会基础。

（一）人类社会交往形态的变革

从哲学的高度思考，微观政治传播领域的崛起，是进入现代社会以来人的社会交往形态发生剧烈变革的客观要求。具体地说，是人的交往方式由近代的"主体性"向现代的"主体间性"再到当代的主体"命运共同体"的"交往民主化"的必然结果。

第一，从"神是主体"到"人是主体"。社会实践的主体是人，各种社会秩序的创造者也是人。当人从早期各种宗教神学主义的"君权神授"统治和封建主义的"天意"奴役下解放出来后，最主要的精神理念和精神支柱，就是作为一种主体自觉意识的"人是主体"。当人在社会实践活动中把自己作为"主体"进行"思想"和行动时，时时处处彰显着其"主体性"。在人类社会发展和历史进步中，"主体性"在多领域、多层面、多维度中居于主体意识的支配地位。

第二，从一元主体性到多元主体间性。从"主体性"到"主体间性"是人类社会进步和发展中"多主体存在意识"使然。当人类意识从单向的"主体性"意识升华到"多主体存在意识"时，由人类自己创造的社会秩序的"主体间性"特质便凸显出来。无论从理论上看"主体间性"，还是将其放置于社会中看，均遇到了至今尚未能圆满解决的具有挑战性的难题。比如，在现实社会中，多主体存在意识中的种种不平等思想，依然顽固地主宰和笼罩着西方思想理论界，在人类社会迈向"世界历史"的进程中，多主体间性在政治上形成的是霸权主义的国际规则，在经济上形成的是"先进—落后"的发展格局，在文化上形成的是"文明—野蛮"的文明史观，在信息的生产和传播上形成的是"中心—边缘"的传播秩序。当前，在人类所面临的全球政治不确定性的情势之中,我们仍然能深切地感觉到多主体间性中,种种政治不平等的意识和思想在作祟,有些政治思想和思潮,甚至逆人类政治文明进步的历史潮流而动。

第三,从多元主体间性到主体命运共同体。"主体间性"还是一种关系概念。无论是主体间的"主奴关系"和对抗关系,还是主体间的承认关系和平等合作关系等等,都是在现实的交往关系中方能生成和显现的情景。在这种现实的关系之前,作为实体的"主体",仍是一种独立性和个体性的存在,因而,"主体间性"意识仍然是一种"分割性"和"个别性"的主体观和主体交往观。正因如此,在现实的多主体交往中,以"分割性"和"个别性"意识为基础的政治、经济、文化、宗教、民族等诸多要素的作用,使主体间的关系难以实现真正的相互承认、平等合作、相互融合。人们超越"主体间性"意识的局限性,寻求和建构了在承认主体独立性和个体性基础上具有更强纽带性的主体"共同体"理论。如果说,主体间性的"主体"着意的是其"个体性"以及个体主体的"前在独立性",那么,主体"共同体"意识,则着意于主体前在独立性中的"共在性"。这种"共在性"的实现,使主体间性中的"主体"脱离被动的、后置的关系境界,通过政治、经济、文化、文明的塑造,成为一种更有行动力的实体性的实践主体。

进入新时代以来,中国共产党人提出的"人类命运共同体"思想,可谓是对人类社会发展理论的原创性贡献。所谓人类命运共同体,亦即主体命运共同体,从理论渊源上讲,是一般"共同体"思想和理论的升华。如果说,一般的共同体理论,是用主体前提性的"共在"理论超越了此前主体间性理论的主体"分割性"的"孤在",那么,"人类命运共同体"理论,既着意于主体的前在性"共在",更着意于"共在"后的成果"共享"。"人类"意识把主体的前在性"共在"提升到至高普遍性,"命运"意识更为深刻地呈现出人类未来"共享"愿景的感召力和牵导力。

(二)现代政治运行秩序的变革

从政治学的角度看,主体交往从单一主体性到主体间性再到主体命运共

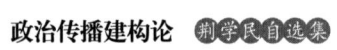

同体的逻辑演进与实践升华过程，同时要求和折射着人类政治交往的"民主化进程"。

第一，从纵向上看，政治权力运行从国家政治的宏观高度向民生政治的底层不断下沉。从学理上讲，"政治"的内在矛盾结构是其理想性与现实性的双重属性的矛盾。这个矛盾的运动，决定着人类政治发展的内在逻辑和基本规律。其内在逻辑是：确立超越现实的理想，以理想为目标不断地使现实向理想靠拢。其发展的基本规律是：不断地从抽象的政治理想走向具体的政治现实，不断地从高大宏远的国家政治战略路线向民生政治的底层下沉。这正是人类孜孜以求的政治现代化和民主化的过程。

第二，从横向上看，政治权力运行从国家政治的中心向外围领域前置性位移扩散。在互联网时代之前，政治权力的运行图式是"上有金字塔顶，下有金字塔基"的上下等级分明、中心边缘稳固、左右边界清晰的"垂直有序"景观。进入互联网时代以来，这种图景正在被"去中心化、扁平化、离散化、非主题化"等逐步打破，政治权力运行秩序形成新的图景。权力中心的位置性扩散与传播形态的改变，是互构共变的关系。不能片面地把政治权力中心的扩散仅仅看成互联网时代传播技术发展带来的"功劳"。所谓"前置性位移扩散"，是指政治在国家宏观政治确定性之后，在实际的运行中，政治权力要横向扩散、位置前移，而不是仍然站在政治的"起始点"中心去"辐射""统治"周边。应该说，即便没有传播技术的发展，人类政治自身也是要遵循这个规律的。这是人类政治不断走向"民主化"的历史必然性。

第三，从纵横交错的静态切面上看，政治权力运行中，政治信息是从宏大笼统性走向颗粒精致性。这也是政治运行规律使然。政治始于理想，但是宏大政治理想不断转化为现实的过程。现实是鲜活的，现实是具体的，现实是弥散的，因此，举凡成功的政治，均是实现了政治信息"源头"从宏大笼统向颗粒精致的转化，实现了政治的个体化的"入脑入心"。

（三）信息传播技术的发展

每一次传播革命都极大地推动了人类社会进步。传播技术革命的轨迹或逻辑正好形成了一个"微观—宏观—微观"的螺旋上升的闭环或升华;从另一个角度看,也是一个"一对一——一对多——一对一"的螺旋上升的闭环或升华。从这个意义上说,传播本来就是"微传播"。人类社会早期必须占有物理时空的"一对一"传播经过多次革命,可以借用电子和网络媒介突破物理时空瞬间实现,当然,突破了这一点,所谓现代传播网络中的"点对点""面对面""体对体"也就自然实现了。

应当认识到,传播技术的革命性发展对于传播本身没有什么意义,其意义在于:它激活了政治从母体性的"社会"中分离以后"积沉"在国家政治以下和以外的微观政治。美国学者托夫勒1983年就曾预言:"信息是和权力并进而和政治息息相关,随着我们进入信息政治的时代,这种关系会越来越深。"① 因此,传播技术的发展也是微观政治传播崛起的社会基础。

(四)国家与社会的交织互动

政治来源于社会,因此无论单独讨论政治还是社会的时代状况,都必须置放于二者的关系中方能说清楚。

第一,"政治"从其赖以安身立命的"社会母体"中逐步分离的过程,是一个政治自身不断拓疆扩土、发展壮大的过程,犹如一个孩子的成长成才过程,政治的发展历程也是一个不断走向新的政治文明的过程。也就是说,从宏观上看,在政治与社会从"混沌一体"到"尖锐对峙"再到"良性互动"的发展历程中,二者是相辅相成、互为因果的,但是"发动机制"的主导者是政治。

第二,反过来看,政治与社会关系的发展历程,也是一个社会在政治的强大过程中不断挣扎、抗拒政治的统辖和奴役的过程。用政治学理论来说,是一个社会母体不断地给政治"授权"、又不断地"收权"的过程。从根本的意义上说,是社会决定政治,而不是政治决定社会,正像儿子的血脉来自母亲一样。

---

① 托夫勒.托夫勒著作选[M].辽宁社会科学院新技术革命课题组,译.沈阳:辽宁科学技术出版社,1984:9.

第三，基于互联网的信息化时代的来临，正在改变政治与社会的关系，在工业文明和大众传播时代被分化和区隔的政治与社会，骤然出现"再一体化"和相互渗透融合的趋势。日新月异的传播技术，"赋权"激活了长期以来被冷落的普通民众日常生活领域的政治细胞和政治权力，微观社会和微观政治迅猛凸显。社会运行和政治控制机制正在发生前所未有的变化。主导型、中心化的宏观权力逐步分化为非中心化的、弥散的微观权力。对应于传播发展的"微观—宏观—微观"螺旋上升过程，政治与社会的关系也正好经历着"正—反—合"的逻辑演绎，呈现给这个时代的是这样一幅景观：微观社会和微观政治正在以新的能力和能量，或"对逆反冲"或"深度弥漫"与之对应的宏观政治。

二、微观政治传播研究的理论资源

对于微观政治传播的研究，不是仅靠某单一学科就可以完成的。当然，作为理论资源的诸多学科对于微观政治传播研究的给养也是有层次感的，毕竟"微观政治传播"的主干理论还是根植于政治学和传播学。

（一）微观政治传播研究的哲学理论资源

举凡对时代精神和时代新生事物的观察思考，就必须升华至哲学的高度和深度。对于微观政治传播的研究来说，可尽然汲取营养的哲学理论资源主要在于以下几个方面。

第一，确立微观政治传播研究的时空坐标。社会的发展，并不仅有"传播技术"一个维度，相反，传播技术发展却需要被置放于更大的社会有机体的发展中去考量。哲学理论研究提供了这个方面的研究成果，即人类社会发展从"文化综合有机体"角度可以划分为"前现代社会—现代社会—后现代社会"三大阶段或形态。微观政治传播恰恰是"现代社会"向"后现代社会"转型的产物，或者更准确地说，是"后现代"吞噬、超越、反抗"现代"的综合社会表现。因而，毫无疑问，微观政治传播的特质、表征、功能、发挥、姿态与效应等,均属"后现代"范畴。建基于后现代社会的"后现代理论",是分析研究微观政治传播的"首出"哲学理论资源,它为微观政治传播的研究确立了时空坐标。

第二,引导微观政治传播研究的观察视野。微观政治传播,不是基于空中楼阁的学术幻想,而是实实在在的社会现实,实实在在的人类生活。人类社会是由"宏观"和"微观"两个层面构成的。马克思主义曾着力于揭示其宏观的发展机制和历史进程,但从来也没有忽略过人类社会的"微观"基础。相反,马克思的宏观理论建基于其微观理论基础之上。马克思之后,哈贝马斯进一步提出,对社会生活的研究,人们可以采取两个不同的向度,一个是"观察者"的向度,一个是"参与者"的向度。所谓"观察者向度",就是把社会看成由不同的子系统构成的功能互补的大系统,这实际上就是宏观向度;所谓"参与者向度",就是把社会看成个人之间互动的领域,这实际上就是微观向度。① 我们必须承认,相较于对人类社会的宏观研究,从"微观"视野揭示人类社会的微观领域结构、微观运行机制、微观生活景观等要薄弱很多。现在是时候用历史唯物主义的微观视野深入观察和研究微观政治传播了。

第三,框定微观政治传播研究的理论范式。对于处在从"现代社会"向"后现代社会"转型中、处在传播发展从"宏观"到"微观"螺旋上升中的微观政治传播研究来说,哲学理论提供着与之匹配的理论研究范式:其一是历史与逻辑相统一的研究范式;其二是本质与现象相统一的研究范式;其三是宏观与微观相统一的研究范式。对于微观政治传播研究来说,宏观维度,保证了"政治"的必要战略高度和面对未来的政治理想的确定性,也可以说是一种微观政治传播研究"政治正确"的保证;而微观维度,则是剖析微观政治传播神经末梢的轴心方法,唯其如此,才能保证微观政治传播研究的现实意义与学术价值。

---

① 哈贝马斯.交往行动理论[M].曹卫东,译.上海:上海人民出版社,2004:103.

（二）微观政治传播研究的政治学理论资源

近几年来，政治学关于"微观政治学"的提出和研究，直接给微观政治传播研究提供着基础性的理论支持。

第一，政治学理论认为，复杂的政治生活有三个层面：宏观层面、微观层面和介于二者之间的中观层面。宏观政治学、微观政治学与制度政治学，三者既相互区别又相辅相成，细化了对人类政治生活的分析，完整而有机地呈现出人类政治生活的状貌和运行机制，为微观政治传播研究提供了理论基础。

第二，微观政治学以政治生活中的个体政治行为为研究对象，其核心理念建基于现实政治生活中人们理解和认知政治的"向上渗透"模型①，这一模型弥补了长期以来精英政治所建构和秉行的"向下溢出"认识模型的缺陷，还原和复兴了互联网时代被激活的现代政治生活的真实形态。微观政治学一定程度地揭示了现代政治生活中"以个体为主体"所带来的前所未有的政治冲击及其效应，为在种种"不确定性"的事件中寻求其"确定性"提供了研究思路。这个思路对于微观政治传播的研究来说，将是"革命性"的。

第三，微观政治学具有强大的历史基因，这就是20世纪曾风靡世界的行为主义政治学。历史具有惊人的相似性，也是"螺旋式"前进的。20世纪初兴起并风靡世界的行为主义政治学，在20世纪末受到以罗尔斯《正义论》为代表的宏观政治学的冲击而落寞，但在互联网时代又要"复兴"了。微观政治传播的研究，不能不借鉴甚至直接使用在新的传播技术背景下的实证主义、实验主义和数据主义等研究方法。

---

① 外国学者 Michael G. Roskin 提出的著名理论，这种理论认为，现实中人们对政治生活的理解和认知有两种"认识模型"。一种是"向上渗透"的认识模型。在这种模型中，人们将精力集中在社会基础层面上，思考人们的政治态度怎样分布，利益集团如何形成，哪些政党获得支持，选民如何投票。第二层才是政治生活系统中的国家制度、政府体制。另一种是"向下溢出"的认识模型。在这一模型中，人们首先将精力集中在国家、政府的制度和政策的决定上，看它们对社会的影响。第二层才是社会基础。（ROSKIN M，CORD R L，等. 政治学的世界[M]. 7版. 刘后安，洪圣斐，等译. 台北：时英出版社，2002：22.）

（三）微观政治传播研究的传播学理论资源

把这个时代命名为"互联网时代"，就足以说明传播技术在社会发展中的重大地位和影响。与此相应，在这个时代，没有哪个学科的变革速度能比得上传播学的变革速度。回想传播学中曾经风靡一时的所谓十大核心理论几乎全部被"颠覆性"地消解。颠覆它们的"力量"只有一个：传播权力和传播技术的大众化、民主化、弥散化。这一切正是被传播学称为"微传播"的崛起。因此，应当说，传播学的研究给微观政治传播研究提供着最前沿、最直接、最新颖的理论资源和支持。

三、微观政治传播研究中的两个基石性范畴

微观政治传播研究，是一个涉及哲学、政治学、传播学、历史学、社会学等诸多学科的集群性研究，因而也必然有一个涉及诸多学科维度的概念群。其中，有些概念、命题和论域在诸多学科中已经被使用或探索过，甚至至今仍存歧义和争议，有些概念在前面的"社会背景"和"理论基础"中已有界说。在此，本文仅就微观政治传播研究中两个基石性的概念予以诠释。

（一）微观政治传播范畴

"微观政治传播"自然是微观政治传播研究的基石性的概念，可以将它简要界定为：由现代传播技术赋权的、以个体为主体的政治共同体内基于微观社会生活的政治信息扩散、接受、认同、内化等有机系统的运行过程。这个定义的要义有以下几点。

第一，"由现代传播技术赋权"，是指基于互联网传播技术对微观政治传播主体的赋权，这种赋权使传播主体的个体化变为现实。其"传播技术"包括各种日新月异的媒介载体革新与传播技能进步。第二，"以个体为主体"是相对于过去的国家宏观政治的以国家、政府、政党等及其主宰的大众媒体而言的。第三，"基于微观社会生活"，既包括国家宏观政治使用新的传播技术在新的传播环境中把宏大政治"颗粒化""精细化""底层化""生活化"等的

过程，也包括日常社会生活领域自我产生的政治诉求、政治话语、政治议题、政治理想甚至政治运动等。

（二）与微观政治传播对应的社交媒体范畴

从理论上讲，如果说宏观政治及宏观政治传播的实现对应的是大众传播，那么微观政治传播应该对应什么传播？所谓基于互联网的传播技术，只是更为宏大的时代背景，微观政治传播应该有更具"对应性"的传播技术、传播平台和传播场域。现在，各种概念应运而生，诸如"新媒体""自媒体""融媒体""全媒体""智媒体"，不亦乐乎，但都没有准确的内涵和确定性的边界。我们觉得还是在与"传统媒体"（以所谓大众媒介为主体）相对应的意义上，使用"社交媒体"比较恰当。但是，要对"社交媒体"作出界定。

"社交媒体"可以最简洁地定义为：以个体为主体的普通民众基于互联网平台构筑其社会生活的媒体。其要义如下。第一，从技术角度看，社交媒体是一种基于互联网的交换平台，现阶段主要包括社交网站、微博、微信、博客、论坛、播客等。可以用"社交的媒体化"来形容其态势。第二，从本质规定性上看，社交媒体的本质，不在于"媒体"，而在于"社交"。就是说，社交媒体的内容生产和传播逻辑，是建基于用户的社会关系的。社交媒体的"革命性意义"在于：人们通过新的社会交往方式交换的内容发生了变革。社交媒体已然成为一种普通民众无法逃遁的生活方式。第三，从产生过程上看，对于社交媒体的认知应"倒过来"看，即不是说因为民众"有话要说"寻求新的交往平台，而是因为社交媒体消解了民众"有话要说而不能说"的壁垒，激活了民众本来就有的自由的信息生产权、信息交换权和信息消费权。其中当然包括内蕴丰富而深刻的政治信息。也就是说，社交媒体是实现和体现微观政治传播的基石性的传播载体。社交媒体呈现了过去政治传播领域所看不到的社会民众的包括政治理想、政治幻象、政治诉求、政治情感、政治信仰，乃至于政治行动等丰富的政治生活。第四，从类别界定上看，传统的宏观政治主宰的大众媒体在互联网技术平台上借助于社交媒体衍生或延伸出的各种客户端等等，由于其不具有"个体主体"的特质，因而还能属于"社交媒体"范畴,或者更为准确地说,传统的宏观政治主宰的大众媒体借助于社交媒体所传播的内容不属于"微观政治传播"范畴。如不作出这种必要的"划界","社交媒体"亦将失去自己的规定性。

四、微观政治传播研究的主干内容

(一)基于个体主体间性的"微公共领域"研究

微观政治传播虽然是"以个体为主体"的传播,但它不是停留在个人私人空间的个体精神冥想或私密行为,而是既在特定的公共领域中运行,又反哺生成新的公共领域。① 但是,微观政治传播生成的"公共领域"是一种全新的场域。

第一,"公共领域"的本来意涵就是一种"政治性"的场域,人类社会早期,从私人家庭中分离出"公共","公共"中的"政治基因"壮大发展,最终又从"公共"中分离,形成更具密实意义的"国家政治"。到了近代社会,"公共领域"被一批理论家规限于"国家政治"与"社会"之间的"第三领域",似乎脱离了"政治"。现在,进入互联网时代,在传播技术的赋权下,这个"第三领域"的"公共领域"又回归于政治,或者说,政治又重新弥散和浸透在"公共领域"之中。这一点诚如罗伯特·达尔所言:"无论一个人是否喜欢,实际上都不能完全置身于某种政治体系之外。一位公民,在一个国家市镇、学校、教会、商行、工会、俱乐部、政党、公民社团以及许多其他

---

① 国外政治学研究已经提出了"微型公共领域"这个概念,其内涵是指在协商民主制度化过程中出现的各种协商论坛,包括协商式民意调查(Deliberative Polling)、共识会议(Consensus Conference)、公民陪审团(Citizens Jury)、规划小组(Planning Cell)、国家议题论坛(National Issues Forum)等。(参见:GRNLUND K, et al. Deliberative mini-publics: involving citizens in the democratic process [M]. Colchester: ECPR Press, 2014.)微公共领域作为一个新兴的研究方向,在概念界定、设计与落实等方面尚存在诸多争议。如用中国的术语来表述,微型公共领域属于社会组织协商或基层协商的范畴。我们这里使用的"微公共领域",与"微型公共领域"这个概念在指向上有一定的一致性,但还不完全一样。

组织的治理部门中，到处都会碰到政治。"①

第二，在前互联网时代或国家宏观政治主宰的大众传播时代，"公共领域"中"活动主体"及主体间的交往方式还主要是"面对面"的，"主体"的形态还是"自由知识分子"类型的"群体主体"。而到了互联网时代，社交媒体所形成的新的"公共领域"中，"主体"成为具有自由信息发布技术能力和权力的"个体"，这个时候的社会交往才真正是"基于个体主体间性"的交往。

第三，与上述两点对应，如果说在前互联网时代或国家宏观政治主宰的大众传播时代，"公共领域"中"活动主体"及主体间的交往或交谈的内容还是属于"公共"的，那么，"基于个体主体间性"的交往内容才实现了真正的"突破"，诸多被遗忘、被冷落、被边缘、被私密化的，在过去"想也不敢想""想也想不到"的日常生活话题，被摆上台面，被抛洒在公共场域中，潜在的隐秘的政治意涵，以各种姿势样态登场亮相，形成了全新的"微公共领域"。

（二）基于社交媒体的"微公共舆论"研究

从政治学的学理上讲，"公共舆论"的核心要义有三点：其一是"众意"，即不是一个人或一个政治集团的意志，而是来源于众多个人、众多主体的意志；其二是"公意"，即来源于众多主体却又超越众多主体的"意志"，是政治共同体的最高"意志"，因而也是政治共同体实现民主政治的精神基础；其三是经"差异性"的辩论或博弈而成的"意志"，而不是由某种政治权力即权威发出的"指示"。在传播学中，"公共舆论"中的第三个要义被单独放大，或者说传播学主要着力于"公共舆论"作为一种信息流动和聚集是如何形成的。应该说，传播学中的"公共舆论"研究淡化或消解了其政治性的意涵和意义。微观政治传播的崛起，形成了对政治运行和社会发展产生巨大影响的新型的"微公共舆论"。

---

① 达尔.现代政治分析［M］.王沪宁，陈峰，译.上海：上海译文出版社.1987：5.

第一，回归了公共舆论之"公众"的本质属性。前互联网时代也是有"公共舆论"的，但限于那个时代国家政治宰制的宏大政治传播机制，"公共舆论"往往是具有信息发布和控制权的政治权力的"集体意志"，或基于预设政治目标的"政治共同体意志"，其实质是单一的而不是"公众"的。而微观政治传播，传播技术的赋权，使普通民众"人人都是广播电台"，舆论的"公众"本质属性完全呈现出来。

第二，颠覆了公共舆论的生成机制。前互联网时代，公共舆论也是"自上而下"与"自下而上"双向互动而生成的。但是，"自上而下"的舆论，高能强势、渠道畅通、机构健全，利用官方大众媒体引导和控制着整个公共舆论，而"自下而上"的舆论，位低势弱、渠道堵塞、力量涣散，与"自上而下"完全不对等。而现在，公共舆论的生成机制几乎倒置。"自上而下"的所谓舆论失去"差异性"特质，成为一种定向引导的政治宣传，而"自下而上"形成的舆论，波涛汹涌，逆势而上，使整个社会处于公共舆论的监督和"纠察"之中。在某种条件下，民间舆论引发的"微公共舆论"，构建了微小却密实的"民间舆论场"，它以巨大的冲力"回逆"和"刺激"着宏观政治权力作出种种回应和调适。

第三，形成了公共舆论的新的能力。过去，在国家宏观政治主宰的政治传播中，公共舆论很多的时候被引导、控制和消解，变成了"吵吵闹闹说说而已"。而基于自由度较高的社交媒体形成的公共舆论，一定程度地实现了信息生成、信息表达和相应行动这三个方面的统一。就是说，表达本身就是一种行动，行动中体现了权力与能力的统一，"行动"着力于对现实的改变。这个时候，诚如本杰明·哈里森所言："公众舆论是世界上最有权势的君主。"[①]

（三）基于社交媒体的"微政治话语"研究

"话语"是人类之间表达和交流思想的最基础、最直观的"中介"。"政治话语"无非就是人类在政治生活中用来表达政治或日常交流中含有政治意味

---

① 转引自：贝克.权力的语录[M].王文斌，张文涛，译.南京：江苏人民出版社，2008：296.

的"话语"。每一个国家的宏观政治体系（系统、体制）均有与其匹配的一套政治话语及其使用规则。但是，基于社交媒体的微观政治传播正在改变着这一切，没有比互联网时代的微观政治传播所创造的政治话语更令人惊叹、令人困惑、令人着迷，甚至令人惊恐的了。

第一，从理论上讲，国家宏观政治的"官方话语体系"，是国家政治权力的表达，具有鲜明的政治目的性和严谨的规范性。而基于社交媒体的"微政治话语"，是长期积聚的各种民间思潮的舆论表达。话语"博弈"的背后，存在着一定的政治资源与政治权力的争夺。随着政治民主和人类政治文明的进步，"微政治话语"展示的是"政治共识"的"多元化"。第二，基于社交媒体的政治话语，突破了过去由宏观政治生产、传播和主宰的政治话语的"意识形态围栏"，生产于普通民众的话语可以表达其政治思想，但不能也无法赋予其意识形态的属性，为其贴上"意识形态"的标签。第三，基于社交媒体的政治话语在更高的境界中，以其"微观真实"的功能，使"话语"回归了其本原性的本质，即"语言""言语""话语"本身就是一种最原始的政治，其不但产生于"政治"，而且建构着"政治"。第四，从外观形态上看，基于社交媒体的政治话语，展示了普通民众的"理性的狡计"。在与现有宏观政治"边界"约束的碰撞、博弈、撕扯、合流的互动过程中，以其难以穷尽描述的"幽默""讽刺""借喻""隐喻""影射""装傻""卖萌"等等，呈现出多姿多态、多色多彩的话语景观。

（四）微观政治传播的基本流程研究

传播要经历时空，因而是一个流程。不同的传播学家对于传播研究的不同，都在于对传播流程的方方面面认知不同。深究一下自古以来对传播的研究，"传播流程"的第一个理论家是拉斯韦尔，他提出了人皆尽知的"5W"学说。但是，人们有意无意地都回避或忽略了拉斯韦尔只是在讲"政治传播"。现在，让我们再次回到政治传播的研究视野中来，把"传播流程"置放于微观政治传播中，就会发现微观政治传播"再造"了一个新的传播流程。

第一，"节点"位移。在前互联网时代，宏观政治传播系统中，"环境"

封闭稳定,"输入"一元主导,"转换"简单隐秘("暗箱"),"输出"单一恒定,"反馈"稀薄无力。各个环节相对固定,行进过程稳定清晰。现在,基于社交媒体所建构的微观政治传播,政治环境复杂化,信息生产群体化,"输入"环节容量剧增,"转换"环节暗箱曝光,"反馈"环节悄然前置。"环境—输入—转换—输出—反馈"的完整流程,被压缩在同一速度、同一频度在同一时空中完成。节点"位移"和环节"反转"所造成的新图景,实现了对传统媒体时代政治信息传播的"流程再造"。

第二,"目标"回归。在政治传播流程中,"输入"这一环节作为政治信息的生产源头,决定着整个政治传播的"目的"。在过去,由国家宏观政治及其主宰的主流媒体(大众媒体)作为"把关人"控制着"输入"这一"龙头环节",其目的也是很明确的,即以维护特定政治控制为目的。现在,基于社交媒体所建构的微观政治传播,"输入"环节发生着"革命性的变革"[①],由其主导或决定的传播流程的目的也相应发生了改变:从日常生活的微观政治现象或事件出发,要求具体事件得到重视或得到解决。这种"微观细小"的目标,貌似褪去了其"高达宏远""抽象难及"的"空虚"性质,但其在骨子深处却指向政治的"原始价值旨归"[②](如自由、平等、民主等)。

第三,"结构"立体。国家宏观政治的信息生产是垄断的,由国家宏观政治主宰的主流媒体对政治信息的流通,沿着"喉舌"或特定的组织路径呈"复制式"传播。"复制式"传播的结构是单一的、线性的。现在,基于社交媒体所建构的微观政治传播,信息入口的"洞开",使传播流程结构超越"点对点",向"线对线""面对面""体对体"的多维立体状态跃迁。

(五)微观政治传播的运行机制研究

机制指由动力、路径、秩序等构成的事物的有机运行机理。基于社交媒体所建构的微观政治传播的运行机制日益凸显。

[①] 荆学民,于淑婧.互联网时代政治传播输入的变革与挑战[J].现代传播(中国传媒大学学报),2019,41(1):67-74.
[②] 荆学民.重新省思政治传播的价值旨归[J].新闻与传播评论,2019,72(5):16-21.

第一,"合力化"的运行动力。国家宏观政治传播运行的动力是单一的,主要来自居于高位的政治权力和其所主宰的媒体的推动。这种"动力源"的特点是"整体而笼统""单一而单向""动能逐次递减"。一般地说,随着特定政治的发展,国家宏观政治传播的自然趋势是动力不足,因而要依靠不间断的"运动"来补充能量。而基于社交媒体所建构的微观政治传播,其动力来源于普通民众的主动性"参与",政治目标单一而清晰、多向而聚合,动能逐次递增。来源于"主体"的、"媒体"的、"受众"的及"环境的"四重动力,形成力的"平行四边形","平行四边形"的"合力"决定着微观政治传播的运行动力澎湃而强劲。

第二,"扁平化"的运行路径。国家宏观政治传播的运行路径是:运动开始、发出文件—层层传达、普遍宣传—认真学习、深刻领会—抓住典型、以点带面—统一思想、形成共识。[①] 这是一种居高而下的垂直路径。而基于社交媒体所建构的微观政治传播,其路径是枝节横生"遍地丛林",有道是"看上去茫茫一片,钻进去深深无边"。

第三,"松散化"的运行秩序。政治传播秩序是政治秩序与传播秩序耦合而成的,维护其构成要素之间的固定位置、稳定关系、功能匹配和行进次序,以通过传播达到某种政治目的的保障机制。[②] 基于社交媒体所建构的微观政治传播,在"主体推进""过程控制""目标确立""规范引导""能量释放"等诸多环节和层面,都有其不同于国家宏观政治及其主流媒体(大众媒体)主宰的政治传播。比如,"主体"的出场受"偶然性"支配;过程的"不可控性"突出;既有"规范"失去引导力;能量释放失控超度;等等。

(六)微观政治传播的叙事内容研究

前互联网时代,国家宏观政治权力所主宰的政治传播叙述内容,是基于政治目标和相应的政治控制的意识形态,或者是由意识形态演化而来的种种

---

① 王绍光. 中国公共政策议程设置的模式[J]. 中国社会科学, 2006(5): 86-99.
② 荆学民,于淑婧. 自媒体时代的政治传播秩序及中国调适[J]. 政治学研究, 2020(2): 14-26, 124-125.

"议题"。这也是"议题设置"在大众传播时代占据十分重要的地位的根据。来自意识形态的"议题"的设置，追求宏大的政治目标或高远的政治战略，是一种具有"政治神圣化"和"道德至善化"的抽象的政治象征。而基于社交媒体的微观政治传播的叙述内容则十分不同。

第一，微观政治传播的叙事内容，虽然仍可以是意识形态性的"宏大议题"，却是经过民众思想认知过滤加工后，经由"个体主体"个性化、个体化、生活化、幽默化、讽刺化、碎片化、情绪化等的"议题"，这个时候的"议题"，其实已经转化成了"话题"。一般地说，微观政治传播中，直接来自宏观政治意识形态的"话题"所占的比例很小。

第二，大多基于社交媒体生发的"话题"，与宏大的意识形态没有直接的关联，而是政治底层和民众普通生活中大量"弥散而敏感"的"话题"。这些"话题"没有"政治神圣化和道德至善化"的外部包装。"话题"可能由街谈巷议、田间唠嗑、茶余饭后的谈论，甚至绯闻八卦引发，但隐含着政治，并未失去其政治属性。即"话题"仍然是政治的，只不过这种"政治"更多地来自老百姓的日常生活，是"民生政治"。

第三，正因如此，微观政治传播的叙事内容，可能频频突破传统政治的"边界"和"禁忌"。从诸如"温州动车脱轨事件"到"凤姐征婚事件"，从"特朗普推特治国"到"书记的一记耳光"，从"我是共产党员"到"你妈喊你回家吃饭"，从"粉丝约架"到"明星代孕"，等等，无奇不有，但总能饱含政治意味或触及政治。

（七）微观政治传播的叙事方式研究

叙事方式是人们将各种经历、经验组织成为有现实意义的事件的基本方式。叙事方式表面上看是一种表达模式，其实也是一种思维推理和思想建构模式。基于社交媒体的微观政治传播，其场域空间、话语特质、叙事内容及叙事方式是一种相互影响、相互匹配的系统或体系。正像微观政治传播所创造的政治话语令人惊叹、困惑、着迷、惊恐一样，微观政治传播的叙事方式，也业已突破传统叙事学、政治学所要求的种种规限。"没有什么规限"正是其

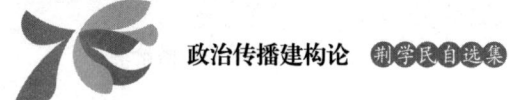

显著特点。

第一，平民视角的叙事角度。一般地说，活跃于社交媒体中的微观政治传播的"主体"，是没有特定政治权力和相应政治权威作为"后盾"的普通百姓（即便是一些具有政治地位和政治权力的官员，他们在社交媒体的传播均隐晦自己的身份，若以官方身份"亮相"，那就超出我们所论的微观政治传播而属于传统的宏观政治传播的范畴），因而在通过传播的交往过程中，更多的是以"平等者"视角来叙事。这种"平等"，是一种自然的前提性的"赋权"，而不是在虚拟的网络拟态环境中，某种"高位"的身份刻意"降低"自己，或者某种"低位"刻意"抬高"自己而来的"平等"角色。

第二，松散无形的叙事框架。在过去的传统的宏观政治传播中，传播学所讲的"框架理论"具有根深蒂固的支配性作用。举凡宏大的政治传播，皆具有自觉的、理性的、高尚的"国家宏大叙事"框架。但是，在基于社交媒体的微观政治传播中，"框架理论"几乎失效。没有固定的、唯一的信息源，无法确定需要进一步"照亮"和"深度挖掘"的"新闻"，无法准确判断会进一步"发酵"的报道方向，不断"反转"的剧情轮番登场，等等，松散无形的叙事框架，沉沦在"时""效""度"的结构之中，呈现的是即时性的"一事多态"的微小短暂的"临时构架"。

第三，断续空白的叙事逻辑。国家宏观政治传播最讲求的是叙说逻辑的严谨性、完整性，所谓全面地、系统地、深刻地、辩证地包含历史、现实、未来等等，有一套规则和规矩。说得客观一些，这种思维逻辑是印刷媒介培育历史的产物。而微观政治传播叙事是数字思维、图像思维、视觉思维的综合体，"无逻辑"才是其逻辑，很多的时候，逻辑的跳跃、断续、空白造成了"语句不通""云山雾罩"，甚至"不知所云"。

第四，平等交流的叙述基调。一般地说，国家宏观政治传播的叙事基调，是居高临下的"政治规训"，是高远抽象的政治教化，是定性定型的政治传达。而微观政治传播的叙事基调，是平等交流，是浸润倾诉或揶揄隐喻，更多的时候，是在强权政治的强势情景中以"弱弱地一问"的姿态叙述某种经历和经验，甚至是以"童谣童话"式的叙事基调讲一个深含政治意味的故事。

五、微观政治传播的基本形态

形态是一个事物所呈现的整体面貌。按理说,微观政治传播的形态,要依赖于对整个微观政治传播的系统研究描述勾勒。但是,在"论纲"阶段,比照宏观政治传播的基本形态,先行勾勒出微观政治传播的形态,对于接下来的细致研究,具有一定的引导作用。

(一)观察孕育微观政治传播的"文明时代"的理论依据

正像人是社会的人,社会是人的社会一样,社会的发展和人的发展是内在统一的。马克思曾指出人的发展的"物的依赖""以物的依赖性为基础的人的独立性""个人全面发展"三大阶段理论。[1] 这是我们观察孕育微观政治传播的"文明时代"的理论依据。如果我们再从其中抽离出政治与社会的关系,所谓社会发展和文明进步的过程,也正好是"政治"与"社会"交织、分离、互动的历史过程。微观社会生活、微观政治生活、微观传播技术及其所交织而生的微观政治传播,也正是在这种历史的过程中渐次浮出,逐步成型。

(二)不同文明时代微观政治传播的"雏型"演变

第一,在古代社会,即马克思所说的"人的依赖关系"阶段,以自给自足的自然经济为基础,那时的人类社会交往关系及基本生活样态的"共同体",乃以人的血缘关系、地缘关系为纽带。这个时候的"微观权力"主要表现为日常生活世界中的各种控制机制,例如,氏族、家庭、家族、宗族、血缘代际、乡里制度、民间组织,以及与此相适应的家规家法、习俗习惯、礼俗乡约、道德纲常等自发的规范体系。"这些控制机制既表现为政治权力,也

---

[1] 马克思,恩格斯. 马克思恩格斯全集:第46卷[M]. 中共中央马克思恩格斯列宁斯大林著作编译局,编. 北京:人民出版社,2004:104.

表现为文化权力。"①在这个阶段，与社会发展交往"同质同步"的传播形态，是一种以"口口相传""面面相授"为主的原始"直播"。因而，这个阶段的微观政治传播，是一种孕育着未来政治职业化、政治专业化、政治权力化、政治专制化的"宏观政治"的"混沌朦胧"但依然丰满（蕴涵全部传播途径和方式）的"雏型"。

第二，进入现代社会的初始阶段，即马克思所说的"以物的依赖性为基础的人的独立性"阶段，这个阶段，基于政治理性的现代政治在整个社会中居于"统摄"地位。政治的职业化、专业化、权力化、专制化的"宏观政治"独立成型。社会形态相对呈现"强国家、弱社会"状态。与此相应，国家政治主宰着占据主导主体地位的大众媒体，形成了"官方主流媒体"控制社会政治信息的传播格局。此时的微观社会生活、微观政治生活被"挤压"到以家庭为单元的"私人场域"。此时的"微观政治传播"虽然具有现代性的"政治冲动"，但被包裹在坚硬的"政治"外壳之中，其传播途径和方式等反而失去了古代社会的"原始丰满性"。

第三，进入现代社会的后期乃至于"后现代"阶段，是逐步迈向马克思所说的"个人全面发展"的阶段。政治发展向"民主化"快速迈进，特别是媒体发展经由大众媒体向更先进的境界发展，以互联网为基础的传播技术和传播形态日新月异。这个阶段，在技术赋权的基础上，"政治权力"不断溢出、下沉，各种类型的"微观权力结构"不断产生。一是宏观的、中心化的理性权力机制向社会生活和个人生活所有层面的渗透所形成的微观控制机制；二是随着公共领域的扩大、非政府组织的增加、新社会运动的兴起而产生的各种边缘化的微观权力结构。

（三）微观政治传播形态描述

本论纲在与传统的政治传播形态的对应或对比中，展现微观政治传播的形态（见图1、图2）。对比这两个图示，可以看出：

---

① 衣俊卿.社会历史理论的微观视域：上［M］.哈尔滨：黑龙江大学出版社，2011：5.

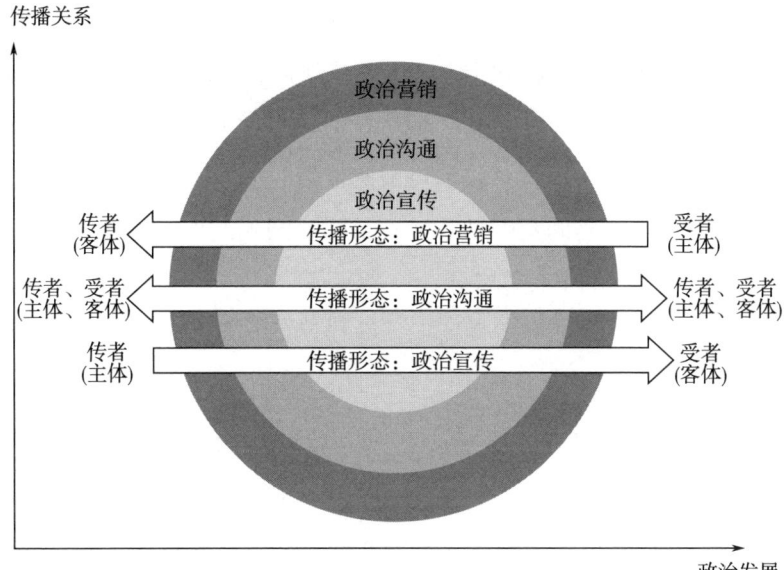

图 1 宏观政治传播形态

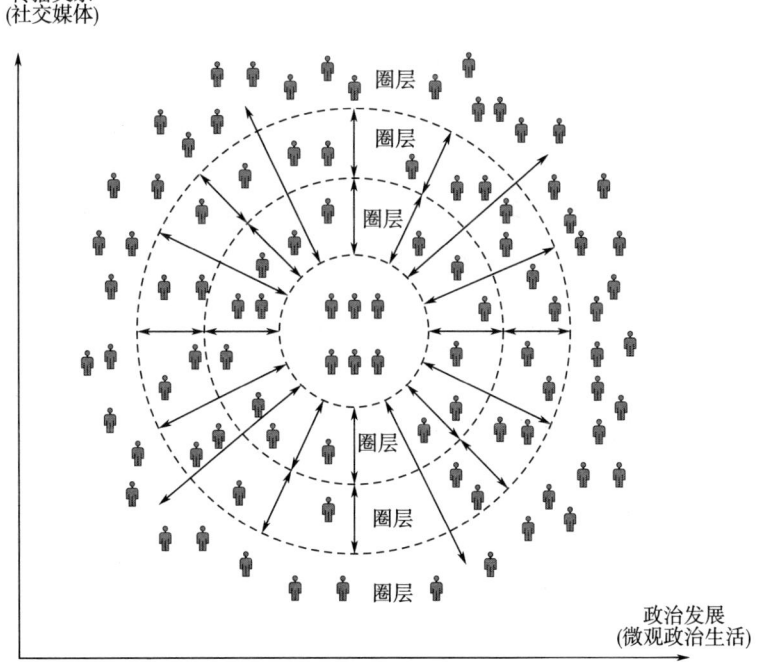

图 2 微观政治传播形态

第一，宏观政治传播是由政治宣传、政治沟通、政治营销几大主轴架构的"同心圆轴心系统"和驱动机制。① 这种同心圆轴心驱动结构具有显著的传播优势，但是也同时使政治传播"宣传化"，它固化和切割着政治共同体，限制了政治传播的空间，束缚了政治传播的价值，使政治传播格局僵化。而微观政治传播的形态没有固定的轴心，不是同心圆式的扩散驱动机制，没有明确的"传"与"受"的主客体之分。

第二，诚如现在的研究成果所示，社交媒体、基于社交媒体的微观政治传播有这个"化"、那个"化"等太多太多的特征，但在我们看来，相对于宏观政治传播而言，"圈层化"才是最具"形态表征"意义的特征。

第三，"圈层"及"圈层化"是目前社交媒体引爆的最"热门"的研究话题，但是，学术界已经不同程度地聚焦于"信息传播圈层化"，把"圈层"理论窄化了。"圈层"是具有"文化综合意义"的概念。"圈层理论"是社交媒体出现之前就已经出现的、用来说明社会文化演化机制的一种理论。当社交媒体出现之后，信息传播的圈层化显现，但"信息传播的圈层化"本身并不能解释为什么信息传播会"圈层化"，相反，恰恰要倒回去，通过社会文化演化机制来解释和说明信息传播的圈层化。这是目前围绕着社交媒体信息传播"圈层化"研究的最大误区。

因此，本文"微观政治传播形态"图中的"圈层"是一个包括主体身份地位圈层、血缘纽带圈层、传播内容圈层、情感诉求圈层、价值观念圈层、政治认同圈层等的综合范畴。

六、微观政治传播的社会效能

面对社会效能，可以从宏观和微观两个层面来考察。宏观层面涉及政治合法性、政治民主与公共舆论；微观层面涉及宏观政治下沉为"公共政策"

---

① 荆学民，段锐.政治传播的基本形态及运行模式［J］.现代传播（中国传媒大学学报），2016，38（11）：8-15.

的诸多方面，包括公共政策制定机制的嵌入衔接、公共政策实体层面的对应寻找、公共政策延伸层面的补充修复、公共政策理想层面的规范建构。①

（一）以新的途径构建政治合法性

第一，在政治合法性构建的系统中，微观政治传播提供了新的路径。在经典的政治学理论中，本来就蕴藏着深厚的"微观政治"的机理。比如，系统论政治学所提出的"要求"理论和"支持"理论②，已经非常明确地揭示了政治传播的两种形态：自上而下"要求"式的宏观政治传播和自下而上"支持"式的微观政治传播。现在，基于社交媒体的微观政治传播，实现了政治系统中自下而上来自民意输入的"支持"的运行机制，实现了"易于流失的合法性情感的存储"。简言之，构建了政治合法性之"民众支持"的新途径。

第二，更深入地考究，微观政治传播"回归""夯实""实现"了基于个体主体政治行动的"合法性"。在宏观政治传播系统中，由于对"公共"的超越及对"社会""个体"的规限，"政治"远离了个体的社会生活，因而个体的社会生活与"公共政治"的合法性构建失去了关联。"政治的这种公共属性虽然使它保持与个体世界的距离，但也使它具有了某些补充层面：为了狭隘的个人目的而行使的权力是不具备合法性的。"③现在，基于社交媒体的微观政治传播，重新赋予民众个体政治言行、政治行为对构建宏大政治合法性的功能。

（二）以新的内容推进政治民主化

在政治学的经典理论中，"信息技术"被视为民主制度运行的保障。根据

---

① 关于微观政治传播在公共政策层面的效能，作者曾将其置放于"重大公共事件"中作为"社交媒体政治传播的正向功能"提出并初步论证。现在看来，可以将它提升为普遍性"微观政治传播的社会效能"而论，本文不再重复论证。参见：荆学民，李圆.激活社交媒体在重大公共事件中政治传播的正向功能［J］.山西师大学报（社会科学版），2021，48（2）：33-38.
② 参见：伊斯顿.政治生活的系统分析［M］.王浦劬，等译.北京：华夏出版社，1999：21.
③ 夸克.合法性与政治［M］.佟心平，译.北京：中央编译出版社，2008：39.

达尔的观点,民主运作的主要威胁,更多来自"信息和知识的不平等",而非来自财富或经济地位的不平等。通过使政治信息更加随手可及,信息技术或许能够为政治不平等提供重要的矫正措施。这就是说,基于社交媒体的微观政治传播,前所未有地赋予普通民众获取有关政治议程信息的能力,这反过来促进了政治民主化。

第一,民主的本质蕴涵着"微观政治传播"。人类政治生活的基本形态可以用"民主政治"与"专制政治"做最简单的概括。"民主政治"与"专制政治"既是对已经形成的政治形态的定性式概括,也是对人类政治发展过程和发展结果的概括。民主是一种价值性的政治理想,一种政府与人民关系的治理模式,一种具体的政治制度,一种政治生活方式,一种政治发展的进程。① 那么,"民主从哪里来,又是怎样发展起来的"?政治学家达尔的回答是:"如果我们把民主看成是从古希腊发明后大体上持续不断地发展起来,也就是说,民主2500年前在古希腊出现,然后从那个微小的源头不断地传播到现在,最后到达每个大陆,并成为人类一个重要的组成部分,那么,这种说法会让我们满意。"② 这就是说,民主的形成和发展与传播息息相关,"微小的源头"就是"微观政治传播"的胚胎。

第二,微观政治传播提供了民主"从虚幻走向现实"的真正平台。著名政治传播学者麦克奈尔研究指出:"我们可以把'理想化的'民主社会中媒体的功能归为五种,其中最主要的是:'平台必须为反对意见预留空间,做不到这一点的话,谈任何民主共识都毫无意义'。"③ 应该说,国家政治层面的宏观政治传播由于"把关人"对政治信息的"过滤"及"官方媒体"对政治信息生产权和传播权的控制,难以做到这一点,因而"民主"平台流于虚幻。而基于社交媒体的微观政治传播才真正提供了这个平台,民主从虚幻走向现实。

---

① 荆学民.政治传播简明原理[M].北京:中国传媒大学出版社,2015:201.
② 达尔.论民主[M].李凤华,译.北京:中国人民大学出版社,2012:7.
③ 麦克奈尔.政治传播学引论[M].殷琪,译.北京:新华出版社,2005:21-22.

第三，微观政治传播从"语言民主"的途径推进"协商民主"的实现。"协商民主"被认为是相对具有普遍作用的现代政治民主体制。"协商民主"本身是多向度多层次的立体机构。"协商民主"的实现，不能只停留在国家宏观政治体制和中观政治的制度层面，而是需要"下沉"和深入微观政治领域。其中，来源于普通民众"芸芸众生"的多元主体的政治语言，应当被尊重、被承认、被展示。承认了其语言，就意味着承认了其语言所蕴含和承载的政治主张和政治诉求。就是说，基于社交媒体的政治话语对"协商民主"具有巨大的建构功能。

第四，更为重要的是，基于社交媒体的微观政治传播，使"以个体为主体"的精神活动，在新的平台和纽带的作用之下，实现了"虚拟世界"与"现实世界"的对接、互嵌和互构，转化成了具有前所未有"能量"的现实的"集体行动"。

（三）以新的形态重塑公共舆论

"公共舆论是公共领域中表达公共性的一种精神力量。它是以政治话语为轴心的政治公共舆论。"[①]

第一，微观政治传播扩展公共舆论的形成路径。公共舆论的形成有两个基本的路径：一是政治统治者为实现自身希望所制造的产物，是一种自觉的理性的形成；二是自下而上的社会散漫式形成，是一种激情式的非理性的形成。而只有基于社交媒体的微观政治传播才使第二个路径成为现实。

第二，微观政治传播使"公共舆论传媒化"。传媒技术的迅猛发展，改变了人类的政治生态，也改变了人类政治生态中传媒的地位和作用。"一切依赖传媒"成为政治运行中最时髦而有效的理念。政治中的"成也传媒、败也传媒"成为一种最富时代意味的奇妙景观。组织费很大气力不能扳倒的腐败官员，一条小小的"微信"或"微博"就可以轻松地将其"提溜"出来打翻在地。比如，"书记一记耳光事件"，借助于社交媒体，"一记耳光"扇掉

---

① 荆学民.政治传播简明原理［M］.北京：中国传媒大学出版社，2015：217.

了书记的乌纱帽、扇掉了不知多少的"腐败食堂小灶",其"政治效应"不可估量。

第三,微观政治传播"重塑我们已知的公共舆论"。这个响亮的呼吁,来自兰斯·本奈特和罗伯特·M.恩特曼对"媒介政治化"的研究:"塑造舆论的过程可以被新的渠道和媒介化传播方式改变。如果确实发生了这种改变,我们原先熟悉的公共舆论就会变得面目全非,并且改变民主的运作方式。"① "我们得到的一个结论是公共舆论和大众媒介相互结合得非常紧密,彼此有所重叠,使得我们必须加强对媒体和公共舆论的研究。"② 这个呼吁没有错,但是,现在已经不是公共舆论与大众媒介相互结合和重叠,而是社交媒体直接重塑公共舆论。

(四)公共政策制定机制的嵌入衔接

国外政治学界所提出的"微型公共领域(mini-publics)"理论研究指出,微型公共领域不应拥有直接制定法律或政策的权力,而应当致力于通过协商形成反思性意见,从而影响政策的制定,而不是代替决策直接制定政策。但是,正因如此,"微型公共领域"需要嵌入政治制度及决策制定的过程之中,推动协商与决策的有效衔接。"嵌入不同类型的公共决策过程",实现公共政策制定宏观政治决策与普通民众预期的无缝衔接正是基于社交媒体的微观政治传播的现实社会效能。从协商政治的学理上讲,这种嵌入式的衔接,使以个体为主体的普通民众,借助于社交媒体所形成的"微公共领域"和"微公共舆论",以其"即时互动"和"无缝对接"的优势,弥补了过去通过"代表嵌入"和"组织嵌入"协商机制的种种不足。

---

① 本奈特,恩特曼.媒介化政治:政治传播新论[M].董关鹏,译.北京:清华大学出版社,2011:153.
② 本奈特,恩特曼.媒介化政治:政治传播新论[M].董关鹏,译.北京:清华大学出版社,2011:155.

七、微观政治传播的风险预警

微观政治传播具有强大的推动社会发展、繁荣社会文化、推动政治文明进步的正向效能，但也已经或进一步可能暴露出其种种负面功能，给社会经济、政治、文化的发展进步带来风险。需要指出的是，"风险"不是"危险"。"风险"源于人为，具有不可预知的突发性并体现边际效应态势。正因如此，风险是建构的，它是人超越自然和传统的力量创造出来的，既是"文明"本身的构成部分，又是体现文明"副作用"的那部分。因此，对于基于社交媒体的微观政治传播带来的风险的认识，绝不能像现在一些研究所认为的诸如"威胁国家安全""冲击政府治理"等这类从"危险"视角观察判断所得出的种种耸人听闻的奇谈怪论。我们需要把其"风险"置放于整体社会发展的文明的高度和境界中来理性地分析和预警。

（一）社会交往角度的"圈层化"

第一，人类的社会是一个不断迈向文明的交往自由化、交往民主化的过程，从与之相应的"信息传播"角度看，这个过程，也正是一个人类在"人猿相揖别"的文明进程中不断破除和超越以血缘、地缘、职缘、族群、特定职业身份、特定情感、特定拜物教、特定信仰等为纽带的种种阻碍人类文明进步的"圈层""壁垒"的过程。

第二，从"社会容量"的角度看，进入互联网时代，由于传播技术发展的"弯道超车"，整个社会的信息容量是"丰饶"的。失去传统信息过滤和把关机制的信息"溢出"，不均衡、不对等地飘洒在社会的各个角落。毫无疑问，基于社交媒体的微观政治传播领域，以其最敏感的神经、最急迫的诉求、最宽宏的包容、最高的频率、最密实的覆盖，吸纳了飘散在政治领域的信息，这些信息激活了在过去文明进程中被淘汰、被打压、被遗忘、被遮蔽、被边缘的种种"主体"，人为地建构了新的种类繁杂、壁垒坚厚的"圈层"。

第三，理论上讲，"圈层"的作用是双重作用。比如，现代经济领域的

"圈层"可能会有利于市场营销等,但政治领域的"圈层",特别是在当下,基于社交媒体的微观政治传播领域的种种"圈层",其负面作用是占主导地位的。正因如此,我们在这里把微观政治传播所带来的社会交往角度的"圈层化",列入了值得"预警"的"风险"序列。

(二)政治发展角度的"去民主化"

我们在前面论证了微观政治传播具有"以新的内容推进政治民主化"的效应,但事实上,它也具有在政治上"去民主化"的负面效应。这里的"去民主化"有两层含义。

第一,互联网的技术赋权,既给社会民众的微观政治权力"赋权",同时给国家的宏观政治控制"赋权"。国家和社会都试图在这块阵地中扩大它们自身的政治空间。这两个被赋权政治阵营的博弈,虽然不是"零和"性质的,但毫无疑问充满着"斗争性"。观察一下微观政治传播崛起以来的情况,应该说,总体上,国家宏观政治对社会微观政治的"打压",要大于或多于社会微观政治对国家宏观政治的"挑战"。正像查尔斯·蒂利的研究所言:"民主化和去民主化并非以严格对称的方式运行。从总体上看,去民主化发生在统治者和精英们对他们感觉为政权危机(特别明显地表现为威胁他们自己的权力)的事件做出反应的过程中。民主化通常发生在国家在危机缓和之后对大众要求做出回应(不管如何地不愿意)之中。结果去民主化通常比民主化发生得更加迅速,有更强大的中央支持。"[①] 这种情况在微观政治传播崛起前则很少发生,某种意义上说,是微观政治传播激活了这个矛盾。这样一来,社会微观政治对国家宏观政治"挑战"甚至"颠覆"成功,是谓"推动了政治民主化";但更多的国家宏观政治对社会微观政治的手段新颖多样的"打压"甚至"消灭",则是微观政治传播引发的前所未有的"去民主化"效应,当属于需要预警的"风险"。

第二,互联网的实质在于它推动"人类互动的本质",其中,在政治领域

---

① 蒂利.民主[M].魏洪钟,译.上海:上海人民出版社,2009:57.

的"民主商谈"的互动,要通过实际的面对面的系统化步骤才能有效实现。但是,基于社交媒体的微观政治传播,可能使这种"民主商谈"的系统步骤和有效性遭受破坏。信息技术的使用,抵消了在参与式平等中获得的任何东西。信息技术加快政治运行的速度,却破坏了政治的民主商谈。

(三)科学发展角度的"技术异化"

当传播技术被有意地用于种种不符合"政治正义"和"治理至善"的政治活动时,其"风险性"则更为凸显。

第一,美国学者尼尔·波兹曼把人类技术的发展分为"技术运用、技术统治和技术垄断"三大阶段。与此对应,人类文明大约也分为相应的三种类型:技术运用文明、技术统治文明和技术垄断文明。波兹曼认为,在技术运用文明阶段,技术服务、从属于社会和文化;在技术统治文明阶段,技术试图攻击和取代文明;在技术垄断文明阶段,信息泛滥成灾,技术至上主义于无形中吞噬着传统世界观,从而实现集权主义的技术统治。[①]

第二,当技术超越"运用"阶段走向"统治"和"垄断"阶段时,就意味着技术开始走向了人的对立面,实际上就是开始对创造了技术的人"异化"。从技术异化的生成机制上看,它的动力来自两个方面:一是人类自身对技术的盲目"崇拜"和"神化";二是来自技术本身发展的"恶性循环"——日益发展的技术提供着巨量的信息,因而技术的进步可增加可用的信息的供应量。随着供应量的增加,信息控制机制将出现紧张状况,又需要建立新的控制机制,而新的控制机制本身也是技术的,因而反过来需要增加信息的供应。如此恶性循环,带来了信息供应的失控,带来了人类难以摆脱对技术的依赖的困境,某种意义上说,人被技术化了。"现代传播能离开技术吗?"成了传播学研究的"世纪之问";"现代政治运行能离开技术吗?"成了政治学研究的"世纪之问"。

[①] 波兹曼.技术垄断:文明向技术投降[M].蔡金栋,梁薇,译.北京:机械工业出版社,2013:56.

第三，具体到微观政治传播领域中的"技术异化"，其主要表现为微观政治传播领域中的"技术逻辑主导"。它带来了政治有序受制于无序、公众泯没于技术精英、强政治系统失调、"网民平权"的假象突出、新利益殖民现象兴起等风险性后果。① 这种"风险"的程度，波兹曼用"文明向技术投降"的"预警"警示我们。波兹曼在启发我们，对"技术异化"的克服，不能掉入"用技术控制技术"的技术异化本身的"陷阱"，而要超越科学技术本身，提升到人类思考技术的"文明观念"的高度和广度来思考和研究。

（四）精神认知角度的"去真理化"

如果说，上述微观政治传播引发的社会交往角度的"圈层化"、政治发展角度的"去民主化"及科学发展角度的"技术异化"，都还是"外在的风险"，那么，更值得预警的是，微观政治传播可能引发的人的精神世界的异化的"内在风险"。

第一，相对于国家宏观政治传播的"理性化"特征，基于社交媒体的"个体主体化"的微观政治传播，则由非理性情感和意志冲动占据主导地位。笼罩在微观政治传播中各种"圈层"上空的是浓烈的情感和冲动的意志，由此引发了种种所谓"新集体主义生活"甚至种类怪异的"集体运动"。

第二，基于社交媒体的"个体主体化"的微观政治传播，很多时候成为一场"由媒体助力的、因为媒体对情感和个人信仰的呼吁和宣泄而对客观事实的公开埋葬"②。在这种精神上的非理性主义、政治上的民粹主义等建构和主宰的"后真相思潮"猖獗狂欢的舞台上，"事实"可能消失，"真理"可能消失，对真理的信仰也可能崩塌。

第三，在人类精神发展和人类社会进步的历史长河中，虽然人类的理性和非理性总是交织缠绕、彼此起伏。但人类精神的发展和人类社会的进步，

---

① 荆学民，李圆. 论微观政治传播中技术主导的隐忧及其消解 [J]. 中国社会科学院研究生院学报，2021（1）：101-110, 146.

② 参见：肖珺，单波，杨家懿. 数字通信革命视角下的后真相反思：与约翰·基恩的讨论 [J]. 新闻记者，2018（8）：14-22.

已然是建立在人类理性的基石之上的。人类的理性对应的是人类对客观真理的认知，以及对追求并能获得真理的坚定信仰。人类的进步就是在这种对真理的信仰的支配下走向美好的未来。古往今来，举凡脱离和偏离人类理性的种种"非理性思潮"均给人类自身带来程度不同的灾难。① 微观政治传播可能带来的人类精神世界的"去真理化"，是威胁人类社会健康发展的最大风险，人类当举理性之全力应对。

---

① 参见：荆学民. 走向传播深处："后真相时代"思潮的哲学检讨 [J]. 南京社会科学，2019（4）：106-113，121.

人工智能与政治传播：让"人是目的"成为伟大政治信仰*

阅读提示：再发达的"科技"终归是人类的"产物"，在人面前，它们永远都是"物"。马克思曾说，倘若离开了人，一切"物"都是"无"，都是无意义的"不存在"。一切人之外的东西都要以人为标准来检验！回顾历史，许多新生事物都曾"盛极于世"，但因与人相悖，终乃"昙花一现"。比如，当年的"特异功能""气功"，当今的"元宇宙"，等等。这几年，似乎人类又要热烈热情地进入"人工智能"时代。在我看来，人工智能对于人类的重大意义，是决然不能忽略和否定的，但是，却又必须现在就敲响人工智能将异化于人类乃至于危害人类的警钟！故而，《现代出版》约我写一篇"政治传播与人工智能"的文章，我欣然应约，写了这篇文章。但是，必须声明，这篇文章，不是给人工智能唱赞歌（当然不是，没有赞歌可唱），而主要是"泼冷水"。

进入新时代以来，人类社会在政治局势动荡不居的情势之下，科技进步的步伐却没有停下。其中，势头最为强劲的莫过于"人工智能"的高歌猛进。现在，人类社会的经济、政治、文化、科技、军事，乃至于人们的吃穿住行日常社会，都被"裹挟""沉浸""熔铸"在浩瀚繁芜的"人工智能"之中。从学术研究的角度看，对"人工智能"的关注与研究，横跨自然科学、哲学社会科学、人文艺术学科等所有领域。放眼望去，关于"人工智能"的相关

---

* 本文原载于《现代出版》2024年第2期，与刘元顿合作。

研究可谓"热浪滚滚""铺天盖地"。在我们看来,"人工智能"的应用和发展,其作用和影响已经超越了人类社会的经济、文化、科技、军事及吃穿住行日常社会,而深深地植入了维护人类社会正常运行的"政治"的深处,亟须我们从"政治"的角度予以关注。本文选取"人工智能与政治传播"的特殊研究视角,对"人工智能与政治传播"予以哲学辩证式的学术探索。

一、人工智能发展的政治传播面向

2023年年末,最吸引全球瞩目的重大国际事件,就是2023年11月15日习近平同美国总统拜登举行的中美元首会晤。全球媒体对这次中美元首会晤的关注、传播、解读,已然成为国际关系、国际政治中"最热门"的话题,因而可以说,这是一个典型的国际政治传播议题。我们需要特别注意的是,两国元首同意推动和加强中美各领域对话合作,包括"建立人工智能政府间对话"。"人工智能"这样具体的"科技发展"的话题,进入了两国元首和两国政府的"对话"核心,这是空前的!这足以证明,现在的"人工智能"的重要性。

我们应该格外注意的是,如此高度的政治对话,并不是关注"人工智能"的一般重要性,而是关注"人工智能"的"安全""可能性危害"等负面风险。其实,在此次中美元首会晤之前,全球高规格地关注"人工智能"的行动已经在更大的范围内展开。

2023年11月1日至2日,"人工智能安全峰会"在英国布莱切利公园举行,包括中国、美国、英国和欧盟在内的超过25个国家和地区的代表以及马斯克、OpenAI创始人兼CEO阿尔特曼等科技巨头与会。与会国家和地区签署了《布莱切利宣言》,同意通过国际合作,建立人工智能监管方法。

根据《布莱切利宣言》,与会国一致认为,人工智能已经部署在日常生活的许多领域,在为人类带来巨大的全球机遇的同时,还给网络安全、生物技术等关键领域带来了重大风险。"人工智能模型最重要的功能,可能会有意或无意地造成严重甚至灾难性的伤害,"《布莱切利宣言》写道,"鉴于人工智能快速且不确定的变化速度,以及技术投资加速的背景,我们确信加深对这些潜在风险的理解以及应对风险的行动尤为紧迫。"与会国强调,对于最有可能发现的与前沿人工智能相关的具体风险,各国决心加强和维持合作,通过现有的国际论坛和其他举措,识别、理解有关风险并采取适当行动。路透社认为,《布莱切利宣言》提出了一个双管齐下的议程,重点是确定共同关注的风险,建立对这些风险的科学理解,同时制定减轻这些风险的跨国政策。

中国在《布莱切利宣言》的形成中扮演着重要的角色,发挥了重要的作用。中方指出,人工智能治理攸关全人类命运,是世界各国面临的共同课题。发展人工智能,应当积极倡导以人为本,智能向善,加强技术风险管控,并在相互尊重、平等互利的原则基础上,鼓励各方协同共治,增强发展中国家在人工智能全球治理中的代表性和发言权,不断弥合智能鸿沟和治理的能力差距。

中方认为,在世界和平与发展面临多元挑战的背景下,各国应秉持共同、综合、合作、可持续的安全观,坚持发展和安全并重的原则,通过对话与合作凝聚共识,构建开放、公正、有效的治理机制,共同促进全球人工智能健康有序安全发展。中方表示,愿与各方一道就人工智能安全治理加强沟通交流,为推动形成普遍参与的国际机制和具有广泛共识的治理框架积极贡献智慧,切实落实全球发展倡议、全球安全倡议和全球文明倡议,促进人工智能技术更好造福于人类,共同构建人类命运共同体。①

这个案例有力地说明,"人工智能"治理问题,已经成为国际政治传播层面的重要议题,围绕着"人工智能"治理问题,已经开始形成基于不同政治制度和治理理念的"国际政治话语"。之所以如此,根本的原因在于,人工智能的使用与发展问题,已经从科技发展、经济发展、技术发展、生命医学发展等层面所引发的社会问题和伦理问题,迅猛发酵、扩展、深入,像"一匹脱缰的野马"一路狂奔而引起了"政治"的关注和干预,直接被列入"风险

---

① 环球网.中方在 AI 峰会呼吁协同共治,外媒:中国提出的倡议贡献了远见和智慧[EB/OL].(2023-11-03)[2023-12-20]. https://baijiahao.baidu.com/s?id=1781494801148827316&wfr=spider&for=pc.

治理"的范围。

具体而言,"人工智能"的政治传播面向具有如下方面。第一,人工智能正在构筑一个逐步区别于传统政治的"新政治",比如,建构了一个全新的"政治主体""政治秩序"等;第二,人工智能正在"创造"一种新品质、新品貌的"政治信息",被技术性植入的内容,使政治信息彻底地失去了其固有的、应有的"本质";第三,在前面所论的基础上,更加颠覆了原有政治传播的过程,改变着原有的"国家与社会""权力与民众"等政治传播的基本关系;第四,人工智能给政治传播带来的最为可怕的风险和后果,应该是正在改变着人的主体地位、人的自由自觉本性、人的政治尊严,乃至政治"民主"的属性,等等。

人工智能的"政治传播面向",或者说,从政治传播视角观察人工智能使用和发展带来的社会效果,当然不止这些。总的来说,抽象的归纳可以说有两方面:一方面,人工智能的使用和发展,从技术层面强力地作用于整个社会,促进了社会生产力的快速发展,给人类社会带来了多维度、多层面的"福祉";另一方面,人工智能的应用和发展,给人类社会带来了伦理层面的道德担忧、哲学深度的精神担忧、政治层面的自由担忧。目前的情势是两个方面均衡存在,但是,人们一旦展望未来,就不那么乐观了,人们的期盼迅速聚拢在对人工智能的使用和发展的"规制"上。从政治学和哲学角度看,当人们屏气凝视火热的"人工智能"时,"人是目的"便会迅速成为人们心目中深切期盼的政治信仰。

二、人工智能给政治传播带来的正面效能

美国前国务卿亨利·基辛格,谷歌前 CEO、执行董事长埃里克·施密特和麻省理工学院苏世民计算机学院院长丹尼尔·胡腾洛赫尔合著的《人工智能时代与人类未来》一书,应该是目前为止从哲学、政治学、宗教学和技术发展多学科全方位"反思"人工智能的著作,所以书名直接使用了"人工智能时代与人类未来"这样的表述。作者主张:"我们既不褒扬人工智能,也不

试图去贬低它。因为无论你怎样看待人工智能，它都已变得无所不在。我们试图去做的，是在人工智能带来的影响尚在人类理解范围之内时，对这种影响加以考量。"① 学界的研究，比较宏观地总结出了人工智能的总体特征：高效率、多中心、强依赖、硬门槛、黑箱化、情景化等，毫无疑问，这些总体特征体现在各个领域和各个方面。

从客观的、正面的角度看，人工智能的应用与发展，确实给人类社会的"国家治理""社会治理""国家安全""国际秩序"等广义的"政治"带来了"便利"乃至"激变"效应。但在我们看来，人工智能对"政治"的最大影响，莫过于对"政治信息"的生产、传播和接受方式的改变。

在《人工智能时代与人类未来》一书中，作者直言道："在政治领域，世界正在进入一个由大数据驱动的人工智能系统为越来越多方面提供信息的时代：政治信息的设计，向不同人群定制和分发这些信息，旨在挑拨社会关系的恶意行为者杜撰和操弄虚假信息，以及设计和部署相应算法来检测、识别和对抗虚假信息及其他形式的有害数据——这些背后都会有人工智能介入。随着在界定和塑造'信息空间'方面的作用日益加强，人工智能所扮演的角色也变得越来越难以预测。就像在其他领域一样，有时候人工智能在政治领域的运作方式就连其设计者也只能笼统地阐释。结果，自由社会的前景，甚至自由意志，都可能会被改变。即使这些演变被证明是良性的或可逆的，全球各地的不同社会也都有责任了解这些变化，以便使其与各自社会的价值观、结构和社会契约相协调。"② 这些分析、判断和希望，给我们以很大的启发，但还略显模糊。具体而言，可从以下几点来思考：

第一，人工智能正在重塑一个"新政治"。政治是什么？美国著名政治学家达尔曾说："确切地说，任何人都能懂一些政治，但政治是格外复杂的事物，很可能还是人类所遇到的最复杂的事物之一。如果不具备处理政治复杂

---

① 基辛格，施密特，胡腾洛赫尔.人工智能时代与人类未来[M].胡利平，风君，译.北京：中信出版集团，2023：前言.
② 基辛格，施密特，胡腾洛赫尔.人工智能时代与人类未来[M].胡利平，风君，译.北京：中信出版集团，2023：20-21.

性的技能，人们就会草率或过分地简化政治，这就是危险。公正地说，我们认为，大多数人确实都把政治简单化了。"[1] 达尔说得对，正因如此，我们把"政治"放在一种不断成长变化的过程中考量，才说人工智能正在重塑一个"新政治"。亚里士多德曾说"人是天生的政治动物"，"人是自然趋向于城邦生活的动物"。这个时候的"政治"，是指人们从"家庭"走向"城邦"所参与的"公共"生活；从文艺复兴到尼德兰资产阶级革命、英国资产阶级革命、法国大革命、美国独立战争这一历史时期，资产阶级的"政治"产生了，马基雅维利赋予资产阶级政治以"暴力与欺骗""狮子与狐狸"的属性；之后的霍布斯、洛克、卢梭视"政治"为一种"契约"；到了19世纪德国古典主义时期，康德和黑格尔把"政治"与"国家"相联系。按照马克思的理解，"政治"是人类进入阶级社会以后的产物，因而，各种复杂纷繁的政治现象所体现的一个核心问题，就是社会中各阶级围绕着"国家"的统治权力而展开的激烈斗争。因此，从与"国家"关联的角度来认识、把握政治，是贯穿人类几千年政治思想史的主线，直至当代仍然如此。

从亚里士多德到马克思，"政治"的本质属性没有离开过"人"。政治是人在从事的现实活动，对于"政治"的一切分析、判断和引导，皆是基于人的理性、由人来进行的，人是政治的"出发点"，也是"政治的"归属地。但是，现在人工智能的应用，正在改变着这一切。人的"政治思想"一经产生就脱离了人，人工智能把有史以来的所有人的"政治思想"都"合成""生成"为一种与任何人没有关系的"人的政治思想"，进而把这种来自人却又不是人的"政治思想"实际地、广泛地、深刻地、不可轻易改变地运用于人的现实的政治生活之中。这种"政治"没有责任主体，也无边无界。政治本来是人的尊严、人的公平、人的正义的栖息地。在过去的政治中，人随时随地都在具体地围绕着尊严、公平、正义纠缠厮杀，但在人工智能塑造的"新政治"中，这种尊严、公平、正义，被均匀地、颗粒化地散布在被数字化、机械化、智能化的具体的政治事件之中，一定程度地满足着所有社会成员的政

---

[1] 达尔. 现代政治分析 [M] 第六版. 吴勇, 译. 北京：中国人民大学出版社，2012: 3.

治诉求。可以说,"新政治"实现了从形式上满足着在过去无法轻易实现的人们诉求于政治的尊严感、公平感和正义感。

总之,如果认为政治具有"理想性"和"现实性"的双重属性,政治就是不断地把其理想性转化为现实性的活动,那么,人工智能的应用,正在前所未有地加速这种转化过程,使政治不断地以新的面貌展现在人的面前。

第二,人工智能大大节约了人类政治的运行成本,提高了人类政治的运行效能。人类社会的"政治"不是凭空就能运转的。一路走来,在充满着统治、压迫、剥削、掠夺、暴力、战争等的血腥的历史过程中,人类政治在走向"现代文明"时,付出了巨大的代价。一般说来,国家形态的政治,需要军队、警察、监狱等物质政治系统和政治思想、政治路线、法律、法规、政策等精神政治系统的巨大成本付出才能正常运行,而现在大家已经看到,人工智能的应用,使物质政治系统"电子化",比如,十字路口站立的不再是英俊严肃的活的警察,而是只有一双无所不见眼睛的"电子警察";人工智能的应用,使精神政治系统"数字化",比如,充斥在社会各种场域的政治活动场所正在逐步消逝,人山人海的政治会议,堆积如山的图书报纸正在消逝,一切政治精神系统就在人手一部的冰冷无情却又无所不知的数字手机之中,甚至有朝一日,这一切,已经被先天性地植入人的生命体及生命历程之中,人不需要通过具体的社会生活来"政治化",而天生就可以是"政治达人""政治巨人"。

政治成本大大降低,政治效能必然大大提高。政治的本质是一种运用权力建构社会秩序、统一思想认识、进行物质生产的社会活动。"政治"并不是一种静态的要素堆积,而是实际地发挥效能、产生效果的具体活动。在政治学的研究中,有"政治效能感"之说。顾名思义,"政治效能感"就是对客观的"政治效能"的感知和体验,这种感知和体验无疑可以通过"传播"而获得。但是,从本质上讲,"政治效能感"的物质基础是政治效能。[①]

政治效能的本质功能是支撑"政治合法性"。过去,这种合法性辐射到国

---

① 荆学民.论新时期国际传播的政治维度[J].新闻大学,2022(5):28-35.

内民众就够了，但是现在，政治效能所支撑的"政治合法性"的辐射和覆盖范围从国内向国际间延展。而人工智能的应用通过技术的延伸，完全打破了所谓国际国内界限，政治效能所支撑的"政治合法性"，已经可以无死角全覆盖地辐射全球社会。"人工智能"话题本身成为全球社会从政治层面高度关注的议题，就是活生生的例证。

第三，重塑的新政治，导致原有政治基础上的政治传播的整个性质和面貌发生着革命性的变革。总体来说，人工智能的应用，它深刻地持久地"永不见底"地改变着现有以及未来的"国家"与"社会"的关系。国家与社会关系的改变，重构着任何政治制度下的政治生态，进而也必然创制出种种"政治传播"的新领域新面貌新形态；人工智能中的"数字化""电子化""拟人化"，在大幅度地浓缩、精化、加速、升华由政治权力所制造和控制的政治信息传播时效的同时，也革命性地赋权于普通社会民众以信息传播的权力和能力。我们已经可以深深地体会到：这种变化，正在颠覆我们对政治传播中"传者与受者""高层与底层""精英与民众""专制与民主"等轴心关系的认知。

总之，正像人工智能的应用对于整个人类社会，进而对于人类社会的政治，再进而对于人类的政治传播的正面效能本身是无法穷尽的，我们对它的"研究"和"描述"也只是林之一木而已。人工智能的应用改变整个人类社会的"事实"会汹涌而来，我们应予以高度关注。

三、人工智能给政治传播带来的风险

世界上的任何事物都是两面的。社会是人的社会，世界是人的世界，技术是"人的本质力量的对象化"。马克思曾言，离开了人，其他的一切均是"无"。"人工智能"也一样，它即使再"先进"再"高端"再"伟大"，均为"人工智能"，而不是什么"物工智能"或"神工智能"，离开了人，一切皆为烟云。

现在，学术界已经开始对"人工智能"之于人的负面影响展开铺天盖地的"口诛笔伐"，种种"帽子"亦漫天飞舞，比如"人的消失""政治暴力""复活的利维坦""人性的毁灭"等等,看起来和听起来多少有些吓人。我们倒以为,不要太过于悲观,但要理性地正视和重视人工智能应用在给整个人类社会发展带来正面福祉的基础上的风险。

"风险"不同于"负面"。"负面"是已经证实的对人类社会带来危害的一种描述;而"风险"则是基于未来前景展望的对于危害人类社会的一种可能性判断。"风险"不等于"事实",但可能比事实更为可怕和严重,所以,我们的研究,应更加关注和重视"风险"。

第一,人工智能的应用,可能使政治传播扮演一种从崇尚人类理性到毁灭人类理性的角色。德国哲学家黑格尔曾有一句名言:人是万物之灵,这是因为,人之所以为人,人与动物的根本区别在于人有理性、人是理性的动物。人类精神的发展和人类社会的进步,已然建立在人类理性的基石之上。古往今来,人类社会的进步过程,同时也就是人类理性不断战胜种种"反理性"的过程。以西方文化历史为例,以古希腊罗马时代为"家园"的古典理性主义,在充分绽放了人类理性的光辉之后,后期罗马帝国的肆虐扩张和对宗教的崇拜,又把西方社会带入了以宗教信仰为载体的神学主宰的漫漫中世纪。不管现在人们怎样评价中世纪这段将近一千年的历史,神学对人类精神的蹂躏,以及对人类社会进步的阻滞,是谁也无法否认的历史事实。此后,培根"知识就是力量"的理性主义号角,唤醒人文主义运动,响彻整个16、17、18世纪,到了19世纪,达到了人类理性主义主宰的鼎盛时期。长达三个世纪的理性主义的大行其道,产生了资产阶级,产生了资本主义社会,以科学技术为火车头的社会生产力突飞猛进。马克思、恩格斯在《共产党宣言》一文中盛赞道:"资产阶级在它的不到一百年的阶级统治中所创造的生产力,比过去一切世代创造的全部生产力还要多,还要大。"[1]可以说,人类理性支配的社会进步历史,特别是近代启蒙运动以来,是一个人类理性不断摆脱愚昧、摆脱落后技术和生产力约束、摆脱神学控制的从"必然王国"迈向"自由王国"

---

[1] 马克思,恩格斯.马克思恩格斯选集:第一卷[M].中共中央马克思恩格斯列宁斯大林著作编译局,编.北京:人民出版社,1995:277.

的进步过程。

在这一过程中，人类的"政治"发挥着为人类文明进步保驾护航的作用。相应地，人类的政治传播活动，也扮演着建构政治理想、坚定政治信仰、撒播科学知识、推进政治文明进步的角色。但是，现在，人工智能的应用，可见的一个后果是：把"人""踹向"了"无人的技术大道"，面对人自己所创造出来的"世界"，人越来越成了"傻子"，越来越"愚昧"，过去理性的、鲜活的、激情澎湃的"人"，在人工智能所创造的"世界"面前，活脱脱地像一个被无情抛弃的"小丑"，失去了存在的价值和尊严。在人工智能所创造的"世界"中，"人的存在还有何意义"成为展望未来人类面临的"永恒之问"和"无解之谜"。

第二，人工智能的应用，可能使政治传播扮演一种把人类推向政治的"奴役之路"的角色。对于人类来说，"奴役之路"比"愚昧之路"更为可怕，更为悲催。如果说，"从崇尚理性到毁灭理性"，带来的是"反启蒙"的精神折磨，那么，由"技术发展"带来的对人类的"奴役"，则是一种物质性的现实政治约束。从人类历史的进程来看，这种技术对人的奴役，恰恰是近代以来基于人类理性的"知识就是力量"的创造物，特别是资产阶级登上历史舞台、资本主义制度下的创造物。资本主义对人的奴役从来也没有中断过，只是，进入"智能时代"，人工智能的应用，加大加速加强加深了技术对人的奴役。

早在工业革命初期，马克思就生动地系统地深刻地揭露过在"资本"和"机器"面前，人是怎样被异化被奴役的。他说道："劳动用机器代替了手工劳动，但是使一部分工人回到野蛮的劳动，并使另一部分工人变成机器。劳动生产了智慧，但是给工人生产了愚钝和痴呆。"[①] 马克思立足工人阶级的立场，创立了工业时代资本主义的"劳动异化理论"，深刻揭露和批判了资本主义私有制下工人的物化、异化现象。马克思将私有制下劳动的异化归纳为一个层层递进的过程，即工人同自己生产的劳动产品相异化；工人同自己的劳

---

① 马克思.1844年经济学哲学手稿[M].中共中央马克思恩格斯列宁斯大林著作编译局，编.北京：人民出版社，2014：49.

动相异化；人与人的类本质相异化；人与人相异化。他指出："工人在劳动中耗费的力量越多，他亲手创造出来反对自身的、异己的对象世界的力量就越强大，他自身、他的内部世界就越贫乏，归他所有的东西就越少。"① 他在《资本论》中曾特别形象地说明了人是怎样被"鞣"的："原来的货币占有者作为资本家，昂首前行；劳动力占有者作为他的工人，尾随于后。一个笑容满面，雄心勃勃；一个战战兢兢，畏缩不前，像在市场上出卖了自己的皮一样，只有一个前途——让人家来鞣。"②

现在的问题是，人工智能已经开始并越来越广泛地应用在人类的政治性的"治理"之中，如果，在社会的精神型塑中发挥主要作用的政治传播只是"一路赞歌"，缺乏必要的批判和警示，那么，随着"政治"的加持，人工智能的无边应用，就会使人类从"愚昧之路"进一步走向"奴役之路"，马克思当年所揭示的"异化"会以"新面貌"出现。当然，从理论上讲，人工智能的应用，在"国家治理能力现代化"的过程中发挥了巨大的积极的作用，比如，政治沟通中政治信息的双向回流、政策传播中政治信息的精准度、政治舆论舆情的监测与引导，等等，政治效率大大提高。但是，也可能正是在这样一个过程中，人逐渐失去了原有的"主体"地位，失去了人固有的"灵活性""主动性""能动性""纠错性""反思性"。人类的政治可能成为"只有约束没有自由""只有痛苦没有幸福""只有义务没有福祉""只有算计没有合作""只有博弈没有共赢""只有冷酷没有热情"，甚至"充满手铐与脚镣"的"一潭死水"。

第三，人工智能的应用，可能使政治传播扮演一种把人类推向"民主灭亡"的角色。在政治学的经典理论中，"信息技术"被视为民主制度运行的保障。根据达尔的观点，民主运作的主要威胁，更多来自"信息和知识的不平等"，而非来自财富或经济地位的不平等。通过使政治信息更加随手可及，信

---

① 马克思.1844年经济学哲学手稿［M］.中共中央马克思恩格斯列宁斯大林著作编译局，编.北京：人民出版社，2014：48.
② 马克思，恩格斯.马克思恩格斯选集：第二卷［M］.中共中央马克思恩格斯列宁斯大林著作编译局，编.北京：人民出版社，2012：168.

息技术或许能够为政治不平等提供重要的矫正措施。那么,"民主从哪里来,又是怎样发展起来的?"政治学家达尔的回答是:"如果我们把民主看成是在古希腊被发明后大体上持续不断地发展起来的,也就是说,民主2500年前在古希腊出现,然后从那个微小的源头不断地传播到现在,最后到达每个大陆,并成为人类一个重要的组成部分,那么,这种说法会让我们满意。"① 这就是说,民主的形成和发展与传播息息相关。

人工智能的技术赋权,给政治的"控制"赋权,总体上看,政治对社会的"控制",要大于社会对政治的"挑战"。正像查尔斯·蒂利的研究所言:"民主化和去民主化并非以严格对称的方式运行。从总体上看,去民主化发生在统治者和精英们对他们感觉为政权危机(特别明显地表现为威胁他们自己的权力)的事件做出反应的过程中。民主化通常发生在国家在危机缓和之后对大众要求做出回应(不管如何地不愿意)之中。结果去民主化通常比民主化发生得更加迅速,有更强大的中央支持。"② 这就是说,人工智能的技术赋权,激活了政治对社会个体"控制"的最先进手段和措施,会前所未有地引发政治的"去民主化"效应。

而政治领域的"民主协商",要通过以实际的面对面的系统化步骤才能有效实现。但是,基于人工智能的技术赋权,可能使这种"民主协商"的系统步骤和有效性遭受破坏。信息技术的使用,抵消了在参与式平等中获得的任何东西。政治学家本杰明·巴伯尖锐地指出:"当代的信息技术也许破坏了政治商谈的质量和社会互动的本质";凯斯·桑斯坦也认为,人工智能技术建构的"虚拟社区"似乎在破坏传统的、面对面的人类互动。③ 美国学者尼尔·波兹曼把人类技术的发展分为"技术运用、技术统治和技术垄断"三大阶段。与此对应,人类文明大约也分为相应的三种类型:技术运用文明、技术统治文明和技术垄断文明。波兹曼认为,在技术运用文明阶段,技术服务从属于社会和文化;在技术统治文明阶段,技术试图攻击和取代文明;在技术垄断

---

① 达尔.论民主[M].李凤华,译.北京:中国人民大学出版社,2012:7.
② 蒂利.民主[M].魏洪钟,译.上海:上海人民出版社,2009:57.
③ 郑永年.技术赋权:中国的互联网、国家与社会[M].北京:东方出版社,2014:105.

文明阶段，信息泛滥成灾，技术至上主义于无形中吞噬着传统世界观，从而实现集权主义的技术统治。①

当技术超越"运用"阶段走向"统治"和"垄断"阶段时，就意味着技术开始走向了人的对立面，实际上就是对创造了技术的人开始"异化"。从技术异化的生成机制上看，它的动力来自两个方面：一是人类自身对技术的盲目"崇拜"和"神化"；二是技术本身发展的"恶性循环"。日益发展的技术提供着巨量的信息，因而技术的进步增加了可用的信息供应量。随着供应量的增加，信息控制机制将出现紧张状况，又需要建立新的控制机制，而新的控制机制本身也是技术的，反过来需要增加信息的供应。如此恶性循环，带来了信息供应的失控，带来了人类难以摆脱技术依赖的困境。"现代传播能离开技术吗？"成了传播学研究的"世纪之问"；"现代政治运行能离开技术吗？"成了政治学研究的"世纪之问"。②

总之，这种可能性的"风险"，似乎是人类历史上曾经奴役人类的"神学"与现代技术穿越时空的"合谋"，是人类历史上曾经控制人类的穿着先进技术"马甲"的"政治利维坦"重新跳出来作怪。对此，人类必须予以高度的警觉。

四、化解之道：让"人是目的"成为伟大政治信仰

现在的学界业界对人工智能的负面风险已经开始预警，化解风险的种种"对策之道"也像雨后春笋一般应运而生。在我们看来，面对这种情势，是没有什么可以"迎刃而解"的具体办法的。具体的种种"策略"，不会有什么实际的效果。在我们看来，最有效的"方略"应该是：树立人类对人工智能的正确认知，在认知观念上坚定地为人工智能立"道德之法"，立"政治之法"，立"哲学信仰"。

第一，引导人们对人工智能的认知回归"真理性"本位。在理论认知上

---

① 波兹曼. 技术垄断：文明向技术投降[M]. 蔡金栋，梁薇，译. 北京：机械工业出版社，2013：56.
② 荆学民. 微观政治传播论纲[J]. 现代传播（中国传媒大学学报），2021，43（7）：16-27.

讲,"人工智能"属于"人的意识的能动性"范畴,所以,应该把对"人工智能"的认知,还原到对"人的意识"的认识的论域之中。实际上,对"人工智能"的认知,并不是一个新鲜话题,早在20世纪80年代,学界特别是哲学界已经进行过非常深入的讨论,所得出的"结论"到现在非但没有过时,反而更加有指导意义。

哲学的讨论认为,在当代,意识世界的发展,最集中地表现在人工智能和思维模拟的迅速发展方面。现代科学技术,尤其是控制论、信息论、电子计算机等发展,为模拟意识活动的机制和规律、发展人工智能、扩大和延伸人的大脑、加强人的思维的物质手段开辟了广阔的前景。

如果说机器的出现,代替了人的大量体力劳动,曾引起了工业革命,那么,电子计算机的出现,用机器代替人的大量脑力劳动,将会带来新的工业革命。人工智能的产生是20世纪中期科学技术的一项重大成就,对于提高人的意识活动能力,实现人的智力解放,推动社会文明的进步,具有极其重大的积极意义。人工智能极大地突破了人脑在意识活动方面的局限性,人工智能是人类意识活动的一个前景十分可观的重要组成部分,是人类意识的新的存在形态和进化方式,是人类意识活动能力和进步的重大标志,是扩大和解放人的智力发展的巨大杠杆。人工智能的产生和迅速发展,使人类意识世界在各个领域里都得到了全面扩展和进步。这是人类意识发展到一个新的历史阶段的重要里程碑。

但是,哲学的讨论最后坚定地认为:人工智能和人的意识活动是既相互关联又有本质区别的。由于人的意识和一般的信息有共同之处,因而人脑的某些意识活动功能可以用机械的、电子计算的方法进行模拟和复制。然而,人脑毕竟是人脑而不是机器,意识、思维也毕竟不等同于信息。尽管机器越来越多地代替人的某些脑力劳动,人工智能在某些方面甚至大大超过人脑的功能,但是,再精密的"思维机"也还不是人脑,再高明的人工智能也不能完全代替人脑的智能,更不能超过人脑的智能![1]

---

[1] 参见:萧前,李秀林,汪永祥.辩证唯物主义原理[M].北京:北京师范大学出版社,2012:90.

因此，在一般的理论认知上，不要认为机器根本不可能模拟人的思维活动，但更不要认为机器能够完全离开人的意识而独立地思维、机器可以比人更聪明、机器将统治人类！因为，说到底，机器不能像人脑一样思维，因为人脑以及它的机能——思维——是生物进化和社会运动的产物。脱离了社会生活这个决定性条件的"狼孩"，即使回到社会重新过"人的生活"，也只能成为一个白痴或低能儿。这就是说，人与机器，究竟最后谁才是"白痴"，值得我们认真思考。我们的答案是：再先进的人工智能，离开了人，最终只能是"狼孩"，是"白痴或低能儿"。

第二，对于人工智能的局限性和社会风险的认知，停留在真理性的认知层面是远远不够的，还需要把"人是目的"，作为我们在创造、使用和传播人工智能时付诸人类精神中的"信念"，让其重新成为伟大的政治信仰，像"天上的星空"与"心中的道德"一样，根植于人的精神深处并时刻牵导着人们的实践活动。

19世纪，德国哲学家康德系统而深刻地研究了人类的理性，他在《纯粹理性批判》这部哲学巨著中，全方位地呈现了人类理性认识世界、掌握世界的"伟大力量"，但是，在最后走向理性的极限处的时候，他却呼吁：限制理性。他深刻地意识到，理性也需要"信仰"来框范来支撑。他说道："有两样东西，人们越是经常持久地对之凝神思索，它们就越是使内心充满常新而日增的惊奇和敬畏：我头上的星空和我心中的道德律。"① 心中的道德律是什么？这就是他通过对人的理性、意志、情感的研究所提出的"人是自身目的，不是工具"② 这句至今仍响彻云霄的伟大箴言。

"人是目的"，决定着和捍卫着人以外的大自然以及一切人的创造物与人的本质的永恒的关系性质。在"人是目的"面前，一切都是"手段""工具""方法""途径""条件"等外在之物。比如，人们现在普遍认为，人工智能的运用最根本的功能和"福祉"是把人从"劳动"中解放出来。但是，若

---

① 康德.纯粹理性批判［M］.邓晓芒，译.北京：人民出版社，2003：220.
② 康德.实践理性批判［M］.邓晓芒，译.北京：人民出版社，2003：95.

把"人的劳动"置放于"人是目的"的政治信仰中,"人的劳动"恰恰也是"人是目的"。因为,按照马克思的观点,人的劳动具有双重属性:谋生和乐生。谋生是手段,乐生是目的,离开劳动,人将非人。就此而言,人工智能对人的劳动的"解放"焉知祸福?

我们刻意没有把"人是目的"置放于哲学层面,而将它直接置放于"政治"层面,呼吁把"人是目的"作为一种伟大的"政治信仰"来树立和坚守,这是因为,在我们看来,对人工智能未来风险的预警,已经不是靠单纯的"理论研究"就能应对的,而是需要现实的"政治"来干预、来规制、来谋划。好在,我们很庆幸,如同文章一开始所讲的,现在全球各国"政府",尤其是大国"政府"已经在行动。我们政治传播的理论研究者,更应该从学理层面为政治行动提供有效的理论营养。

五、结语

这是一篇充满感情诉求色彩的理论文章,全文的"底色"是对人工智能引发的关于"人的劳动"的思考。那就让我们以马克思当年所描述的共产主义美好生活中对"劳动"的赞美来结束。在马克思看来,"共产主义是对私有财产即人的自我异化的积极的扬弃,因而是通过人并且为了人而对人的本质的真正占有;因此,它是人向自身,也就是向社会的即合乎人性的人的复归,这种复归是完全的复归,是自觉实现并在以往发展的全部财富的范围内实现的复归。这种共产主义,作为完成了的自然主义,等于人道主义,而作为完成了的人道主义,等于自然主义,它是人和自然之间、人和人之间的矛盾的真正解决,是存在和本质、对象化和自我确证、自由和必然、个体和类之间的斗争的真正解决。它是历史之谜的解答,而且知道自己就是这种解答。"[①] 马克思进一步说道:"在共产主义社会里,任何人都没有特殊的活动范围,而是

[①] 马克思,恩格斯.马克思恩格斯文集:第1卷[M].中共中央马克思恩格斯列宁斯大林著作编译局,编.北京:人民出版社,2009:185-186.

都可以在任何部门内发展,社会调节着整个生产,因而使我有可能随自己的兴趣今天干这事,明天干那事,上午打猎,下午捕鱼,傍晚从事畜牧,晚饭后从事批判,这样就不会使我老是一个猎人、渔夫、牧人或批判者。"①

"人的劳动"在共产主义社会中,已然成为美好生活的"乐生",而如果"人工智能"把这一切都取代了,那么,人存在于这个世界上还有什么意义呢?

---

① 马克思,恩格斯.马克思恩格斯选集:第1卷[M].中共中央马克思恩格斯列宁斯大林著作编译局,编.北京:人民出版社,2012:165.